孫常敘著作集

古漢語文學語言詞彙概論

孫常敘 著

上海古籍出版社

1982年攝於日本

头章. "六书"名称和体系的变异

同一事物，从不同角度，可以通过研究得出不同的体系。词的书写形式，也是如此的。

战国时期，除秦还基本上因袭商周传统外，六国文字日趋简化，"文字异形"。包括秦隶在内，一般写作文字已经失去了形象表意特点。因而六种造词造意逐渐失去了的作用。在这种形势下，从字的形体上研究文字的工作随之也就产生，从而产生了从文字形体研究"六书"的流弊。

词承秦隶，在篆（籀）文古文（六国文字）的传承中，师说不一，"六书"观念也出现了差异。从文献看来，汉代相传"六书"实有三派：班固、郑众、许慎。

《周礼》郑玄注引郑司农（郑众）云："六书者，象形、会意、转注、处事、假借、谐声。"名称、次第和班固不同。可是它的"会意"与"表意"相当，"处事"与"象事"相当，"谐声"与"象声"相当。"会""处""谐"都是就文字结构中的字形结构关系说的。他虽没有定义和举例，顾名思意可知是就字形结体关系，而不是从字词语说的。但是，在"六书"名称上，还是因袭字词语的。和许慎比起来，可以说是一种过渡。

《说文解字叙》所记"六书"，虽纯粹也是从字形形体结构着手的，但但是他与郑众不同，改变了一些名字，名实相应，改变与商周造字形象表意相应的"六书"内容，变成了另一个体系——文字形体学体系。

作者手迹

序

　　《古-漢語文學語言詞彙概論》是先師孫曉野（常敍）先生四十餘年前的一部著作。上世紀 60 年代初僅以教材的形式在校内印刷過一次，但其學術價值和影響却是遠非一般的教材可比的。多年前，我去上海參加一次學術會議，在那裏遇到的一位學者和我提起先生的這本書，説他年輕時讀到此書時是如此受益，不忍放下，竟用了好多天的時間將它全部手抄了一遍——在遥遠的上海，不知他是怎樣得到這印數有限的校内排印本的。我初次讀到此書是在從學於先生的 80 年代初，迄今又已是二十多個春秋了，然而重讀這部著作，先生關於語言、詞彙、文字的科學理念，淵博的學識、精辟的論述，仍然常使我震撼，使我深思。

　　先生於 1957 年出版了《漢語詞彙》，《古-漢語文學語言詞彙概論》是先生在《漢語詞彙》出版後二三年内研究和深刻思維的成果。如果説前者爲漢語詞彙研究的創立和發展作出了貢獻的話，後者則表現了先生在漢語、詞彙、文字等方面更具個性的學術思想。這種思想一直持續到先生的晚年，並在不斷地完善着。

　　《古-漢語文學語言詞彙概論》是爲一般人掌握閱讀古書的能力而作，因此，它入手不是介紹漢語的歷史，也不是介紹傳統的"小學",而是講文言詞彙和現代漢語詞彙的關係。從現代漢語詞彙過渡到文言詞彙,親切,自然,使人易於接受。全書各章節的知識都是本着這種精神設計的。實用,是本書的一大特點。但更加引人關注的是其學術特點,謹擇其要者敘之於下。

首先,是關於古代漢語性質的認識。"古代漢語"究竟是一種怎樣的語言? 傳統的説法是,"五四"新文化運動所興起的白話文以前的所有書面語言(包括文言文與古白話)都是"古代漢語","五四"以來的白話文爲"現代漢語"。僅就書面語言而言,作這樣的劃分當然是有其道理的。但是,通常人們説"現代漢語",是將口語包含在内的一個概念,於是有人認爲與"現代漢語"相對的"古代漢語"也是這樣一個概念。加之中國社會歷史分期的影響,遂有人以爲"五四"以前皆爲"古代漢語"時期,將秦漢以後某一時期的文言等同於該時期的語言進行研究者往往而有之。胡明揚先生在一篇文章中提出從語音系統、助詞系統、基本詞彙三方面進行綜合考察給漢語史分期,大致的看法是:魏晉以前是古代漢語,隋唐至明清之際爲近代漢語,清初(17世紀初)開始形成現代漢語[1]。這一意見是十分值得重視的。作爲古代書面語言主體的文言,在我們認識漢語的歷史時掩蓋了許多東西。應當指出的是,早在四十多年前,曉野師即已經對有關問題作出了清晰的論述。稱"古-漢語文學語言"而不稱"古代漢語"的主要用意就是"爲了和漢語史中的古代漢語相區别"(《總論》)。書中詳細地討論了文言詞彙的特點:就詞義而言,每個時代的作品中都是古今義錯綜使用的;就詞的構成而言,由文言

---

[1] 胡明揚《現代漢語和現代漢語規範化》,見《現代漢語講座》,知識出版社,1983年。

的以先秦口語爲基礎的性質決定,當口語中結構造詞已十分發展的時候,文言中的複音詞又往往解體復原;就詞彙的語音特點而言,它可以隨着時代和應用地域的不同而改變自己的語音形式以適應口語;就詞彙的書寫形式而言,它也是隨着時代的發展而進行調整,以當代通行的字體書寫。

其次,是關於詞義構成的認識。先生認爲詞義源於先民認識世界時在頭腦中形成的事物表象或概念,當它還没有進入語言,或者還没有作爲思維的語言材料時,它是潛在於頭腦之中的。詞義都具有多方面的屬性。當它應思維和表達的需要被起用,進入語言時,詞義就進入了具體語段的對立統一環境,在語言環境的制約下,詞義衆多屬性之一便被凸現出來。從前的字典辭書將一個詞義在具體應用中所凸現的不同屬性羅列起來,稱爲"義項",是不符合語言的客觀事實的。詞在具體的應用中,往往是僅就其所凸現的某一屬性而界定其意義的。因此,對於閱讀古書而言,應特別强調對詞與其所處的語言環境的依存關係的關注。在先生後來所作的一篇題爲《詞在文言作品語言中的辯證關係》的文章中,這一理念闡述得更爲明晰、縝密。

再次,是寫詞法理論的創建。所謂"寫詞法",實際上是對傳統文字學"六書"理論的顛覆和在詞彙學理念基礎上的漢字構成理論的重建。我從先生受業,所學的主要是這一在新的理論指導下的文字學。早在 1959 年,先生即在他的長文《從圖畫文字的性質和發展試論漢字體系的起源與建立》中提出了"六種寫詞法",即象物、象事、象意、借假、形聲和轉注。嗣後,將"六種寫詞法"收入本書。80 年代初,先生又對自己的"六種寫詞法"加以修訂。取班固之"六書"説而闡發之,定爲象物、象事、象意、象聲、轉注、假藉。"象聲"者，包含舊時"六書"中的形聲和假借。
"假藉"者，由一詞派生出的另一詞仍藉用原詞的書寫形式，藉
者，憑藉之意也。班固的"六書"與許慎的"六書"有本質上的差
別：前者代表的是先秦人寫詞書名的文字觀念，後者則是以漢
字形體爲主進行研究的開始。漢字脫離漢語，具有獨立的形、
音、義之觀念，於是乎發軔。此説創成之時，正值先生爲我輩授
課，即在講堂上詳加闡論，此事至今仍歷歷在目。先生晚年，又
據此對本書中的"六種寫詞法"作了修訂。今天看來，修訂工作
做得並不徹底，例如後面講古今字内容的一部分，顯得與前面不
協調，露出前面增改的痕迹。蓋其時先生年事已高，精力已不若
從前所致。

《古-漢語文學語言詞彙概論》現在要正式出版了。我認爲
這對於詞彙學、文字學、訓詁學、詞源學的研究，對於初學者閱讀
古籍能力的培養，都是十分有意義的事。這次整理，我們僅對原
書中存在的技術性問題作了處理，至於由作者增補而留下的一
些痕迹，則一仍其舊。這樣做的目的是儘量保存此書的原貌。
如果讀了此書，對曉野先生學術思想的發展獲得更清楚的了解，
豈非更有意義。望讀者諸君明鑒。

張世超

2005 年 2 月 3 日
於東北師大

目　録

第二部分　分論

第一部分　總論

本書所説的"古-漢語文學語言"是指與現代漢語文學語言相對的書面語言，即所謂"文言"的語言。它上起先秦，下迄"五四"，包括詩歌、散文等等文學作品語言。所以用這麼長的名字，是爲了和漢語史中的古代漢語相區別。

　　古-漢語文學語言詞彙是閱讀古書的工具。它的研究對象主要是和現代漢語不同的部分，所謂"文言"詞彙。它的任務是尋找解決這個矛盾的規律和方法，從而指導實踐，以之閱讀用古-漢語文學語言寫成的作品和書籍，以便正確地批判和繼承我國古代文化遺産使之古爲今用。

　　古-漢語文學語言詞彙，一般説來有兩大矛盾：一個是它和現代漢語的矛盾，一個是它和漢語史中口頭語言發展史上各個斷代語言的矛盾。這兩個矛盾既有區別，又互相關聯；它使古-漢語文學語言成爲一種既不同於現代漢語，又不同於口語史上的各個時代的時代語言，成爲漢語史中的一個獨立部門——漢語文學語言史中的一個部分。

　　説它是漢語文學語言史的一個部分，還不意味着它就是古漢語中的詞彙史，而是在現代漢語文學語言已經把它取而代之的時代裏，對它的詞彙性質、存在問題和解決辦法作個總的研究。因此，它既和古-漢語文學語言史有密切聯繫，又不同於漢語史中的古代漢語。

　　古-漢語文學語言是一種書面語言。它是在口語的基礎上形成的。不管在發展中它們之間逐漸地增加了多大距離，時代口語對它的影響是巨大的；詞的書寫形式的演變，對它也是有很大影響的。這樣，又使這種屬於漢語文學語言史的研究對象，有時必須聯繫到某些必要的口語發展史和漢字史的史料和規律。

至於它和語法和作品的密切關聯，已經成爲不言而喻的常識，這裏就無須多說了。

看起來，古-漢語文學語言詞彙的問題是相當複雜的，在開始學習之初，有就其主要之點加以說明的必要。爲了便於理解，把問題集中在以下兩點，分頭敘述：

一、古-漢語文學語言和現代漢語的關係和差別；

二、古-漢語文學語言詞彙和漢語口語史中各個時代的時代語言的關係和區別。

第一章　古-漢語文學語言詞彙和現代漢語的關係

第一節　詞彙上的異同

在本書之前，我寫的《詞典使用法》，曾從徐珂所輯的《海戰軼聞》中，選了一篇反映第二次鴉片戰爭時期中國人民反抗英、法侵略者的文章——《馮婉貞勝英人於謝莊》，用來作例；在練習中，又從柳宗元文集裏，選了一篇反映唐代工人罷工的《零陵郡復乳穴記》。在語言上，柳子厚的作品是和敦煌所出的反映唐代口語的《齖䶗新婦文》[1]、《五言白話詩》[2]等有很大距離；《馮婉貞》一文則和乾隆年間的《紅樓夢》、光緒年間的《官場現形記》等距離更大。用古-漢語文學語言寫成的作品是和口語有矛盾的。這個矛盾，從漢語史來看，是越來越大的。

古-漢語文學語言和現代漢語的矛盾，是一現實問題，它直接關係到我們正確地批判繼承祖國文化遺產使之古爲今用的問題。

古-漢語文學語言和現代漢語的矛盾主要在詞彙（包括它的

---

〔1〕　見《敦煌掇瑣》上輯一五。
〔2〕　見《敦煌掇瑣》上輯三〇、三一。

書寫形式)和語法中的某些特點，而不是全部都有矛盾。關於語法方面另有專門學科，這裏祇就詞彙方面試作一些初步探究。

從前面提到的兩篇文章來看，古-漢語文學語言詞彙和現代漢語詞彙之間，有以下三種情況：

一、有一部分詞彙和現代漢語完全相同，兩下裏沒有分別。例如：

人	馬	羊	虎
霧	月	火	雪
刀	槍	砲	藥
有	在	動	出
進	退	來	去
產	買	笑	辦
大	小	長	短
先	真	深	白
多	孤	再	又
刺刀	森林	猿猴	石鍾乳
英	法	印度……	

這一類詞從現代看來，就是現代漢語詞。我們不能因爲它們見於用古-漢語文學語言寫成的作品，而說它們就是古詞。一則，詞的語音形式和詞義内容的統一關係是和現代漢語完全一樣的；二則，它們在語言組織中的語法意義和作用也跟現代漢語沒有差別；三則，作爲文學語言的書面形式——文字寫法也完全和現代漢語一致。這些，都使它們除是現代漢語詞外，不能再是別的。如果說"人"(rén)、"馬"(mǎ)、"羊"(yáng)、"虎"(hǔ)等等不屬現代漢語詞彙，那是沒有人相信的。而且以這種語音形式、書寫形式的

統一關係和語言體系，把它們歸到漢語口頭語言發展史中，除現代漢語外，任憑哪一個具體的斷代語史，都沒有它們的整體位置。

為什麼這些詞既是現代漢語詞彙中的一個部分，而又可以分屬於古-漢語文學語言詞彙呢？因為它們都屬漢語基本詞彙，是漢語基本詞彙不斷傳承的結果。

這個現象，不僅現代如此，在整個古-漢語文學語言時代，對它所經過的各個時期也沒有不發生這樣關係的。換句話說，古-漢語文學語言基本詞彙，除個別詞在傳承中或有增減外，總是相同於發展中各個當代口語詞彙的。

這一現象，是古-漢語文學語言當它還沒有被反映口語的現代漢語文學語言取而代之之前，成為我國各個時代、各個地區共同使用的書面語言的一個語言基礎。它是各時各地的識字人對它都不十分陌生的東西。

二、除從古傳承下來的基本詞彙之外，古-漢語文學語言詞彙裏，還有一部分詞彙，它們雖然不同於現代漢語，但是，祇要按照它所在的篇章辭句關係，就其在句中的詞彙意義和語法作用，給它加上一個適當的詞素，它將即時變成一個和它同義的現代漢語詞。反過來說，它很像一個現代漢語雙音節詞的縮寫。我們也還以《馮婉貞勝英人於謝莊》為例，例如：

1. 可以在前面添加成分來幫助理解的——

　　　設（假設）　衛（保衛）　過（超過）　免（避免）
　　　集（召集）　待（等待）　亡（滅亡）

2. 可以在後面添加成分來幫助理解的——

　　　距（距離）　靡（靡費）　襲（襲擊）　率（率領）
　　　拯（拯救）　報（報告）　果（果然）

3. 可以重疊成兩個音節來幫助理解的——

紛（紛紛）

敵人紛墮如落葉

敵乃紛退

微（微微）

婉貞微嘆曰

這一類詞是漢語詞彙發展中，借助於新舊造詞法的質變而形成的一種分化。反映人們從實踐中得到認識的發展，由淺入深，由渾淪到分析。

這些詞原來是比較渾淪的。在寫作上，憑借作品的語言組織，使它從渾淪中凸現某一意義，是粗材活用。我們在閱讀上，則必須由粗到精，從已經分化出的新詞，來理解它渾淪未分中的突出意義。

詞的分化發展歷史，使這類詞距離現代漢語並不很遠，一般說來，是比較容易看懂的。而且也確實有些現代漢語詞，在一定的詞組上，有時簡縮成這種未曾分化以前的形式。

三、和現代漢語距離較遠或是很遠的詞，在古-漢語文學語言裏，就一般作品和書籍説來，比重不是很大。其中，有些雖然和現代口語詞彙不同，顯然有古今之分，但是它已經被現代人所習用，即將成爲或已經成爲現代漢語文學語言常用詞彙的一個部分；有的是現時無論口頭上或書面上都已不用，對一般不熟悉古-漢語文學語言的人説來，是很陌生的。前者，例如：

皆	及	無	日	異	自
悉	首	至	暮	益	競

倉皇

後者,例如:

隘	酋	邇	鶩	猱	鷙
紿	玄	剽	翳	舁	麋
騷然	戚然	瞿然	京洛	披靡	熙熙

第二類和第三類是形成古-漢語文學語言和現代漢語(其他各代口語當時在不同程度上也基本是這樣)矛盾的主要因素之一。而第三類中的後一種,又是使矛盾更為尖銳的因素。

我們有時聽到有人說"淺近的文言",或"較深的文言"。一種是"平易近人"容易看懂的,一種是"佶屈聱牙"不容易被人理解的。在讀者中間的兩種反映是和這三類詞在作品中的比重有關係的(當然,同時也有一定的語法特點在)。大體是這樣:第一類詞多的容易看;第一、二類詞都不少,而二類較多的,就稍費心思;三類詞俱全,而第三類較多或特多的,若不用一定時間去查書問人往往是很難看懂的了。

第二節　詞組上的異同

壹　一般性的

現代漢語詞彙雙音節詞很多。其中有不少是從古-漢語文學語言和各代口語的詞組提煉而成的。這就使古-漢語文學語言詞彙的研究工作不能不涉及詞和詞組的問題。

還是以前面提到的兩篇文章作例,可以看出以下三類情況:

一、有些古-漢語文學語言詞組在現代漢語已經成詞,可以運用現代漢語詞來處理的。例如:

晌午　平原　武術　巷戰　錯雜　石鍾乳

二、有些古-漢語文學語言詞組在形式上和現代漢語詞完全相同，很容易被看作現代漢語詞。它們在詞的歷史上有很多是有歷史關係的。譬如：現代漢語“學問”一詞，在古-漢語文學語言裏，則是由兩個動詞合成的詞組。它是可以成組使用的，像“學問之道無他，求其放心而已”（《孟子·告子上》）；也可以分開獨立使用，像“君子學以聚之，問以辨之”（《易·乾·文言》）。《漢書·王吉傳》：“始（王）吉少時學問，居長安。”這個“學問”也是動詞詞組——“學”和“問”，而不是現代漢語“有沒有學問”的“學問”。現代漢語的“學問”無疑是從“學”而且“問”的詞組提煉出來的。在詞義上由學、問的行動轉成下過學、問功夫，和從這番功夫中得到的知識和見解的意思。在語法上是動詞轉成名詞。

詞的來源及其歷史演變另是一回事情。在閱讀作品時，不能由於它們的歷史關係而含糊其詞。要從具體作品的詞語結構和通篇文意，確定它是不是現代漢語詞。一定要注意有很多容易用現代漢語詞來解的，在古-漢語文學語言裏卻往往正是一個詞組。例如：

諜報　在現代漢語它是一個雙音節詞。但是在《馮婉貞勝英人於謝莊》一文裏，“一日晌午，諜報敵騎至”這句話中的“諜報”却是由兩個詞構成的主謂結構。“諜”是暗察敵人行動的人，“報”就是報告。它表現兩個概念的關係而不是一個概念。

宣言　《史記·廉頗藺相如列傳》（廉頗）宣言曰：“我見相如，必辱之。”這“宣言”不是一個詞，和現代漢語不同。從它的下文

“廉君宣惡言”便可證明它的語言結構原是一個動賓關係。如果用現代漢語詞來理解，必然會錯的。

三、有些詞組是古-漢語文學語言所常用而不見於或很少見於現代漢語的。例如：

京洛　技擊　齏粉　剽疾　拏鬥　無慮

在這類詞組之中，第一類已經先後成爲現代漢語，使人不覺隔閡，是古-漢語文學語言接近現代的一個方面，這和上述第一類詞彙有相同的作用。第三類詞組由於它對初學的人有很大距離，面貌生疏，雖然不能使一望便知，但是這個陌生的特點，却是引人注意的。人們查書問人，在開始閱讀時往往是爲了認識它們。它們雖然脫離現實，給人麻煩，可是不容易被人忽略。至於第二類詞組，在形式上和現代漢語一樣，在語義上又有些相近，如果不細心，很容易被人放過，因而造成誤解的機會反而比第三類多些。這是不可不注意的。

古-漢語文學語言詞彙和現代漢語的矛盾，在詞組方面主要在第二、三類上。

貳　典故性的

在現代漢語詞彙裏，有些詞是從古代作品的辭句裏經過提煉而創造出來的。從來源講，“它們是有出處”的；從內容説，一般是典故性的；從形式看，一般是從所據作品辭句提煉出足以概括內容特點的詞構成詞組，以後又隨着認識的深化和提高，確立新的概念，從而對詞組進一步錘煉，變質成詞。因而這種詞是具有典故性的。現在常用的“矛盾”一詞便是其例。它，如大家所熟知的,是從《韓非子·難一》"楚人有鬻楯(盾)與矛者"一節,就"夫不可陷之楯(盾)與無不陷之矛,不可同世而立",這種"爲名不可兩立"的"矛盾之說"裏提出"矛"、"盾"兩詞,構成詞組,形成一個形象而生動的成語——古-漢語文學語言中的固定詞組。《北史·李業興傳》:"業興曰:'卿言豈非自相矛楯(盾)?'""自相矛盾"又成爲一個四音節的成語。在這成語裏,"矛"、"盾"依然是兩個詞。直到現代,它們纔從詞組提煉成一個詞。

在古漢語文學語言裏,像"矛盾"一類有出處的詞,因爲已經變作現代漢語詞,是很好理解的。除詞和詞組的分別外,一般是沒有困難的。例如:

> 居奇　壟斷　推敲　物色　輿論　智囊
> 門外漢

這是一類情況。在這種情況裏,古-漢語文學語言詞組和現代漢語詞雖有一定差別,但是,語意上是基本沒有矛盾的。

至於另外一類情況就不同了。許多沒有成爲現代漢語的古-漢語文學語言詞組,却是給人們閱讀作品時平添了不少障礙。因爲即或每個字都認識,知道它是在寫的什麼詞,也還不能了解它的意思。例如:

月旦　是作爲品題批評來用的,不是每月(月)清早(旦)的意思。它是從《後漢書·許劭傳》所記"初(許)劭與(許)靖俱有高名,好共覈論鄉黨人物。每月輒更其品題。故汝南俗有月旦評焉"。

三蟲　柳宗元《捕蛇者説》:"可以已大風攣踠瘻癘,去死肌,殺三蟲。""三蟲"是道家的一個術語,是以詞組形式構成的一個成語。按現代漢語雖然也能從它的詞組結構得到它當初是三種蟲豸的語意,可是還不能知道它到底是概括了一個什麼樣的具體內容。

柳宗元《罵尸蟲文》:"有道士言,人皆有尸蟲三,處腹中,伺人隱微失誤,輒籍記,日庚申,幸其人之昏睡,出讒於帝以求饗。以是人多謫過疾癘夭死。""三蟲"是由"三尸蟲"提煉而成的。道家認爲人體裏有三尸神。《諸真元奧》解釋三尸之說時,引《中黃經》說:"一者,上蟲,居腦中;二者,中蟲,居明堂;三者下蟲,居腹胃。名曰:彭琚、彭質、彭矯也。"《酉陽雜組·玉格》說這三尸蟲"上尸清姑,伐人眼;中尸白姑,伐人五臟;下尸血姑,伐人胃"。——這種意思,如果不得其出處,儘管每個字所寫的詞意和兩個詞構成詞組的語法關係都能了然,也是不能明白的。[1]

飲羊　登壟　這兩者也是從古作品中提煉出來的。從現代漢語也能了解它們的詞組結構。但是,給羊喝水,登上丘壟,都不是它們的意思。《聊齋志異》寫金和尚得錢之後,"作負販去,飲羊,登壟,計最工"(《金和尚》),是用它們說明奸商做假騙人非法圖利的卑劣手段的。這個內容,不是僅從字面就能看出來的。

"飲羊"是從《孔子家語·相魯》篇中"初,魯之販羊有沈猶氏者,常朝飲其羊以詐市人……及孔子之爲政也,則沈猶氏不敢朝飲其羊"這一故事提煉出來的。

---

[1]《三國志·魏志·華佗傳》:"言久服去三蟲、利五藏、輕體、使人頭不白。"中醫學認爲"三蟲"是指蛔蟲、赤蟲[薑片蟲]和蟯蟲等寄生蟲。

"登壟"和"壟斷"一詞是同出一源的。《孟子·公孫丑下》："……而獨於富貴之中有私壟斷焉。古之爲市也,以其所有,易其所無者。有司者治之耳。有賤丈夫焉,必求壟斷而登之,以左右望而罔市利。""壟",今本《孟子》作"龍"。"壟"是丘壠,"壟斷"是高崗高峭的地方。大意是説:奸商圖利,在"以其所有,易其所無"的交易場上,他要找一個可以統覽全局的高處,四處張望,觀察市場情勢,以便趁機網羅財貨。"壟斷"已被習用,而今已成爲一個詞了;而"登壟"僅僅是在作品中作爲詞組使用。

第二章　古-漢語文學語言
詞彙的語言性質

第一節　今而用古的超時代性——
各代詞彙的兼蓄並用

　　古-漢語文學語言詞彙是一種歷史語言詞彙。當現代漢語還沒有從文學語言的地位上把它取而代之之前，它一直是不斷豐富，不斷發展，具有生命力和表達能力的。這種詞彙是以先秦語言詞彙爲基礎的。但是，它又隨着漢語發展，與時俱新，不停滯在先秦，因而也不同於先秦。漢語基本詞彙的穩固性和長期的傳承和發展，使它無論通過哪一個語言時代，都有和各時各地當代漢語詞彙同一的部分，而且作爲與當時口語詞彙相對的古詞，在形式上，也隨着語言文字的發展，從屬於那一時代的當代語音系統和書寫體系。這就使古-漢語文學語言詞彙具有上不同於漢語口語發展的任何一時期的斷代語言，下不同於當代口語——就我們來說，是不合於現代漢語——同時，又具有上通先秦，中貫各代，俯從現時的獨特的語言性質。

　　一部比較完整的漢語史應該包括兩個既密切相關、互相影響，而又各成體系、互相區別的歷史部分。它們是漢語的口頭語言史和書面語言史。後者，就是我們所説的文學語言史。

把這兩部漢語史混同起來，或者是把它們孤立起來，都是不正確的。

這兩部漢語史，就其原始關係來説，本來是基本相應，表裏一體的。矛盾還不很大。由於人們從實踐中得到認識的不斷提高，思想的不斷加深加密；由於口語和書面語言的各自發展特點；由於我國社會歷史——各時代的經濟、政治、文化等等發展所給予的影響和要求，使它們彼此之間逐漸地增加了差度，擴大了距離，漢、魏時代已然顯明，而唐、宋以後就更加明顯。人民對反映自己當時口語的書面語言要求，隨着社會經濟、文化的發展，越來越多，越來越强烈。在古-漢語文學語言當令的時代裏產生的，隨着反映民族共同語的成分逐漸加多，漢語文學語言的新質要素，與時俱增，矛盾就更加尖鋭起來。直到"五四"時代，和文學革命一起，爆發了文學語言革命，開始了現代漢語文學語言時代，從而結束了古-漢語文學語言的統制地位，雖然它的殘餘勢力還繼續了二十幾年，究竟是違抗不了這歷史的必然規律的。

漢語口語發展，以詞彙（包括詞的語音形式）和語法的變化爲中心，是可以相對地分成若干歷史階段的。各個階段有初、中、晚三期，初期是和它前一階段的末期相同的，末期是和它下一階段的初期相同的。

語言洪流中的時代劃分是相對的，中間沒有截然不同的界限，在一定的流域中，拋開中間，就兩端來比看又有顯然不同。

無論語史階段有多大相對性，具體的口語時代總是有它歷史斷限的。先秦語言詞彙裏是不會有隋、唐時代的新詞的，更無論元、明、清的各代新詞了。

但是古-漢語文學語言詞彙却是與此相反的。它既以先秦語言詞彙爲基礎，又隨着使用這種語言的各代作者，通過作品寫作，不斷地吸取各代新詞，從而不曾停息地逐漸地豐富它的詞彙。"刺刀"等清代新詞見於以古-漢語文學語言寫成的《馮婉貞勝英人於謝莊》一文，便是近代的實例之一。

這一特點，使古-漢語文學語言詞彙和漢語史上的任何斷代的漢語歷史詞彙都不相同。語史的斷代詞彙是不能包括它的後代詞彙的。先秦的"漢語"詞彙，是不可能有漢以下的各代新詞的。漢代詞彙是不會有魏晉以下的各代新詞的。因此，把"不知有漢，無論魏、晉"的古代漢語詞彙和古-漢語文學語言詞彙等同起來看是不合實際的。

在詞彙方面，例如：

傖	寺觀	刹	朱提	狼藉
記室	跋扈	湯餅	揶揄	窸窣
牙儈	措大	骨朵	伥鬼	蘭若

這些詞常見於用古-漢語文學語言寫成的作品，一般是把它們當作"文言"詞來看待的。以蒲松齡的《聊齋志異》作例，如：

妃展巾抵地，大罵狂傖。（《西湖主》）

主人催其移櫬。申託尋寺觀，竟逭不返。（《任秀》）

遠見古刹，因詣栖止。（《王者》）

暗陬有物堆積，蹴之迸足；拾視皆朱提。（《宮夢弼》）

婢入燭之，生已死，腔血狼藉。（《畫皮》）

會有副將軍袁公，與尹有舊，適將西發，過尹；見生，大相知

愛,請爲記室。(《庚娘》)

異史氏曰:"不遭跋扈之惡,不知靖獻之忠,家與國有同情哉!"(《珊瑚》)

妗欲作湯餅啖兒。(《賈兒》)

妻揶揄之。(《勞山道士》)

聞叢薪錯楚中,窸窣作響。(《蛇人》)

異史氏曰:"月老可以賄囑,無怪媒妁之同於牙儈矣。"(《柳生》)

苗曰:"措大飲酒,使人悶損!"(《苗生》)

授以蒺藜骨朵,令隨諸鬼督河工。(《王十》)

驅使如倀鬼。(《珠兒》)

偶涉一蘭若,殿宇禪舍,俱不甚宏敞。(《畫壁》)

這些詞都是先後散見於秦以後的作品的。根據它最初見於作品的記録,可以約略地推定它的時代。一般説來,它們見於書面的時代一般是晚於口頭應用的。但是相去不會太遼遠,而且這個最初記載也正好相對地説明它開始取得常用詞彙地位的時期。譬如:

"傖"是六朝時代的吳方言詞。"吳人謂中州人爲傖人,俗又謂江淮間雜楚人爲傖人。"(《晉陽秋》)

"寺觀","寺"本是府廷所在,是官舍。自從漢明帝時摩騰竺法蘭自西域以白馬馱佛經來中國住在鴻臚寺,遂用寺爲名創置了白馬寺。從此,寺遂成爲佛教廟宇的名字。"觀"原是宮闕臺觀的名字。道教興起之後,又把道士所居的廟宇叫觀。

"刹",佛教的寺有十種異名,第七個叫"金剛刹"。"刹"是梵語 Ksetra(差多羅——刹土)的對音。和尚所住的廟宇叫刹當是從這裏來的。

"朱提"是從"朱提銀"——朱提山所出的銀子來的。"朱提銀"見於《漢書·食貨志》。

"狼藉"是錯亂不齊的樣子。見於《史記·滑稽列傳》。

"記室"原是後漢時代的一個官名。見《後漢書·百官志》。

"跋扈"是強暴專橫。見《後漢書·朱浮傳》："往年赤眉跋扈長安。"

"湯餅"是水煮面。晉束皙《餅賦》："充虛解戰，湯餅爲最。"

"揶揄"是舉手作勢嘲弄訕笑的意思。見《後漢書·王霸傳》："市人皆大笑，舉手揶揄之。"

"窸窣"，唐人作品常見，是一種摩擦振動的聲響。

"牙儈"是市場買賣的中間人。也叫"牙郎"。見《新唐書·張又新傳》："嘗買婢遷約，爲牙儈搜索陵突。"

"措大"是指窮酸潦倒的知識分子。見《舊五代史·史宏肇傳》："朝廷大事，莫共措大商量。"

"倀鬼"，被虎所食之人也，爲虎前呵道耳（裴鉶《聞奇錄·馬拯》）。

"蘭若"，梵語 Aranya 的對音"阿蘭若"的雙音節化。原意是僧人所住的地方。

這類詞，如果不看它們的初見時代，很容易把它們和先秦詞彙混同起來，一概地認作"古代漢語詞"。在沒有把"古代漢語"理解爲古-漢語文學語言，或在不承認古-漢語文學語言的人們眼裏，古代漢語這個詞常是指漢語史上的斷代語言——先秦語言說的。如果那樣，不但不能處理漢以後詞彙，也更不能解說後代的外來語詞。

古-漢語文學語言詞彙，對它所經過的各個時代語言來說，以基本詞彙的傳承爲主，總是有一部分詞彙是和當時相同的。這一特點，往往使人把他們所熟悉的詞和它們認爲生疏的詞彙區別爲古今兩類。但是這個"古"和漢語史斷代的"古"是不相同的。

第二節　推陳出新的能産性——
各代作家的新詞創造

古-漢語文學語言在它當令時代，詞彙的不斷豐富，不僅依靠它所經過各個時代新詞的累積，而且也通過作家作品，能動地創造新詞。這種通過語言巨匠捏塑出來的、概括從實踐中得到的新的認識，往往是從已有的、用古-漢語文學語言寫成的有名作品（或記載有名事迹的作品）出發，由舊詞構成新詞，在構成新詞之後，即以其造詞成果豐富了古-漢語文學語言詞彙。成詞之後，經過一定時期的書面應用，符合社會上的一般認識，爲多數群衆所理解，它又可從書面上走向口頭，成爲口語詞，從而豐富了口頭語言詞彙。

現代漢語詞彙裏的"矛盾"、"推敲"、"續弦"就是這樣來的。它們原來是口語詞，而在以使用古-漢語文學語言寫成的作品中，在富有典型意思的載記上，通過語言巨匠，它的後起作者，給與提煉和加工，構成一個新的詞組，再經過一定時期的運用，從詞組凝煉成詞。成詞之後，起初是只用於古-漢語文學語言的，以後，它又被群衆在日常生活理解和使用，遂成爲口頭語言詞彙中的常用詞。

　　“矛盾”是出自先秦，這和一般人把古-漢語文學語言理解爲古代漢語沒有抵觸；可是“推敲”是唐代韓愈和賈島的故事，是從唐代劉餗《隋唐嘉話》或元代辛文房《唐才子傳》一類用古-漢語文學語言寫成的載記裏提煉出來，而又用在古-漢語文學語言作品裏的。這個語言時代和《韓非子》的“矛盾”之説相去一千多年，中經漢魏六朝的語言演變，已是漢語史上又一個斷代了。如果把它也看作古代漢語，那末，就證明了古-漢語文學語言的性質；如果不把它看作古-漢語文學語言，那末，當時口語詞彙裏卻沒有這種新詞。

　　由此可見，以先秦語言詞彙爲基礎的古-漢語文學語言詞彙，在造詞上還是能動的，能産的，而不是僵死在先秦時代的，或者已經石化了的語言！

　　古-漢語文學語言詞彙造詞能力，既豐富自己，也豐富它所經歷的各個時代、當代口語詞彙。這就給它自己對各代讀者減少一部分困難，增加一部分聯繫。這也就是説古-漢語文學語言通過作家作品先後隨着由實踐中得到的認識發展或新的認識，按寫作的需要而創造的新詞，大體上可有兩類：

　　一類是概括力比較大，群衆性比較廣，符合人們認識，經過實踐選擇，有穩固的社會生活基礎；一類是概括較弱或群衆性較差，不符合一般認識，或者是雖有這個新的概念，但在實踐裏受到排擠、淘汰。前者，一般進入基本詞彙或常用詞彙，成爲由語言巨匠創造而爲群衆喜聞樂見、隨時應用的口語詞；後者，就衹停滯在用古-漢語文學語言寫成的作品中，成爲衹熟悉當代口語的人所不能理解的東西。

　　這兩類情況，給學習古-漢語文學語言的人指出在詞彙方面努力的方向，主要是拿下後一類的詞彙。

就在後一類詞裏，也還可以看出古-漢語文學語言詞彙在它當用時代的生命力：以已有的語言基礎，就着用它寫成的作品，給與提煉、活用，通過詞組形式，進而走向新詞。儘管它們在群衆口語中沒有取得當代或後代口語新詞地位，但是它本身的推陳出新，也説明了古-漢語文學語言詞彙並未僵死。例如：

捉刀 原是動賓詞組，用手握着刀柄。《世説新語》説曹操將見匈奴使者，叫崔琰假裝他自己，代作曹操，而他自己反裝扮作侍者捉刀立在牀旁邊。會見使者之後，派人問使者的印象，問：“魏王何如？”匈奴使者回答説：“魏王雅望非常，然牀頭捉刀人，此乃英雄也！”後人據一段文章，把“捉刀人”提出來，作代替人來使用；又進而把“捉刀”提出作爲“替人做事”來使用，於是“捉刀”遂有替作的意義。

梨園 梨園是唐明皇——李隆基的一個庭院。《唐書·禮樂志》記：“玄宗既知音律，又酷愛法曲，選坐部伎子弟三百，教於梨園，……號‘皇帝梨園子弟’，宮女數百亦稱梨園子弟。”後人把它借用作劇院名稱，於是“梨園”一詞遂由園名轉義爲劇院的同義詞。

下榻 在語法結構上也是動賓詞組，放下一張牀榻。在用古-漢語文學語言寫成的作品裏，常根據《後漢書·徐穉傳》所記“(陳)蕃在郡不接賓客，唯(徐)穉來，特設一榻，去則縣之”這一段文章用“徐孺下陳蕃之榻”(王勃《滕王閣序》)，“賓至下塵榻”(沈約《和謝宣城》)來寫賓客暫時寄居。後來又從這種運用中提煉出“下榻”這一詞組來概括，於是它又有了動詞意義，“下榻於××"等於客居在某處。

　　説項　唐代項斯受知於楊敬之。楊敬之贈項斯的詩裏，有
"平生不解藏人善，到處逢人説項斯"的句子。後代作品從這句
詩裏提出"説項"作爲詞組，表示向各方宣傳別人的優點的意思。
以後從這個意思裏發展出爲別人説情的意思。

　　因爲有一個具體的概念作内容，這個詞組已然成詞。

　　格致　清代把物理、化學、博物等自然科學叫"格致"。這個
詞是從《禮記·大學》"致知在格物，物格而後知至"兩句話裏提
煉出來的。

第三節　古今詞的相對性

　　我們説古-漢語文學語言詞彙裏，有一部分詞彙是和現代漢
語詞相同的。以現代詞爲今，那麼不同於今或不見於今的可以相
對地定爲古詞（籠統的而不是斷代的）。這種古今分別是相對的。

　　一、就各個時代的當代語言——口語來説，隨着新事物的
出現和舊認識在實踐中的加深加密，有時從古-漢語文學語言詞
彙或用它寫成的作品中，提取某些部分創造新詞；有時直接選用
古詞，賦以新義，錘煉詞組使之成詞。這樣，有些以前認作古詞
的詞，轉化爲時代的口語新詞。

　　二、由於全國各地方言的歷史不同，有些古-漢語文學語言
詞彙的詞，就全民通語——從現代説來，就我們的民族共同語現
代漢語説來，是古詞，可是在各個方言裏就不一定是古的。

　　從兩種情況可以看出古-漢語文學語言詞彙和各個時期的
當代口語之間的古今詞關係衹是相對的分別。

用具體的語例來説,譬如:

壹　和現代漢語詞的相對性

　　古-漢語文學語言詞彙和現代漢語詞彙的區分是相對的。隨着人在實踐中認識的不斷深入發展,新事物的不斷出現,生產、鬥爭的實際需要,有許多古-漢語文學語言詞,被吸收進現代漢語詞彙。有的是直接採摘使用的,有的是經過一定的提煉。前一些時候認爲是古的,可是現在已成爲今的了。就以中國文字改革委員會編印的《漢語拼音詞彙》〔1〕所收的詞爲例。有好多詞是很容易被看作古詞的。但是,它們已經在不少作品中出現,成爲現代漢語文學語言詞彙的一個部分。究竟是現代語使用古詞,還是這些古詞進入現代漢語? 這可能有爭論。就這爭論本身,也在説明它們之間區劃問題是相對的,而不是絕對的。例如《漢語拼音詞彙》中的——

諳練	跋涉	鞭策	繽紛	睥睨	倉卒
策動	岑寂	猖獗	馳騁	誕辰	典範
殿軍	締結	杜絕	遏制	鋒芒	丰韻
復辟	敷設	剛愎	革命	蠱惑	規範
姑息	豪邁	輝煌	忽視	呼吁	緘默
羈絆	拮據	沮喪	齟齬	絃密	默契
蓬勃	崎嶇	襄理	蕭瑟	肆業	淵博
貿然	毅然	娓娓	怏怏	鴻溝	矛盾
染指……					

〔1〕 中國文字改革委員會編:《漢語拼音詞彙(初稿)》,文字改革出版社,1958年。

貳 和方言詞的相對關係

就現代漢語來說——

1. 曬 是現代漢語

   暴 是古-漢語

2. 裂縫、裂口、裂罅 是現代漢語

   罅 是古-漢語

3. 孕 是現代漢語，例如：有孕

   身 是古-漢語

4. 茂盛 是現代漢語

   蔚 是古-漢語

5. 眼睛 是現代漢語

   目 是古-漢語

6. 逃跑 是現代漢語

   走 是古-漢語

7. 游泳 是現代漢語

   泅水 是古-漢語

8. 不但 是現代漢語

   不啻 是古-漢語

像這一類的詞，從現代漢語看來是屬於古-漢語文學語言詞彙的詞，在而今福州方言中，却是現代的時代語言。

"曬"，福州話説"暴"，例如"暴日頭"。這和《孟子·告子上》"一日暴之"的"暴"相同。

"裂"、"裂縫"，福州話説"罅"，例如"罅開"。這和韓愈《進學解》中"補苴罅漏"的"罅"是相同的。

"孕",福州話説"身",例如"帶身"。這和左延年《從軍行》
"五婦皆有身"的"身"相同。

"茂盛",福州話説"蔚"。這和歐陽修《醉翁亭記》"望之蔚然
而深秀者,琅琊也"的"蔚"相同。

"眼睛",福州話説"目"。《史記·項羽本紀》"瞋目視項王,
頭髮上指,目眥盡裂"的"目"和它相同。

"逃",福州話説"走",例如"走去"、"偷走"、"跟人走"。《孟
子·梁惠王上》"棄甲曳兵而走"的"走"和它相同。

"游泳",福州人説"汛水",例如"喜歡汛水"。這和《列子·
説符》"人有濱河而居者,習於水,勇於汛"的"汛"相同。

"喝酒",福州人説"食酒"。這和柳子厚《序飲》"吾病痞,不
能食酒,至是醉焉"的"食酒"相同。

"不止"、"不但",福州人説"不啻"。《書·多士》"爾不克敬,
爾不啻不有爾土"的"不啻"和它相同。

此外,像筷子叫"箸",姐姐叫"姊",哭叫"啼",追叫"逐",討
飯叫"乞食",做針線活叫"做針黹"等等,都是和古-漢語文學語
言詞彙中不同於現代—漢語部分相同的。

其他方言也都在不同程度上存在着這種現象。例如:

"晚",上海説"晏",南通、如東"來晚了"説"來晏[腦]"。

"鍋",廣東説"鑊頭",如東説"鑊子",嘉定把鍋蓋叫"鑊蓋"。

"白天",上半天,廣東説"上半晝",嘉定説"上晝";下半天,
廣東、嘉定都説"下晝"。

"晏"、"鑊"、"晝"等都是古-漢語文學語言詞彙中所謂"文
言"詞彙的一部分。

由此可見,古今漢語詞彙的區別是相對的,是在一定的標準

語言之下纔能明確分割的。而且這種區分是把古-漢語文學語言詞彙中同於現代漢語部分劃歸現代漢語詞彙之後提出來。實際的古-漢語文學語言詞彙並不就限於那些不同於現代漢語的部分。

第四節　結構造詞的復原性

從現代漢語學習古-漢語文學語言詞彙，還有一特點須要注意。這就是許多由結構造詞法通過詞組凝煉而成的雙音節詞，在用古-漢語文學語言寫成的作品中，往往是解體復原，又恢復它當初的詞組性質。

這一點，是和漢語口語發展史，由詞組凝煉成詞的方向是相反的，是一種倒反現象。

造成這一現象的原因，是和古-漢語文學語言的性質分不開的。在詞彙上，它是以先秦語言詞彙爲基礎的。這種詞彙主要是由一些就現代說來是反映舊質特點的古造詞法造成的詞積累而成的。單音節詞佔絕對優勢。同時，在語法上，也是以先秦語法爲基礎的古語法。因此，它雖然不斷地用它所經過的各個語言時期的當代新詞來豐富自己，可是它的語言本質特點，不僅使一些已成的、由結構造詞法造成的雙音節詞，在它整體力量中，融解復原，甚至有的新詞也往往倒反爲詞組。例如：中國文字改革委員會詞彙小組編輯的《漢語拼音詞彙》(初稿)把"彈藥"作爲一個現代漢語詞。這是合乎現代漢語的。但是，在《馮婉貞勝英人於謝莊》一文裏：

三保戒團衆裝藥實彈，毋妄發，曰："此勁敵也，度不中而輕

　　發,徒糜彈藥,無益吾事,慎之!"

這是在有槍彈火器之後的一個比較新的詞在古-漢語文學語言
中乍離乍合的情況。而同一篇裏:

　　　　火器利襲遠,技擊利巷戰。

"巷戰"在現代漢語已然成詞,《漢語拼音詞彙》收錄了這個詞。
但是,它並不是一個新的詞。《新五代史·范延光傳》有"巷戰殺
傷甚衆",至少在五代時它已經以詞組形式出現了。這個詞的來
路雖然比較遠一些,可是在古-漢語文學語言裏,即使它後來已
經成詞,依然恢復它的詞組關係。

　　在現代漢語裏,由詞組構成詞的詞,不許拆開來理解。在
古-漢語文學語言裏,就不能完全如此,有些是被這種文學語
言的性質決定,要解體復原,仍以詞組形式來符合整篇語言組
織的。

　　這種解體復原現象,看來是違反詞彙發展規律的。實際上
並不如此。首先是古漢語文學語言和漢語口語在語言性質上有
區別。承認這一現象,並不意味着否定漢語詞彙發展規律。相
反地,它正可以歷史地證明漢語造詞法逐漸質變的事實,説明有
相當部分的結構造詞是濫觴於詞組,經過相當長的時期纔被先
後地逐漸地凝煉下來。例如"驕傲"是現代漢語詞,我們從用古-
漢語文學語言寫成的作品去看——

　　　　保厥美以驕傲兮。(屈原《離騷》)
　　　　今人主誠能去驕傲之心。(《漢書·鄒陽傳》)

好像它早已成詞似的。可是——

> 生而富者驕,生而貴者傲。生富貴而能不驕傲者,未之有也。
> (《後漢書·崔駰傳》)
>
> 驕很傲慢,禍之始也。(《南史·顏之推傳》)
>
> 一者恃親驕矜,違禮僭度;二者傲慢貪奢……患禍將生。《北
> 史·景穆十二王傳下》

很明顯,它在成詞之前,確是以驕很、傲慢的"驕"和"傲"結合成爲一個詞組的。在詞組之中,兩個詞的詞的地位依然存在,因而有時可離爲兩詞,分說"驕"、"傲",有時合成一組,近似成詞。再如:

"關鍵",現代漢語是一個詞,詞義有緊關扼要之處的意思。用古-漢語文學語言寫成的作品中已有這個詞的成詞迹象。例如:

> 神居胸臆,而志氣統其關鍵……關鍵將塞,則神有遁心。
> (《文心雕龍·神思》)

前一個"關鍵"近於現代詞義,而後者却和現代詞義有些不同。從這也可看出它從詞組到詞的過渡情况。

"關鍵"也或寫作"管鍵"。原是鎖頭和鑰匙。"管"是鎖頭,所謂牝爲"管";鍵是鑰匙——鑰匙棍兒,所謂牡爲鍵。它倆合成一個詞組表示鎖鑰閉鎖門戶的東西。《文心雕龍》的"關鍵"就是這個意思的提煉。至於——

> 老子曰:"善閉者,無關鍵而不可開也。"(《淮南子·道應訓》)
>
> 天子適諸侯,升自阼階。諸侯納管鍵,執策而聽命,示莫爲主也。(《鹽鐵論·禁耕》)

在上下文的結構和意義關係上,這個"關鍵"(管鍵)就必然是詞

組而不能是詞組的提煉，更不能是詞。

"徼幸"，現代漢語有分外有獲、不當得而得的意思。在古-漢語文學語言裏，也有時有這個意思。如：

> 君子居易以俟命，小人行險以徼幸。(《禮記·中庸》)
> 苟如公言，不可以徼幸邪？(《漢書·伍被傳》)

這種近似情況，正是它凝煉成詞的基礎。但是在具體作品裏，一般還是詞組。如：

> 聖主不乘危而徼幸。(《史記·袁盎列傳》)
> 子高曰："吾聞之，以險徼幸者，其求無饜。"(《左傳·哀公十六年》)

前一例，"徼幸"和"乘危"對文，顯見"徼"是一個動詞；後一例，以"險"給"徼"作狀語，而"幸"則是"徼"的賓語。從上下文關係可定"徼幸"是詞組而不是一詞。《馮婉貞勝英人於謝莊》的"徼天之幸"正是它在古-漢語文學語言中復原爲詞組的證明。

觀察這種現象，對現代漢語詞彙新舊質變的歷史情況是可能有所幫助的。了解這一現象對古-漢語文學語言詞彙和現代漢語之間的語言性質差別，也可接觸其一個方面。

許多現代漢語雙音節詞在古-漢語文學語言中往往有解體復原現象，並不是指所有古今相同的詞而説的。它不包括以下這些性質的詞彙：

1. 非由詞組凝煉而成的詞。例如：

> 芳草鮮美，落英繽紛……山有小口，仿佛若有光。(陶潛《桃花源記》)
> 一日倉皇入寺，索筆墨甚急，奮袂如風，須臾而成，作輪瀉跳

躄之勢，汹汹欲崩屋也。（蘇軾《畫水記》）

臣之進退，實爲狼狽。（李密《陳情表》）

所不朽者，垂萬世名；孰謂公死，凛凛如生。（辛棄疾《哭朱熹文》）

“繽紛”、“仿佛”、“倉皇”、“狼狽”、“凛凛”等現代漢語詞，在古-漢語文學語言作品中是不可能有解體復原現象的。因爲它們當初就不是由詞組合成的（“狼狽”也不是由“狼”和“狽”合成的，見後）。

2. 對音漢化了的借詞。例如：

李龍眠畫羅漢渡江，凡十有八人。（黄淳耀《李龍眠畫羅漢記》）

華亭九峰，青龍鎮古刹浮屠，皆直其前。（歸有光《畏壘亭記》）

危哉！飛列濱、特蘭斯窪爾彈丸地耳，不甘爲人領，奮起以犯强大强國之鋒，雖勢不敵，要盡國雄也。（吳汝綸《矢津昌永世界地理序》）

“羅漢”、“浮屠”、“飛列濱”、“特蘭斯窪爾”都是對音的借詞，也是自身就是整體，並非由詞組凝煉而成的，因而也沒有解體復原的現象。

3. 已成的名詞、術語，不論它是不是已傳承爲現代漢語，在古-漢語文學語言作品裏，除非修辭上的要求，一般也是不解體復原分拆理解，雖然明知它是由一個詞組合成的。例如：

一曰渾沌派：此派者，可謂之無腦筋之動物也。彼等不知有所謂世界，不知有所謂國，不知何者爲可憂，不知何者爲可

懼。……彼等之生也，如以機器制者，能運動而不能知覺。其死
也，如以電氣殛斃者，有墮落而不有苦痛，蠕蠕然度數十寒暑而
已。（梁啓超《呵旁觀者文》）

環滁皆山也。其西南諸峰，林壑尤美。望之蔚然而深秀者，
琅琊也。山行六七里，漸聞水聲潺潺，而瀉出於兩峰之間者，
釀泉也。峰回路轉，有亭翼然臨於泉上者，醉翁亭也。作亭者
誰？山之僧智僊也。名之者誰？太守自謂也。（歐陽修《醉翁
亭記》）

“腦筋”、“機器”、“運動”、“電氣”是作者當代的新詞，“動
物”、“世界”、“琅琊”、“釀泉”、“太守”等等是前於作者已經存在
的舊詞。無論是哪一類，無論它是不是已成現代漢語詞，在用
古-漢語文學語言寫成的作品裏，一般是不拆開理解，不復原爲
詞組的。

4. 同義互注的雙音節詞，它的兩個詞素雖然在拆開之後還
能各自獨立成詞，但是由於彼此同義，解體分拆，詞義重疊，反倒
不好理解。這種順應雙音節化的造詞方法成詞力量是比較強
的。它們的兩個詞素是合之雙美，離之兩傷的。換句話説，凡是
在拆開之後，不能把兩個詞素各變成一個包括它自己在內的雙
音節詞，並使這雙音節詞成爲彼此不同的，就不能使之解體。因
爲解體之後就變成同義重出了。像“陳舊”、“辛辣”、“樹木”之類
的詞，最爲明顯。

根據這個道理，那麼——

道路遼遠，勞費滋多。（韓愈《論淮西事宜狀》）

“道路”和“遼遠”兩詞也就不必分開來理解什麼是“道”，什麼是

“路”、“道”、“路”合成詞組是什麼意思；“遼”、“遠”也一樣指不出顯然差別。

從上述四種情況來看，在古-漢語文學語言裏解體復原的現代漢語詞和一些現已失用的古詞，在語源上，既不是由詞組合成的，也不是外語借詞；在詞的性質上，不是固定的名詞、術語；在造詞法上，不是同義互注。

在這個基礎上，纔可以考慮以下的參考語例。

在古-漢語文學語言作品中，可以拆開使用，各自成詞，詞義不重，而組成和成詞詞義相近似的詞。例如：

不憤不啓，不悱不發。（《論語·述而》）

（宇文孝伯）性沈正，譽謷好直言。武帝即位，欲引置左右。……乃託言少與同業受經，思相啓發，由是護弗之猜，得入爲右侍上士。（《北史·周宗室傳》）

“啓”、“發”都可以有“開”的意思。但在這裏，却不是同義詞。“啓”是打開，“發”有使之出來之意。“啓”、“發”合起來成爲詞組，有開導的意思，並不是開。

其交也以道，其接也以禮。（《孟子·萬章下》）

膺性簡亢，無所交接。（《後漢書·李膺傳》）

“交”是交結，“接”是接觸，兩詞詞義不同。但是合爲詞組，交結接觸和交際意近，和“交接”一詞相似。

以上是分在兩句的語例。至如：

誠惶誠恐（《後漢書·杜詩傳》）

克勤克儉（《尚書·大禹謨》）

經之營之（《詩·大雅·靈臺》）

選賢舉能（《大戴禮·主言》）

優而柔之（《孔子家語·入官》）

這一類語例却是在一句之中分開使用的，都可作爲"惶恐"、"勤儉"、"經營"、"選舉"、"優柔"等現代漢語詞在古-漢語文學語言作品可以解體復原成爲詞組的參證。

有些現代漢語詞，在古-漢語文學語言裏，雖然一時沒有恰好的分用語例，祇要它具有復原爲詞組的基本條件，一般的，也是常常分解爲詞組來理解的。例如：

周文方欲革易時政，務弘强國富人之道，故（蘇）綽得盡其智能，贊成其事。（《北史·蘇綽傳》）

周公制作之，仲尼祖述之，荀卿贊成之。（楊倞《荀子序》）

聖人既竭目力焉，繼之以規矩準繩，以爲方員平直，不可勝用也。（《孟子·離婁上》）

夫法者，天下之準繩也。（《文子·上義》）

黎明，圍宛城三帀。（《史記·高祖本紀》）

黎明即起。（朱伯廬《治家格言》）

"贊成"，"贊"是輔佐幫助，"成"是完成、成全的意思。合成詞組有伸手或表示意見幫助別人完成一件事情的意思。它和"贊成"的詞義相近。

"準繩"是由"準"和"繩"兩詞合成的詞組。前一詞是取平的工具水準，後一詞則是取直的工具墨線。合起來構成詞組，有標準尺度的意思。詞組意思和成詞詞義相近。

"黎明"是破曉的意思。"黎"借作"剺"，有割破的意思。詞組的語義有割破黑夜透出光明的意思。作爲破曉的"黎明"詞義跟它基本相近。

　　這類語例是從用現代漢語閱讀古-漢語文學語言作品而説的。若是在漢語史上，這種現象應倒反過來理解。那就是：從詞組到詞，而不是從詞解體爲詞組。

第三章　古-漢語文學語言
詞彙的語言特點

　　古-漢語文學語言詞彙的性質,使它既和各個時代口語密切相關,又跟它們有顯然的差別。這個差別表現在以下幾個方面。當然,分爲幾個方面提出特點,並不意味着它們是互不相關的部分。

　　詞,這種内容和形式的統一體,是以概念爲其内容,以一定的音節爲其形式的。因此,詞義和詞的語音形式是兩個可以相對分開來研究的,但必須把它們放在詞的基礎上來做。

　　詞,在書面語言上,還另有一種形式——成體系的文字。文字是作爲詞的書寫形式而存在的。它和詞也有相對的獨立性,可以獨立考察,但是,也必須放在寫詞的觀點上,纔能有正確的理解。

　　古-漢語文學語言詞彙是書面語言。它一方面既有詞義和語音關係,又有詞和文字關係。在這些統一在詞的整體的相對關係裏,我們提出:古-漢語文學語言詞彙的詞義特點、語音特點和書寫形式特點。

第一節　詞義特點

　　古-漢語文學語言詞彙,在它當令的時期,隨着跟它相關而又有區別的漢語口語發展，有些詞既是古-漢語文學語言詞彙，又是當代漢語口語詞彙。也有些詞，在口語裏沒有傳承下來，衹見於古-漢語文學語言。前者，像第一章第一節所說的第一種情況，後者，則是第二、三種情況。

在這三種情況裏，對初學或還不很熟悉古-漢語文學語言的人來說，在詞義方面，第一類詞是須要多加注意的。因以後兩類由於陌生，容易引起注意，衹要肯於查書問人，不至於發生誤解。至於第一類詞，比較熟悉，往往以今度古，忽略了它的古今變化，很容易造成似是而非的誤解。

在一定的口語歷史時代裏，雖然也有詞義變化，但是古今詞義錯綜使用的現象是比較少的。一般是以它當代常用詞義爲主的。古-漢語文學語言的階段長，它的詞彙是總匯先秦以迄作者當代的一切詞的。因此，詞義情況很複雜。它不僅有本義和變義，同時由於書面語言特點，就詞的書寫形式來說，也還有同音詞共用一個文字的所謂"假借"，透過假借而寫出來的詞義。

詞，是在一定的語法組織中纔能成活的。這樣，它除以語音形式物化了的思想（概念）內容作爲詞義外，還有語法意義。在和現代漢語對應中，有許多詞隨着語法作用的改變，也相應地改變了詞義。

古-漢語文學語言詞義特點是不能從詞彙裏孤立地認定的。它必須是在一定的時代，通過具體的作家和作品來衡量的。在時間上也不能絕對化，不能一概地推定，有些作品時間比較晚，可是古詞古義卻很多。嚴復、章炳麟等人的文章就是其例。

以下，先說詞彙意義，然後再說語法意義。

壹 詞彙意義

從古-漢語文學語言詞彙到現代漢語詞彙,有些詞在詞義上是從古至今基本未變,例如"馬"、"米"、"手"、"車"、"小"等等。有些詞詞義古今變化較多,在作品中往往是或古或今。古今義的紛然雜陳,是古-漢語文學語言詞彙的特點。

一、古今詞義內容不同

在古-漢語詞彙裏,有些詞,在古今詞義上是完全不同的。有的是由於事物做法或形式上的改變,有的是由於詞義轉移。前者還是一個詞的古今,而後者則已經是判然分別成爲兩個詞了。一個是客觀事物的本身變化,概念的基本屬性沒變;一個是已經改變了詞所概括的認識對象,以變義造詞方法造成了另一個內容和形式的統一了。

前者,例如:

坐

> 項王、項伯東向坐,亞父南向坐……沛公北向坐。(《史記·項羽本紀》)

> 管寧常坐一木榻,積五十餘年,未常箕股,其榻上當膝處皆穿。(皇甫謐《高士傳》)

這些"坐"都和我們現代的坐不同。既不是盤膝打坐,也不是下腿直垂坐椅坐凳的坐,而是跪坐的坐。古人坐席,坐時兩腿膝蓋向前着地,下腿折向後面,臀部落在兩腳跟上。形式是 𝄂 的樣子。

了解這個意思,纔便於理解"(樊)噲遂入。披帷西向立,瞋目視項王,頭髮上指,目眥盡裂。項王按劍而跽曰……"(《史記·項羽本紀》)的"跽",不是項羽怕樊噲而"下了跪"(跽),而是他原來折腿坐着,看樊噲的氣度不好,趕緊用手按劍,聳身直腰挺起半截身來(膝及小腿還折向後)。"管寧的木榻"當膝皆穿,也是這種坐法的結果。

後者,例如:

緌

　　滄浪之水清兮,可以濯吾緌。(《楚辭·漁父》)

　　楚王子圍聘於鄭,未出境,聞王病,反問疾,遂以冠緌絞王,殺之,因自立也。(《戰國策·楚策四》)

　　(終)軍自請:"願受長緌,必羈南越王而致之闕下。"(《漢書·終軍傳》)

這些"緌"是從帽子左右下垂可以繫在項下的帽帶兒。因爲它是長的條帶,所以可以洗濯,可以絞殺楚王,可以縛南越王。它和現代漢語作爲"帽緌子"、"紅緌槍"等"緌子"呈團形近似總子似的束西不同。

有人把"絕緌會"(絕緌是折斷帽帶兒)畫成連環畫,改名爲《摘緌會》,並且真的畫作摘掉帽緌子,就是受現代詞義影響,忘記了古-漢語文學語言詞彙古詞義的結果。

二、古今詞義部分相同

有些古-漢語文學語言詞彙,由於在應用中的詞義變化,在原來詞義的基礎上,擴大、引申或縮小,使它和現代常用詞義有部分相同的關係。雖然聯繫未斷,沒有改變詞義的基本屬性,但是用部分推全體，在理解作品上也是有出入的。例如：

電　在古-漢語文學語言裏，原是指打雷時的閃電説的。如：

> 大雨震電。（《公羊傳·隱公九年》）
> 雷乃發聲，始電。（《吕氏春秋·仲春紀》）
> 南北諸軍，風馳電赴。（《晉書·孫綽傳》）
> 忽作風馳如電掣，更點飛花兼散雪。（王雝《懷素歌》）

現代漢語則是擴大了"電"的詞義，指着一種物質能力，即電力、電池等電説的。這個擴大詞義裏，也包括着雷電的電。

這是從古至今，由個別到一般的詞義擴大。用今義雖能理解"風馳電掣"的電，但是不好理解"電以爲鞭策"（《淮南子·原道訓》）的電。再如：

名　在古-漢語文學語言裏，是一般事物的名字，和現代的"詞"的意思差不多。所謂"名以制義"（《左傳·桓公二年》）、"出口爲名"（《左傳·桓公二年》疏）就是這個意思。如：

> 後王之成名，刑名從商，爵名從周，文名從禮，散名之加於萬物者，則從諸夏之成俗曲期。（《荀子·正名》）
> 名無固實，約之以命實，約定俗成，謂之實名。（《荀子·正名》）

它也概括着詞的書寫形式，等於現代漢語的"字"。如：

> 百名以上書於策，不及百名書於方。（《儀禮·聘禮》）

現代漢語常用詞中，把它的詞義縮小了，既不包括它的書寫形式，不能等於文字，也不包涵"詞"的意思，僅僅相當於人、物的名稱。因而它的古今義有一定相同的部分，又有一定範圍上的區別。

這是從古到今，由一般到個別的詞義縮小。用現代常用詞義可以體會它的部分意義，可是不能恰當其可。至於——

給　原是供給相足的意思：

與汝約，過汝，汝給吾人馬酒食。(《史記‧陸賈列傳》)

(民)若匱，王用將有所乏。乏則將厚取於民。民不給，將有遠志。(《國語‧周語下》)

現代漢語的"給"是把物品送與別人的意思。它是從原來供給相足的詞義引申出來的——把物品送與別人滿足他的需要，這一點，有贈送的意思在。從這一點上，"給"的詞義轉變爲送給。現在用我們常用的送給的意思來解"汝給吾人馬酒食"、"民不給"等句的"給"就不好理解了。

這是從古到今，由一個詞義整個內容裏，突出它某一部分的引申現象。它和現代漢語詞義有相近的地方，又有不同的地方。

貳　語法意義

古-漢語文學語言詞彙有些詞在不改變語音形式而充當不同的詞類時，也有相應的詞義變化。這類詞傳承到現代漢語，一般衹保持着一個比較固定的詞類。這又使僅熟悉現代漢語的人，對它在古漢語文學語言裏的語法作用和與之相應的語法意義不好理解。例如：

刃　《廣韻》而振切(日震開三)，衹有一種讀音。作爲刀刃來理解，這是現代漢語和古-漢語文學語言所共同的。它是一個名詞。但是，在古-漢語文學語言裏，有時把它當作動詞來用。如：

> 拔刀將手刃之。(《晉書·烈王無忌傳》)
>
> 與人刃，我寧自刃。(《史記·魯仲連列傳》)

"刃"有用刀刃殺掉之義，變成"殺"的同義詞。隨着詞性改變，同時改變了詞義。再如：

軍 《廣韻》也祇有一種讀音，舉云切(見文合三)。現代漢語和古-漢語文學語言都把它作軍隊的編制單位來理解，是名詞。但是在像下面這樣的句子裏：

> 沛公軍霸上。(《史記·項羽本紀》)
>
> 田侯曰："善!"乃起兵，曰："軍於邯鄲之郊!"段干綸曰："臣之求利且不利者，非此也。夫救邯鄲軍於其郊，是趙不拔而魏全也!"(《戰國策·齊策一》)

"軍"有駐屯軍隊的意思。這樣，詞義也隨着詞性變化而發生了變化，變成駐屯或駐軍的意思。

這類詞義，有些是從現代漢語找不到恰當的同義詞來對應的，不大好翻譯，在不熟悉它的人說來，有時還不大好理解。例如韓愈《原道》：

> 其所謂道，道其所道，非吾所謂道也；其所謂德，德其所德，非吾所謂德也。
>
> 周道衰，孔子沒，火於秦，黃老於漢，佛於晉魏梁隋之間。
>
> 人其人，火其書，廬其居。

《廣韻》：道，徒晧切(定晧開一)；德，多則切(端德開一)；火，呼果切(曉果合一)；黃，胡光切(匣唐合一)；老，盧晧切(來晧開一)；佛，符弗切(奉物開一)；人，如鄰切(日真開三)；廬，力居切(來魚開三)，都是祇有一個讀音的。

把"道"、"德"、"火"、"黃"、"老"、"佛"、"人"、"廬"等名詞都當作動詞來用。除"火"可以用"燒"或"焚燒"來對應，其他幾個詞一時都沒有比較合適的同義詞可以對譯。

這種詞義變化現象和隨着詞性變化而改變部分音素或改變聲調的音變造詞是不相同的。例如：

數　《廣韻》有三種讀音：所矩切(山麌合二)，計也；色句切(山遇合二)，筭(算)數；所角切(山覺合二)，頻數，它與"朔"同音。

范增數目項王。(《史記・項羽本紀》)

"數目"的"數"，在這句子裏，不是"數目字"的"數"，而是"所覺切"，有"頻數"的意思。

數目＝一再地使眼色
　　　＝幾次地使眼色
　　　＝屢次地使眼色

"數"音義都改變，不讀 shù，而讀作 shuò。是用音變造詞法造成的另一詞。"目"祇是變名詞爲動詞，語音還是讀 mù。《廣韻》"目"，莫六切(明屋開三)，也祇有一個讀音。

叁　古今詞義並用

兵　這個字所寫的詞，作爲戰士來理解，是古-漢語文學語言和現代漢語所共同的。但是——

袒裼而按劍，則烏獲不敢逼；冠胄衣甲，據兵而寢，則童子彎

弓殺之矣。故善用兵者，以形固。夫能以形固，則力有餘矣。（蘇
洵《心術》）

　　伯夷、叔齊叩馬而諫曰："父死不葬，爰及干戈，可謂孝乎？以
臣弑君，可謂仁乎?"左右欲兵之。《史記·伯夷列傳》）

　　秦人拱手事外。不發一兵，不與一會，天下憫然不以爲意。
（魯通甫《秦論》）

"據兵而寢"、"故善用兵者"、"左右欲兵之"、"不發一兵"，這四
個都是用古-漢語文學語言寫成的作品中的句子，除最後一句
和現代漢語詞義完全相同，是同一個詞之外，其他三者：第一，
是作爲兵器之義來使用的；第二，則是作爲軍隊之義來用的；
第三，改變詞類，作爲動詞來用，遂有用兵器擊刺殺伐之意。
這三者，以古義和現代義取得詞彙中的同等地位，而一、二兩
義更古。

　　這種古今並用，上不同於先秦語言，下不同於當代漢語，在
詞彙上，這是古-漢語文學語言特點之一，也是學習它必須重視
的問題之一。

　　在有關文物制度的詞彙中，古-漢語文學語言詞彙歷史長，
由於語言性質和前代作品的影響，有些基本詞的詞義是古今
並存的，這也是一個特點。這個特點，對初學古-漢語文學語
言的人來説，因爲不熟悉那一個詞所概括的文物制度有古今
變化和差異，往往容易用現代漢語詞義來處理，容易發生
錯誤。

　　斗　這個詞是一種量器的名字。這是現代漢語和古-漢語
文學語言完全相同的。但是，在用古-漢語文學語言寫成的作品
裏，它有時還是一種酒器的名字或是星宿的名字。而這兩個名

字都是先秦已有的,可是後代可以依然使用而不感到突兀。
如:

> 於時九月,天高露清,山空月明,仰視星斗皆光大。(晁无咎
> 《新城游北山記》)

> 月出於東山之上,徘徊於斗牛之間。(蘇軾《前赤壁賦》)

這是把它作爲"北斗"或"南斗"星座的名字來用的。

> 婦曰:"我有斗酒,藏之久矣,以待子不時之需。"(蘇軾《後赤
> 壁賦》)

> 項王曰:"壯士! 賜之卮酒。"則與斗卮酒。(《史記·項羽
> 本紀》)

則作爲一種酒器的名字來使用。

"斗"作爲酒器的名字是它最早的詞義。它的器形大致是
〰 形的。作爲星宿的名字則是用它所概括的酒器形制特點,
以比擬造詞方法造成的另一個詞。但是,酒器的斗作爲量物之
器來使用時,又變成了一種量器的名字,成爲斗斛之斗。《史
記·滑稽列傳》"臣飲一斗亦醉,一石亦醉"用的是本義。《吕氏
春秋·仲春紀》"則同度量,鈞衡石,角斗桶,正權概"中"斗桶"的
"斗"是量器名字。酒器和量器,由於所概括的對象不同,自詞義
轉移而進至變義造詞。於是斗斛之斗,遂又獨立成爲酒器之斗
的同音詞。而量器的斗在量的大小,形制的方圓,又有古今的變
化和差異。

斗,《廣韻》當口切(端厚開一),祇有一個讀音。

這些比擬造詞和變義造詞,既沒有改變語音形式,也沒有改
變書寫形式(不是古今音變,也不是指字體演變),而量器之斗又

有形制變革。它們互相干擾，致使不熟悉古－漢語文學語言的人，特別是東北人，聽到"dǒu"或看到"斗"，在一定的語言組織中，往往想到容四十餘斤大口小底的方形"斗"。這樣不僅把"斗酒"的斗畫作市斗方形，而且在舞臺上，"太保推杯換大斗"的斗也照市斗做成大口小底上下皆方的飲器。不僅如此，而且有人還據此説古人量大，一飲四十餘斤！

這個現象，是和古－漢語文學語言詞彙在詞義上古今兼容、新舊齊用的特點分不開的。這一特點使它和各個時代的當代漢語常用詞義的基本固定以及古今詞義的不常混用有顯然的區別。

第二節　語音特點

壹　對各時各地漢語音系的適應性

五代孫光憲《北夢瑣言》記了這樣一段故事：道士陳子霄登華山上方，跌了一跤，——山勢很陡，這是非常危險的事。宇文翰郎中聽到這個消息之後，給陳道士寫了一封信，説："不知上得不得，且怪懸之又懸。""懸之又懸"就是"險之又險"的口語語音。

宇文翰這個玩笑是根據道士們所奉的經典——《老子》開的。《老子》書中的原句是"上德不德"、"玄之又玄"。"玄"和"懸"和"險"先秦語音都不在同一韻。"玄"、"懸"都是收-n 的，一在真韻，一在元韻；而"險"則是收-m 的，韻在談部。它們都是不同音的。

古音收-m 的，到唐代在某些方言裏，已經改變成以-n 作韻尾輔音了。胡曾《戲妻族語不正》詩：

> 乎十却爲石，
> 喚針將作真，
> 忽然雲雨至，
> 總道是天因。

它反映了當時漢語語音在某些方言區還保留着"針"（侵韻）、"真"（真韻）和"陰"（侵韻）、"因"（真韻）收-m 的音節和收-n 的音節的區別。在某些地區，這個區別已經消失，宇文翰給陳道士的信，也在證明這種區別在某些地區語音裏早已不存在了。

"玄"和"懸"在《廣韻》裏都是匣母先韻合口四等，已經變成同音詞，不再分屬兩部了。

從"玄之又玄"到"懸之又懸"和"險之又險"可以看出，唐五代時，"險"不僅在音節上從-m 韻尾改收-n，而且它又在從開口轉入合口。——當時還沒有形成撮口，沒有用 yu。

我們從宇文翰給陳道士的信裏，可以看出一個事實。那就是：古-漢語文學語言，即或是先秦時代的作品，在語音上，它是隨着讀者的時代和地方語音而俱變的。語音隨時代隨地區方音的適應性是古-漢語文言詞彙的語音特點。

語音上的適應性也是古-漢語文學語言詞彙的一條規律。

形成這一條規律的原因：在語言內部的是基本詞彙的傳承，它使當時漢語和古-漢語文學語言緊密地聯繫在一起；在語言外部的是當時社會在使用它從事學習、工作和交際。

違反這一規律，就像傳說中，傅青主跟顧炎武開玩笑一樣，把"天明久矣"說成"汀茫久矣"，弄得就是搞古音的人也莫明其妙,其結果祇是一場滑稽。不用説直到今日,所有語言學家對古音的研究和據其研究結果所作的擬音都祇是一種相對的假説,並非真正的古音,即或推擬得比較接近,也祇能作歷史上的斷代語音。已經僵死的語言,不能替換和它有本質差別的古-漢語文學語言。任何人企圖用所謂古音來誦讀用古漢語寫成的作品,都是錯誤的。所有"楚辭擬音"、"唐詩擬音"至多是漢語史上的時代語音參考,或是考據研究工作中的一種資助,不能搬到古典文學教學和日常交際中去。

　　總之,根據這條法則,現代學習古典文學作品和閱讀用古漢語文學語言寫成的書籍,必須使用現代漢語詞彙的語音。反之,生今之世而想用古之音,這樣讀古人作品必然會出現奇怪的現象。假如把《詩・秦風》的《無衣》照下面這種擬音來讀,又有誰能聽懂呢? 何況古音擬測是很難得出絶對的結論的!

　　　　無衣

　　　豈曰無衣?
　　　與子同袍。
　　　王于興師,
　　　修我戈矛。
　　　與子同仇。

　　　豈曰無衣?
　　　與子同澤。
　　　王于興師,
　　　修我矛戟。
　　　與子偕作。

豈曰無衣？

與子同裳。

王于興師，

修我甲兵。

與子偕行。

用王力先生《詩經韻讀》所擬的音系來讀，則這篇詩的語音是：

khiəi hiuat miua iəi?

jia tziə dong bu.

hiuang hiua xiəng shiei,

siu ngai kuai miu.

jia tziə dong giu.

khiəi hiuat miua iəi?

jia tziə dong deak.

hiuang hiua xiəng shiei,

xiu ngai miu kyak.

jia tziə kei tzak.

khiəi hiuat miua iəi?

jia tziə dong zjiang.

hiuang hiua xiəng shiei,

siu ngai keap pyang.

jia tziə dong heang.

貳 讀書音

在誦讀用古-漢語文學語言寫成的作品或專書時，各方言區,除原則上把和方言詞彙相同的詞直用當時方音來誦讀之外,往往在不同程度上,有它專用在誦讀用古-漢語文學語言寫成的作品或專書的讀書音。也就是在平時説話時是一種説法,在讀書時,同樣一個詞却有它特定的念法。譬如:北京方音,"拆",説話時説 chāi,讀書時念 chè;"血"説話時説 xiě,讀書時念 xuè。從這種相對關係來説,這類詞是有兩種語音形式的:説話音和讀書音。後者,有叫"字音"的,是從文學語言的書面形式特點、就詞的書寫形式——文字而立名的。廈門方言把它叫做"孔子白",則是從作品和專書,更主要的是從讀經出發而立名的。前者,一般叫做"語音"。廈門方言把它叫做"話音"。在一些詞典上,例如《新華字典》,有些詞下注着"語音"或"讀音",便是這種指明詞在語音形式上的特點的術語。

説話音和讀書音差別,各系方言都有。有的多些,嚴格一些;有的比較少些,要求不很嚴格。漢語方言中讀書音和語音差別較大一些的,例如廈門方言。"廈門的字音跟話音幾乎各成一個系統。所以本地人發音時特別要聲明‘孔子白’怎麽讀,‘解説’怎麽讀。"[1]

讀書音和説話音的差別是一個方言内部的事,並不是兩個方言系統的一時並用,也不是古今漢語在同時同地的並存。它祇是古-漢語文學語言一方面受前代語音殘餘勢力的影響,一方面又和口語有一定距離的結果。它所保存的古音殘餘,是服從當時當地方言音系而"現代"化了的,和真正的古音並不完全相同。如方音和古音比較相近,可能有些讀音和古音就更近一些。

---

[1] 見羅常培《廈門音系》,第41頁。

但是無論怎樣，它必須在音系特點上服從當時當地發音。

　　讀書音和説話音到底是怎麼形成的，情況很複雜，須根據具體方言作具體研究。章太炎説："蓋有誦讀占畢之聲（按即讀書音），既用唐韻，俗語（説話音）猶不違古音者，有通語既用今音，一鄉一州猶不違唐韻者，有數字同從一聲，唐韻以來，一字轉變，餘字則猶在本部而俗語或從之俱變者。远陌紛錯，不可究理。"〔1〕

　　讀書音和説話音之間的差異，從形式上作分別，羅常培曾就廈門音系提出：同聲異韻，同韻異聲，跟聲調不同三個方面。〔2〕

　　近代的北京讀書音，一般是和口語一致的，祇是在某些詞的音節上有所改變。這裏略舉幾個單音節詞作例。

　　有改變聲母的，如：

	口語	讀書音
蹲	dūn	cún
暫	zàn	zhàn
撞	zhuàng	chuáng
嘲	cháo	zhāo

　　有改變韻母的，如：

	口語	讀書音
我	wǒ	ě
藥	yào	yuè
緑	lǜ · lù	lù
摘	zhāi	zhé

〔1〕　見章太炎《新方言序》。
〔2〕　見羅常培《廈門音系》，第41頁。

雀	qiǎo	què
携	xié	xí

有連聲帶韻都改變的,如:

	口語	讀書音
呱	wǎ	gū
瘧	yào	nüè
虹	jiàng	hóng
骰	shǎi	tóu
賜	cì	sì

以上三種改變,有些是同時也改變了聲調的。

有一部分讀書音和口語語音衹差在聲調上。如:

吹	chuī	chuì
導	dǎo	dào
誣	wū	wú
勒	lē	lè
亞	yǎ	yà

這些口語語音和讀書音的差異,在現代漢語已經消減了一部分。從《新華字典》所反映的情況來看,例如:

嘲,讀書音 zhāo,被取消了。

我,讀書音 ě,被取消了。

藥,讀書音 yuè,被取消了。

携,讀書音 xí,被取消了。

賜,讀書音 sì,被取消了。

吹,讀書音 chuì,被取消了。

導,讀書音 dào,被取消了。

誣,讀書音 wù,被取消了。

亞,讀書音 yǎ,被取消了。

都由於先後失用而被消滅了。

1955 年現代漢語規範問題學術會議之後,經過普通話審音委員會的審議,在語音和讀書音的分歧上,又有進一步的整理。例如《普通話異讀詞審音表初稿》正、續兩編,其中肯定了《新華字典》所反映的群眾在交際中對某些"語音"和"讀音"的選擇,如:

誣,一律説陰平,

亞,一律説去聲,

我,不取 ě 音,

嘲,祇用 cháo,等等。

此外,也新明確了一些"讀音"是被廢置了,如:

暫,用 zàn,

撞,祇用 zhuàng,等等。

不僅如此,它又從詞的觀點上,確定了一些詞的音節,突破了"字音",建立了詞的語音。這是一個新的成績。例如:

綠 lǜ 是一個詞,綠林 lù lín 又是一個詞。

雀,在"雀子"一詞它的音節是 qiǎo zi,在"孔雀"、"雀盲"、"雀斑"等詞的音節裏説 què。

虹,單音節詞説 jiàng,不取 gàng 音。在人名、書名和"虹彩"、"虹吸"等雙音節詞中,它的音節是 hóng。

這都是比以前進步的地方。

從現代漢語來看,讀書音不祇是一種殘存的歷史勢力,而且已經質變爲詞，更主要的是變成雙音節詞的語音形式問題。

　　讀書音是和不同詞在書寫形式上的通假有區別的。前者，音變而詞義不變。例如："緑"lù，在北京方言裏是説話音，誦讀古漢語文言寫成的作品時，改作 lǜ，説 lǜ 和説 lù 同是一個詞，它所概括的意義内容是没有改變的。後者，是音、義同時俱變的。例如："信"xìn，在北京方音裏，讀書音和説話音是一樣的。但是，在"尺蠖之屈，以求信也"，"將軍欲信大義於天下"之類的句子裏，"信"在誦讀時念 shēn，是把它借作古同音詞"伸"的書寫形式。語音和意義同時改變，這是通假，而不是讀書音。

　　讀書音和音變造詞不同。讀書音音變而義不變；音變造詞是音義俱變的。例如："强"説話和讀書都有三種同出一源的語音形式，説 qiáng、説 qiǎng、説 jiàng 三個内容是不一樣的。一個是强有力的"强"，一個是勉强、迫使的"强"，一個是强嘴、倔强的"强"。它在詞義上是一個義的發展。可是隨意義的改變也改變語音形式，變成了音義都有區別的三個詞。這種改變也和不變詞義的讀書音不同。

叁　標準音和讀書音

　　古-漢語文學語言詞彙，在它適應各時各地方音的同時，由於各代政治經濟中心所在的方言區在全國的影響，也還有在各個方言區讀書音之外，以一個方言區爲準的標準音問題。雖然那時候全民一致的民族語言還没有形成。

　　就《論語》所記，孔子在他誦讀《詩》、《書》等作品或書籍時，和在執行禮儀時一樣，是使用當時通行的"雅言"——中夏方言，而不是自己的魯方言。

再如，南北朝士大夫之間是有所謂"標準音"的，特別是在誦讀作品和書籍上。他們的標準音是永嘉之亂前（311 年以前）的洛陽方音。洛陽方音之所以能成爲當時士大夫之間的標準語音，是和這個方言地區從東漢、曹魏到西晉，一直是政治文化中心分不開的。

永嘉亂起，"俄而洛京傾覆，中州士女避亂江左者十六七"（《晉書·王導傳》），致使洛下語音隨着這些"過江人物"和東晉政權的再建，成爲東晉士大夫的標準語音。這時，不僅在誦讀吟咏上承襲了當年洛陽太學生的讀書音——洛下書生咏，就是日常交際也是以洛下語音爲主的。就是江東出身的"貴達者"也不得不放下自己的鄉音而使用洛下語音了。"吳音不變"的人，在六朝中間，例如"宋世江東遺達者"是寥寥無幾的。用洛下書生咏來讀書已成爲一時風氣。

在這種形勢下，適應當時各地方音的讀書音，"各有風土，遞相非笑"，如果不以金陵和洛下語音爲準，便被看作"音辭鄙拙"、"語音不正"了。積習所至，甚至有名的學者，也往往由於不能改變自己的方音而被輕視。譬如《梁書·儒林傳》說，天監時（梁武帝年號，6 世紀初）"時北來人，儒學者有崔靈恩、孫祥、蔣顯，並聚徒講說，而音辭鄙拙"。據陸陲與徐勉書，說孫祥、蔣顯講《周官》，因爲他們"音辭鄙拙"，語音不正，"故學徒不至"。

由此可見誦讀用古-漢語文學語言寫成的作品和書籍，除在各時各地適應讀者方言有它本方言區的讀書音外，隨着政治文化上的要求，還有它以當時某一方音爲準的共同的要求。

但是，歷史上的這種要求祇是對士大夫，而不是全民語言的統一，而且由於封建經濟也不可能統一。

事情到現代就不同了，中國政治、經濟、文化取得了空前的統一，中華民族和民族語言已經形成，普通話成爲全民的共同語言，誦讀用古-漢語文學語言寫成的作品和書籍，讀書音已有它的共同的基礎方音。再加上漢語規範工作和異讀詞的審音工作，我們以北京音爲標準音，以詞爲單位而不是以文字爲單位的讀書音，已經開始了古-漢語文學語言史上的新的階段。

在這新的歷史時代，我們的讀書音，是在過去北京方音中的讀書音的基礎上經檢驗審查了的語音。就已出的詞典和文件來說，《新華字典》和《普通話異讀詞審音表》是很重要的依據。1949 年前編就的《漢語詞典》也可作參考。

要努力克服“鄉音無改”的毛病，在學習古-漢語文學語言時，更要學好普通話，掌握以北京音爲基礎的標準音。

第三節　書寫形式特點

古-漢語文學語言詞彙的書寫形式，在寫作上的時代性原則，是從古至今不能改變的。不過它祗是寫作上的規律。當各代作者用時代文字寫成作品或專書之後，在流傳上，還有一條原則就是對它後代文字體系和字體的適應性。傳到什麼文字時代，它隨着變成什麼時代的通行字體。這一條原則使古-漢語文學語言詞彙書寫形式和漢語史上的斷代語史中的又有所不同。

我們看：

西周時代的青銅器銘文，工整的像令彝、盂鼎，草寫的像天亡簋、散盤，可以幫助我們想見《尚書》、《詩經》原本在詞彙書寫形式上的基本面貌。

我們也可以從書寫工整的曾姬無卹壺、王子申盞和草寫的楚王酓忎鼎以及長沙出土的帛書、楚簡，想見屈原、宋玉當年寫作時所用字體。

至於草寫的商鞅量、秦始皇詔版，工整的詛楚文和新郪虎符，以及青川木牘、睡虎地秦墓竹簡，則可以幫助我們想見，當年李斯和呂不韋門客的文章和著述在秦國的寫本是使用什麼樣的字體。

像馬王堆漢墓帛書《老子》、《戰國縱橫家書》以及天漢三年木簡和《史記·滑稽列傳》殘簡等，更可以幫助我們推想司馬遷是用什麼樣的字體寫他的《史記》，而《史記》在漢代最初的傳鈔寫本又是什麼樣的書寫形式。

魏晉時代，書寫工整的《宣示表》(鍾繇)、《樂毅論》，草寫的《伯遠帖》(王珣)、《前至帖》(王羲之)，行書的《蘭亭集序》(王羲之)，以及六朝時代的寫本可以幫助我們推想當年三張、二陸、兩潘、一左和陶潛、嵇康等作家寫作時是使用什麼樣的書寫形式。

這些文字史料，可以證明古-漢語文學語言書寫形式的時代性。作者在寫作時都是在使用他當時通行文字來書寫他所運用的文學語言的。違反這一原則，在交際上必然遇到困難，在著述上一定是行之不遠，使人難以了解他的思想的。

另一方面，當初用時代文字寫成《尚書》、《詩經》，像前面舉的例子，是用形象的音節表意文字寫作和傳鈔的。可是，這些文字由於政治、經濟、文化各方面的社會生活要求和寫字人依漢字結構和行文的便宜，按趨簡、求別的原則，逐漸簡化，變體，終至秦代發生了質變，變成了符號的音節表意文字。

當新的文字體系已經形成之後，前後兩種"漢字"，相對立名。把當時新的書寫形式叫做"隸書"，相對地把變質之前的書寫形式叫做"篆書"。

隸書又在趨簡求別的發展中，先後演變爲"古隸"和"今隸"——現行的楷書。這個變化在兩漢 400 餘年中間已經完成。

魏晉以後古-漢語文學語言詞彙的書寫形式直到現在，一直是使用楷書、行書和草書。而楷書的形式，雖然有各代統治者的盡力"匡謬正俗"，依然阻攔不住趨簡求別的發展力量，簡化字形的趨勢一直沒有停止。特別是前文字改革委員會又在群衆的漢字簡化成績的基礎上，經過周密的調查研究，詳慎的審察試驗，分批地推行簡化漢字。漢字簡化的歷史洪流纔得到前所未有的有利條件和遼闊廣大的前景。

新的時代，新的書寫形式，使古-漢語文學語言伴隨古典作品和古代典籍的整理研究流傳，也取得新的書寫形式。

我們看：和盂鼎、毛公鼎書寫形式基本相同的《書經》，和虢季子白盤、石鼓文書寫形式基本相同的《詩經》，和曾姬無卹壺、楚王酓忎鼎、長沙楚帛書、楚木簡基本相同的《屈原賦》，到漢代隨着漢代隸書而改變了書寫形式，已經失去了孔丘、屈原時代的書寫形式。這是一段適應。

這一段適應，使孔丘、屈原時代的作品和典籍跟漢代以時代的文字體系寫作的《史記》、《漢書》取得了同一的書寫形式。

魏、晉以後，隨着楷書的形成，不僅使孔丘、屈原時代的作品和典籍又作進一步的適應，而且漢代的《史記》、《漢書》等作品和典籍也從以隸書爲主的書寫形式中，向鍾繇、王羲之等新的時代書寫體系相適應。

　　宋、元以來，由於簡化力量的增長，又使先秦、兩漢、魏、晉、南北朝以及唐、宋、元、明各代作家的作品和專著，相繼地適應了簡化洪流。

　　由此看來，以先秦語言爲基礎的古-漢語文學語言，在詞彙的書寫形式上，是和漢語史中的斷代的古-漢語或古代漢語不相同的。可以設想，假定古人可以復活（事實上不可能），不但孔丘看不懂今日的《論語》，屈原看不懂今本《離騷》，司馬遷看不懂今本《史記》，就是已經使用楷書的陶淵明、韓愈、蘇軾乃至歸有光、方苞、吳汝綸、嚴復也不能完全看懂今日用簡化字寫成的古文選本。

　　書面形式是一切文學語言的特徵之一，就在這一特徵上也表現了古-漢語文學語言的特點。

第四章　古-漢語文學語言詞的判定

第一節　不能完全按文字定詞

　　古-漢語文學語言是以先秦語言爲基礎的。它們的基本詞彙是從按現在説來屬於以舊質造詞法爲主的古代漢語詞彙中洗煉出來的，因而單音節詞的數量比較多。由於漢語造詞法新舊質的逐漸發展，許多屬新質造詞法的詞，在發展過程中，一般是從古代漢語的詞組中萌生、滋長的。在它們的先後生長中，往往是可離可合，很久纔能定形的。而且因爲它是在古代漢語的温牀中從詞組關係萌生的，在以古代漢語爲基礎的"文言"裏，就很自然地恢復它們的詞組形式。這又使古-漢語文學語言詞彙保持了單音節詞的優勢地位。漢字是和古代漢語詞彙特點相應的。它是用一個字形寫出一個單音節詞的。因此，在讀用古-漢語文學語言寫成的作品時，一般是通過這種音節表意文字從字定詞的。從字定詞是"文言"使人得到初步了解的關鍵。

　　但是，按字定詞並不是惟一的辦法，因爲"文言"詞彙裏還有一定數量的雙音節詞。這種詞是用兩個字寫出來的。而且有些雙音節詞是用假借寫詞法寫出來的，從形式上看，往往被誤認作單音節詞。因而它既可以按字定詞，又不可完全按字定詞。但是,前者是主要的。

後一類詞雖然在古-漢語文學語言裏爲數較少,可是有時不易分開,否則容易發生誤解。因此,注意這一現象是有好處的。例如:

> 日之夕矣,羊牛下來。(《詩·王風·君子于役》)
> 見牛未見羊也。(《孟子·梁惠王上》)

在這類語句裏,"羊"無疑是一個詞。可是,在下面這些句子裏:

> 天且雨,商羊舞。(《論衡·變動》)
> 聊逍遙兮相羊。(《楚辭·九辯》)
> 眼如望羊。(《史記·孔子世家》)

這些"羊"是不是一個詞就值得考慮了。它們並不是一個詞。"商羊"是一種鳥,"相羊"是"徜徉"一詞的另一書寫形式,而"望羊"則是一種"望天兒"的眼睛。這些"羊"在句子裏是雙音節詞書寫形式中的一個音節的"假借"形式。

這些詞的"假借"寫詞形式,或者因爲不大常見,不好分辨。那麼,已經習見的一些"假借"寫詞形式是不是就好分別呢? 也不一定。譬如,"若"常用作假設之辭或第二人稱代詞:

> 既使我與若辨矣,若勝我,我不若勝。若果是也,我果非也邪?(《莊子·齊物論》)

可以肯定,"若"在這個句子裏是一個詞。但是——

> 其葉沃若。(《詩·衛風·氓》)
> 亞若其華。(《秦石鼓·獵碣三》)

采芳洲兮杜若。(《楚辭·九歌·湘君》)

偶涉一蘭若。(《聊齋志異·畫壁》)

印何纍纍,綬若若耶?(《漢書·石顯傳》)

樗棗若留。(張衡《南都賦》)

這些"若"都不能作爲一個詞來看。"沃若"是"沃"的詞形變化,"亞若"是"猗儺"一詞的音變,"杜若"是一種植物,"蘭若"是借詞"阿蘭若"的漢語雙音節化,"若若"是長的形狀,"若留"是"石榴"。也都是難以按字定詞的。

　　由此可見,儘管古-漢語文學詞彙是以古代漢語詞彙爲基礎,單音節詞占絕對優勢,我們在閱讀古書時,還不能完全按字定詞。

第二節　不能完全按音節關係定詞

　　在"文言"作品中,有些雙音節詞是有語音特點的。前後兩個音節的關係,有的是雙聲的,有的是疊韻的,也有的是重疊的。我們可不可以按這種音節關係來定詞呢?不可以。因爲——

　　一、古-漢語雙音節詞中雖有一部分是雙聲的,可是有雙聲關係的相鄰音節並不一定都是一個雙音節的單詞。例如:

五月鳴蜩。(《詩·豳風·七月》)

亟其乘屋。(《詩·豳風·七月》)

鼓角緣邊郡,川原欲夜時。(杜甫《秦州雜詩》)

早行石上水,暮宿天邊煙。(杜甫《彭衙行》)

"五月"都屬疑母,雙聲;

"亟其"都屬群母,雙聲;

"鼓角"都屬見紐,雙聲;

"欲夜"都屬以母,雙聲;

"石上水"都屬禪母(水—書母),雙聲。

這些有雙聲關係的音節却並不是一個詞。

二、同理,雙音節詞詞彙裏有疊韻的,可是有疊韻關係的音節却不一定就是一個雙音節詞。例如:

> 嗟我婦子。(《詩·豳風·七月》)
>
> 鼓角緣邊郡,川原欲夜時。(杜甫《秦州雜詩》)
>
> 早行石上水,暮宿天邊煙。(杜甫《彭衙行》)

"嗟我"古音同在歌部,疊韻;

"連邊"疊韻;

"天邊煙"都在先韻,疊韻。

這些有疊韻關係的音節也並不是一個詞。

三、古-漢語文學語言雙音節詞中,有的是同一音節疊用的,可是重音疊用的音節也並不一定就是一個雙音節詞。例如:

> 使使如秦受地。(《史記·屈原列傳》)
>
> 談空空於釋部,覈玄玄於道流。(孔稚珪《北山移文》)
>
> 浣花流水水西頭。(杜甫《卜居》)

在這三個句子中,"使使"、"空空"、"玄玄"、"水水"雖然音節疊用,是所謂"重言"形式,可是它們並不是一個詞。

由此可見,有雙聲、疊韻、重疊音節關係的不一定就是一個雙音節詞。

第三節　不能完全按常用詞彙定詞

在古-漢語文學語言裏,是有它的常用詞彙的。這一部分詞彙是作品中的重要部分。它和語法結構是使人們在交際中達到互相了解的基礎。它們的使用頻率都比較高。

古-漢語文學語言常用詞彙,在作者和讀者之間是有着相當力量的。

但是,作品所用語言是有它多方面的關係的。譬如:同音假借,一詞多義等等。有些詞句,往往由於常用詞的影響發生誤讀的現象。例如:

> 育而不苗者吾家之童烏乎九齡而與我玄文(《法言・問神》)

這段文字,由於習見"嗚呼",讀者遂有人認爲按詞的音節和意義來看,"烏乎"無疑是"嗚呼"一詞的另一寫法,把它讀成:

> 育而不苗者,吾家之童。烏乎,九齡而與我玄文。

實際上這個讀法是錯的,它應該是:

> 育而不苗者,吾家之童烏乎? 九齡而與我玄文。

"烏"在這裏是揚雄的次子揚信的字兒。可見即或熟悉常用詞,也難保不發生錯誤。再如:

> 諸侯之地,其削頗入漢者,爲徙其侯國,及封其子孫也,所以數償之。(賈誼《治安策》)

這句話,由於人們在古-漢語文學語言中,習見"所以"和"也",往往把它讀作:

及封其子孫也，所以數償之。

解作“謂如其數而還之也”。這個解釋是和“所以數償之”的“所以”不相應的。應該把“也”看作“它”，將句子斷作：

及封其子孫也(它)所，以數償之。

這樣，語言的結構和意義兩下裏緊緊相應。

這種現象並不是秦以後纔有的。《吕氏春秋》是先秦的書，在其《慎行》中寫了這樣一件事：

(魯)哀公問於孔子曰：“吾聞夔一足，信乎？”

把“夔一個人就够了”的“一足”，按常用詞彙來理解，解成“一條腿”。

可見常用詞彙是理解的基礎，可是完全依常用詞彙來解索也往往發生錯誤。

第四節　詞憑什麽來判定

“文言”單音節詞在詞彙中佔絶對優勢。它的書寫形式又是從形象質變到符號的音節表意文字，在一定程度上有足以互相區别的形式特點。也有些詞具備形態特點，例如“貿然”、“見棄”等等。一般説來，是可以按字定詞的。

但是，“文言”雙音節詞有的是由兩個單音節詞組合提煉而成的，例如“鐵馬”、“周旋”；有的本身就是雙音節，而這種雙音節詞的書寫形式又往往是假借的，例如“蓬勃”、“倉皇”。因此，又不可能完全依字定詞。

在單獨使用一個詞的時候,由於語言環境的影響,可能沒有什麼問題。在具體的作品裏却不是那麼簡單。譬如:"鐵"、"馬"、"鳴"這三個字單個提出來,在一般情況下,無疑是三個詞。它的使用頻率很高,在一般辭句中也都是比較容易判定的。

可是,在像下面這些句子裏:

(1) 鐵馬千群,朱旗萬里。(陸倕《石闕銘》)

(2) 風弄虛檐鐵馬鳴。(孟昉《小令·天净沙》)

(3) 蕭蕭班馬鳴。(李白《送友人》)

(4) 馬鳴叱曰:"何不釋難? 所事鬼魅,宜速授辭!"(玄奘《大唐西域記》卷八)

就不可能完全按"鐵"、"馬"、"鳴"三個詞來處理。第一句"鐵"、"馬"是兩個詞,合成一組。第二句"鐵馬"是一個詞,"鐵"、"馬"都是構成這個詞的詞素,"鳴"又是一詞。第三句"馬"、"鳴"是兩個詞,一個是主語,一個是謂語。第四句的"馬鳴"則是一個人名,是一個詞。

再如,"蒼"是深青的草色或顏色,"黄"也是一種顏色,"蒼黄"在書寫形式上和"倉皇"是有區別的。可是有些作者却把"倉皇"就寫作"蒼黄"。如:

(1) 或如虹氣,蒼黄若飛鳥,集械陽宮南。(《漢書·郊祀志》)

(2) 蒼黄離散,使汝驚憂。(韓愈《祭女挐文》)

(3) 上書告虔私撰國史,虔蒼黄焚之。(《新唐書·鄭虔傳》)

而孔稚珪《北山移文》"蒼黄翻覆,涙翟子之悲",在書寫形式上和他們一樣,可並不是當作"倉皇"來用的。

那麼,憑什麼來判定它們是一個詞或不是一個詞呢? 在文言裏,要從詞彙和語法在語言中的關係和作用作統一的考慮。

在具體的辭句裏,詞和語法是融合在一起同時起作用的。沒有語法,則詞和詞之間不發生關係,衹是散在的東西;沒有詞,語法也是空無依傍毫無用處的。衹有詞和組詞成句的語法的統一關係纔能使人理解。想抛開這個統一關係單獨地找個簡單的定詞標準,在用古-漢語文學語言寫成的作品裏,一般説來,是比較困難的。

是不是不能判定呢? 不是。

判定"文言"詞,在作品中,一般可以從常用詞彙出發,按形態特點,從詞入句。在某些比較生疏的辭句上,還須從句到詞。必要時還要從上下文的關係纔能定詞。從詞定句,從句定詞,是一個統一關係。實際上理解詞的時候,同時也在理解它的語法關係;理解到語法關係時,也必然在了解詞。試看:

"鐵馬千群"、"風弄虛檐鐵馬鳴"同樣是"鐵"和"馬",爲什麼就不一樣看待? 毫無疑問,"鐵"和"馬"在它和人一道接觸的時候就開始起了作用。但是把它們定爲詞或詞組,却是和它們自己在辭句中的語法關係分不開的。在第一句裏,如果沒有後面的"千群"和與之相對的"朱旗萬里",就不可能定它們爲詞組;在第二句裏,若是沒有"風弄"和"虛檐"的語法作用,也很難把它定爲一個雙音節詞。

在(2)、(3)、(4)這三句中的"馬"和"鳴"也是這樣。

《北山移文》的"蒼黃翻覆",若是沒有它後面"淚翟子之悲",也很難確定它的"蒼黃"不同於韓愈《祭女挐文》的"蒼黃"。

由此可見,文言詞彙儘管有相當多的詞使用頻率較高,有固定或一定的基本形式(語音的和文字的)或形態特點,但是在具體作品裏，却不能完全按字定詞。祇能從詞入句，因句定詞。不把詞和它在句中的語法關係同時理解，想片面地祇找詞的形式界限，一般説來是有困難的。因爲所有作品都是一個字一個字緊挨着書寫的。每個詞之間没有間隔，而詞又很少有語法形式標記。就連現行的標點本也還是這樣的。假定有一套"詞兒連書"的標點本，對讀者來説，或者比較好些。若真有這樣經過整理的書，那些按詞分寫的人，也還是必然要遇到在原本中如何判定句子詞彙的問題。

第二部分　分論

第一章　古-漢語文學語言
詞彙的書寫形式

古-漢語文學語言是一種書面語言。它和人發生關係，首先而且必須通過一個自成體系的文字記載。"讀書必先識字"，就是這個道理。假如對記錄語言的符號還不能正確掌握，要想通過它來理解用它記錄的語言，那是困難的。

古-漢語文學語言詞彙書寫形式特點，像前面講過的（見總論第三章第三節），使我們不但要把現行漢字弄清楚，能夠正確地掌握和理解，而且還要以讀書爲中心，把漢字的性質、寫詞方法、主要發展規律和具體的形式流變作些初步研究。沒有這些基本知識，就不能很好地了解這種以先秦語言爲基礎，並從先秦文字開始，通過各個時代，而與各個當代語言文字相適應的古-漢語文學語言。更不可能正確地處理某些作品、某些語言創作和流傳中，所受各時期各種文字影響而發生的一些問題。

古-漢語文學語言詞彙的書寫形式研究，和漢字史有密切關係，但是，它並不是漢字史或漢字學。其目的、要求各有不同。以讀書致用爲目的的漢語詞彙書寫形式學（按：不是祇以漢字形體爲主要對象的"漢字形體學"，而是以詞和字的對立統一關係爲中心的新的文字科學），至少要明確以下幾點：

一、漢字的性質；

二、漢字的寫詞方法及其和詞的關係；

三、漢字結構及其流變對古-漢語文學語言的影響。

第一節　漢字的性質、起源及其寫詞方法

壹　古漢字的性質

詞是思想（概念）的語音物化。它是語音形式和詞義內容的統一體。在具體的語言環境中和一定的語言結構上，這兩者，是密合無間不可分割的。

詞的音、義統一性質和語法特點，給它的書寫形式規定了創建文字體系的基礎：或從語音方面出發，或從語義方面着手。由前一方面建成的文字體系是標音的音節文字或音素文字；從後一方面建立起來的是表意文字。無論哪一面，也無論哪一種，音和義的緊密統一是始終不變的，是不曾割裂的。假如因爲某些條件失去了它們的統一關係，作爲詞的書寫形式的文字必將失去作用，使人不知道它在寫些什麼。許多考古學家在古文字研究中，往往遇到這類問題，而且有一部分學者在研究工作中的分工也就是處理這些問題。

漢語詞彙的書寫形式——漢字體系，就其總的本質特點來說，是從古代漢語詞彙的基礎上，就詞的內容——詞義方面，按其足以區別於其他詞的特點，用形象方法表現詞義，從而構成它的書寫形式的。由於詞的音義統一關係，在從形見義，即義知詞的同時，詞的音節也在被表記出來。更在這個基礎上，利用形音一體關係，用字標音，音旁着形又進一步豐富和發展

了字彙。

　　因爲它是用形象方法寫詞,因此它寫出來的形象在表現詞義的同時也表記了詞的音。古代漢語是以單音節爲主的,一個詞一個音節。我們把它叫做形象的音節(一字一音的)表意文字。這是就先秦文字説的。秦漢以後,它的形象作用由於隸變已然失去,但是,表現詞義、表記音節的作用依然未失,祇是把形象轉成符號,我們把它叫做符號的音節表意文字。

　　這裏略舉一個例子説明漢字的這種性質。例如:

　　"口"、"耳"這兩個詞在先秦,特別是它的前期——商周時代,是用形象方法把詞義中足以區別於其他物類的特點勾畫下來,寫作"凵"、"ʗ"等形。使人從書面上看到形象即時喚起和這形象相應的詞來。在喚起詞的同時,詞是以一個音義統一整體出現的。因而在表現詞義時,也表記了詞的音節。這種寫詞法是先秦時代寫詞的基本方法,是當時詞的書寫形式的一般情況,所以把它叫做形象的音節表意文字。

　　形象的音節表意文字性質,不僅僅表現在個個單詞的書寫形式上。更重要的是它貫串在整個漢字體系裏。譬如:"口"、"耳"的音節表意作用,它們既可在"吻"、"喉"、"名"、"問"、"哉"、"唐"、"聆"、"聲"、"聾"、"聰"等詞的書寫形式上起標記物類的表意作用;同時也以詞的音義整體關係,在"叩"、"扣"、"釦"、"句"、"珥"、"餌"、"弭"、"恥"等詞的書寫形式上起表記音節的作用。

　　秦漢以後,形象的音節表意文字,由於隸變失去了形象作用,"口"成了方框,"耳"有些像纏柄錐子。但是歷史的蟬聯和漢語發展的情況,使它們在總體上仍然不失其音節表意作用。所不同的,祇是由形象質變爲符號而已。我們看到"口"旁的字,往往想到它寫的詞可能和嘴有關,看到"耳"旁的字也很容易想到它可能是一個和耳有關的詞。而從"口"得聲的字,一般容易念成 kou,從"耳"得聲的字,很容易念成 er。在漢語發展到現階段,語言和文字的關係已經有比以前更多的變化,可是漢字的音節表意性質還没根本動摇達到質變爲表音文字的階段。因此,我們説從秦漢到現代,漢語詞的書寫形式是符號的音節表意文字。

漢字的音節表意文字性質,特别是它的形象的音節表意階段,對於學習和掌握古-漢語文學語言詞彙,用以閲讀或識别古書,從而正確地閲讀、整理、研究古代文化遺産是有很大幫助的。

漢字是漢語詞的書寫形式。這個觀念是和通行的以形、音、義三要素爲主的漢字觀不相容的。

秦漢以前,對於字和詞關係是以詞(名)爲中心的。文字寫詞的思想是比較清楚的。漢魏以後,由於古-漢語文學語言和口語距離已經很遠,在從書面語言作古今語言訓解工作中,逐漸形成了字音、字義觀念。詞,幾乎没有人注意了。在這種形勢下,學者祇知説"文"解"字",而不知有"詞"。這種忽視字詞關係的"文字學"獨行一千八九百年,詞彙學的"名"、"字"關係已被淡忘。

積習所致,大家都慣於説"這個字念什麽","那個字怎麽講",甚至有些文字學家也一再地大講什麽"字音"、"字義"。這些提法反映了一種不正確的文字觀點:祇看到文字的相對獨立性,忽略了它的本質。或者祇有文字觀念,並無詞彙思想。

實際上,所謂"字音"、"字義"原是一種錯覺。離開語言詞彙,文字就失去作用。所謂"字音"就是文字所寫的詞的語音形

式,所謂"字義"就是字所寫詞的詞義。漢字是漢語詞的書寫形
式。因爲它寫了詞,在書面之後必然緊跟着詞的音和義。

文字三要素形、音、義三者鼎足而立的文字觀點,是不是
可以用詞彙書寫形式學觀點把它改作詞和詞的書寫形式的
關係?

貳　漢字的起源

這種形象的音節表意文字是從它的先期"文字"——"圖畫
文字"中經過萌生、孕育、滋長、壯大,終至在從氏族社會發展到
奴隸社會時,由社會生活的需要和本身的內在因素,質變而
成的。

圖畫文字是利用圖畫形象圖解語言內容的。它祇能利用思
維中主要詞彙所概括的事物形象以及它的位置、關係,用形象方
法作整篇的語意圖解。在圖解中,必然會寫出幾個具體形象特
徵的詞來,但是,它還不能按照語言結構的組織順序逐詞逐句地
把語言完全地記錄下來。

從圖解語意來説,圖畫文字也是表意的。但是,它和表意文
字體系有本質上的區別。區別的中心就在於是示意還是寫詞。
圖畫文字祇能以圖解方式用物形、線條,以及它們的位置、關係
來表示事情和心意,還不能以寫詞形式逐詞寫句按句寫話。因
此,它雖然蘊育了一定的寫詞因素,可是有許多詞還寫不出來。
因而不能從寫詞入手,按照詞在句子裏的語法組織,依着語序,
逐詞地從詞寫話,不可能從詞句記錄語言。這就使圖畫文字雖
然蘊育了一定的寫詞因素,具有一定的文字性質,但仍祇能作爲
真正文字的先河,還不能成爲真正的文字。

作爲真正文字的初期漢字,它是在圖畫文字所蘊育的寫詞因素基礎上,經過累積和發展,在一定的歷史條件下,以同音詞爲契機,以詞的音義統一關係爲依據,在豐富形象寫詞方法的同時,以創假借寫詞法而完成的。

因此,示意的圖畫文字和寫詞的表意文字,在形象地表意這一點上,既有本質區別,又有歷史聯繫。[1]

叁 創成漢字體系的寫詞方法

從圖畫文字中蘊育、發展,終至質變,以形象的音節表意文字開始的古漢字,是以六種寫詞方法建成體系的。這六種寫詞法,古人把它叫做"六書",是作爲一種教學科目而提出來的。《周禮》地官的屬官之一保氏,它的職務是"掌諫王惡,而養國子以道,乃教之六藝:一曰五禮,二曰六樂,三曰五射,四曰五馭,五曰六書,六曰九數"。

"六書"的内容,按班固(32—92)《漢書·藝文志》摘錄劉歆(?—23)《七略》的意見,它們是:象形、象事、象意、象聲、轉注、假借。

後來,鄭衆(?—83)《周禮解詁》説六書是:象形、會意、轉注、處事、假借、諧聲。許慎(約 58—約 147)《説文解字》不但在名稱順序上又有改變,而且對每一"書"都規定了定義,舉了兩字例。他説:

《周禮》保氏教國子,先以六書。

---

[1] 見孫常敘《從圖畫文字的性質和發展試論漢字體系的起源和建立》,《吉林師範大學學報》1959 年第 4 期,該文已收入《孫常敘古文字學論集》,東北師範大學出版社,1998 年。

一曰指事。指事者，視而可識，察而見意，上下是也。

二曰象形。象形者，畫成其物，隨體詰詘，日月是也。

三曰形聲。形聲者，以事爲名，取譬相成，江河是也。

四曰會意。會意者，比類合誼，以見指撝，武信是也。

五曰轉注。轉注者，建類一首，同意相受，考老是也。

六曰假借。假借者，本無其字，依聲託事，令長是也。

這三家説法，影響最大的是許慎，許多文字學者在他的定義裏打圈圈，不是從文字看定義，而是從定義排文字。

從詞彙書寫形式學（這個名字是我擬的，是不是合適，還請大家指教）觀點，覈以商周文字實際，我認爲班固所抄的前漢説法是比較合理的。

形，是人、物的體貌。事，是人用肢體以進行對己、對人、對物或這些東西交織起來的活動。象形、象事各有所指，原來是各不相混的。

因爲象事也是具體形象的勾畫，它和象形祇是物象和事象上的差異，在方法上都是一樣的。因此，我們無妨把它們都叫做象形，然後再從象形裏分出象物和象事兩種。至於象聲寫詞法，則是在象形寫詞法的基礎上，利用同音詞的關係，借字標音，以象其所寫詞之“聲”（詞的語音形式），是借字寫詞的。漢代把它叫做“假借”。但是和以“令”、“長”爲例的“假藉”是根本不同的。班固“六書”的“假借”原是“假藉”，是憑藉詞的母體形式以爲己形的寫詞方法（説見後）。從詞彙書寫形式學看古代銘刻中的文字，象物、象事、象意、象聲、轉注、假藉這“六書”名稱更接近實際一些。

在這六種寫詞法裏，不僅象物、象事是用形象方法寫成的，其他四種也都是在形象寫詞基礎上完成的：象意是用具體的事物形象表現抽象的概念；象聲利用詞的音義統一關係作爲記音的符號；轉注是在前面四種寫詞法上作部分的形式改變，以表示分化造詞，新詞和原詞既有淵源又有區別；假藉則是憑藉原詞書寫形式以寫新詞而不另作新詞的書寫形式。例如：

⊙　"日"象太陽的形象。

彡　"勿"象一隻張開的鳥翼，毛色雜然的樣子。

ㄋ　"又"象人手。

ф　"中"和中間的中不同，這是另一個詞，它的意思是官府簿書，象盛筴之器。

王　"玉"象玉石——已製成的飾品串在線上的形狀。

這都是用"象物"寫詞法寫出來的詞。

彡　"玠"象人用雙手把玉高高地舉在頭以上表示敬意的行禮的樣子。後來加上聲符，經過一些演變，用"揚"來寫它。

這是用"象事"寫詞方法寫出來的。

易　"易"把"⊙"和"彡"兩個形象組合在一起，表示向上升起的太陽。

史　"史"用"手執着簿書之中"的"又""中"形象，組合起來，表示史官的意思。

這都是用"象意"寫詞法寫出來的。

其　"其"，原是簸箕的"箕"，象它的物形。在"其自南來雨"中，用它寫虛詞。虛詞無形可象，以同音詞關係，用"其"來寫其音。

我　"我"所寫的詞原是一種長柄的帶鋸齒的器具。在語言中第一人稱代詞，無形可象，也利用一個同音詞的書寫形式來寫它。

它們都是用不加輔助字形的"象聲"寫詞法寫出來的。

𪗪、𪗪　"揚"是用"𢼸"表現詞義,用"𤇾"來標記詞的語音,寫出詞的語音形式和詞義特點的。

𨹖　"陽"用𨸏的形象表現詞義所屬物類,用"𤇾"表記詞的語音形式。

它們都是用附加詞義類屬形象的"象聲"寫詞法寫成的。

這兩種辦法是在象形寫詞法(象物的和象事的)和象意寫詞法寫詞作用的基礎上構成的象聲字。

𤽄　"使"用"𠂂"(㫃——旌旗)的形象表示詞義所屬事類,是從𢼸分化出來的。

𤽄　"事"把出使辦事的"𤽄"(使)簡化成既和"史"、"使"在形式上緊密相關,又在詞的內容和語音形式上有所區別。

這種在一個已成的文字基礎上,隨着詞的分化而部分地變易原有書寫形式,是"轉注"寫詞法。也是在形象的音節表意文字的性質上起作用的。

𣌢　"令",上級向下級發號施令之"令",象張口對下以令人之事。戰國秦漢時,又把它所寫的詞作爲縣的行政長官職稱。新舊兩詞詞義相因,而字未另作,憑藉原詞書寫形式以寫新詞,母子一係相承。

𠁁　"長",是在相對關係中比較而出的,出頭領先之物爲長。作爲官職職稱,用爲官長之"長"。在寫詞上,也是利用原詞書寫形式,而不另作新字。也是新舊兩詞詞義相因,承用原詞寫法而不另出新的書寫形式。

這種憑藉原詞書寫形式以寫從它分化派生出來的新詞的辦法叫做"假藉"(不是"假借")。

從"令"、"長"兩例來看:

"假藉",兩詞共同一形,兩詞有詞源關係。不是同一詞在語法上的詞性變化,不是在具體語言中的詞義引申,而是詞的分化或派生,由原詞中分出來的既有音、義關係而又有不同的另一事物的名字;在書寫形式上新舊兩詞衣鉢相承,完全同一。

"假藉"之名是取其因襲憑藉之意的。

《管子·四稱》"假寵鬻貴",《莊子·大宗師》"假於異物",《荀子·勸學》"假輿馬者,非利足也,而致千里;假舟楫者,非能水也,而絕江河。君子生非異也,善假於物也"。這些"假"都有憑藉它依以成事之物而利用之意。

《說文》"藉,祭藉也",是承墊祭器的東西。對它所承墊的祭器來說,有因以存在、藉以成事的作用,因而有憑藉之意。《左傳·宣公十二年》"敢藉君靈,以濟楚師",杜注:"藉,猶假借也。"《呂氏春秋·任數》"凡耳之聞也藉於静,目之見也藉於昭,心之知也藉於理",高注:"藉,假也。"按:這些"藉"都是憑借之意。

"假藉"同義互注。《墨子·尚賢中》:"高予之爵,而禄不從也。夫高爵而無禄,民不信也。曰:'此非中實愛我也,假藉而用我也。'夫假藉之民,將豈能親其上哉!""假藉"有憑借而利用之意。"假藉"或以"假借"爲之。《韓非子·定法》:"人主以一國目視,故視莫明焉;以一國耳聽,故聽莫聰焉。今知而弗言,則人主尚安假借矣。"這個"假借"同班固"六書"的"假借"一樣,都是"假藉"的別寫,說的是憑藉利用之事。——"借"比"藉"字晚。《說文》篆文無"借"字，而其説解之文有之。

"藉"、"假"、"假藉"古義比較混淪。原來祇是就其託體指物而用之之義。後來把從其託體事物上取而用之也叫"假"、"藉"、"假藉"。前者是因襲憑藉，而後者則是借貸挪用。隨着詞的分化，借貸挪用之"藉"因爲它多屬人事，遂着"人"明義，出現了與這分化出來之詞另作與詞義義類相應的"借"字。這當是漢代之事。從古詞來説，從寫詞法命名的"六書"，其"假藉"是古義因襲託體之詞的書寫形式，憑藉它以寫分化出來的新詞。從後來分化之詞來説，從文字形體結構方面着眼"六書"，又從借貸關係上，把借字象聲的"借字"也歸之爲"假藉"，在這個意義上，寫成"假借"。它們在分類標準上不是一個，是不能混爲一談的。

總起來説，班固所説的"六書"是比較古的，它是從寫詞法立名的。在先秦文字中，特別是在戰國文字中，是符合從商周到秦的形象表意文字實際的。這六種寫詞法在當時文字還没有從筆畫筆數定型之際，作爲教授"國子"之類學生的語文教學中，用現代話來説，是作"正字法"而提出的。

六種寫詞法——"六書"在中國語言文字研究史和中國語言文字教育史上，有其重要的歷史意義。

肆　"六書"名稱和體系的變異

同一事物，從不同角度，可以通過研究得出不同的體系。詞的書寫形式，也是如此。

戰國時期，除秦還基本上因襲商周傳統外，六國文字日趨簡化，"文字異形"。包括秦隸在内，一般寫作中文字已經失去了形象表意特點。因而六種寫詞法逐漸失去了作用。在這種形勢下，從字的形體上研究文字的工作隨之應運而生，從而產生了從文字形體研究"六書"的流派。

漢承秦隸，在篆、籀、古文（六國文字）的傳承中，師說不一，"六書"觀念也出現了差異。從文獻看來，漢代所傳"六書"實有三派：班固、鄭眾、許慎。

《周禮》鄭玄注引鄭司農（鄭眾）云："六書者，象形、會意、轉注、處事、假借、諧聲。"名稱、次第和班固不同。可是它的"會意"與"象意"相當，"處事"與"象事"相當，"諧聲"與"象聲"相當。"會"、"處"、"諧"都是就文字結構中的字形結構關係說的。他雖沒有定義和字例，顧名思義可知是就字形結體關係，而不是從寫詞法說的。但是，在"六書"名稱上，還是因襲寫詞法的。和許慎比起來，可以說是一種過渡。

《說文解字敘》所記"六書"，雖然也是從字形形體結構着手的，但是他與鄭眾不同，改變了一些名字，名實相應，改變與商周迄秦形象表意相應的"六書"內容，變成了另一個體系——文字形體學體系。

首先，把"象形"寫詞法中用指示符號以見其象的字，如二、二、本、末等等提出來歸爲一類，而名之曰"指事"。同時又把"象事"歸入"象形"之中。

其次，把有借貸關係的借方"象聲"字，因求別律的制約，標注義類形象，變成非借之字；或把貸方本字，加注義類，以作補償之字。如：

  鰨——唉 借後標類，爲借方寫出它自己的書面形式。

  共——莫 貸出補償，爲貸方標類另作新字。

　　把用象形、象事、象意寫詞時加用(或在使用後加用)象聲寫詞法,使詞的詞義形象和語音形式同時並見的字,如:

星　📎

麋　📎

耤　📎——📎

裘　📎——📎

寶　📎——📎

　　把已用象形、象事、象意寫詞法寫出之字,又重注義類形象,從而使原來本字字形變爲"聲"的字,如:

淵　📎——📎

塞　📎——📎徐灝説:📎、📎本一字。

雷　📎——📎

　　這些字是用不同的寫詞方法寫成的。它們雖然來路不同,如果單從形式上看,却有一個共同點,那就是都有"形",又有"聲"。

　　許慎把這種字從各個寫詞法中抽來,使它們自成一類,而名之曰"形聲"。

　　"形聲"是必須形、聲並見的。而"象聲"寫詞法中借字而加注義類之形的,久假不歸,已被社會公認的,純是借字象聲的字,它們無法與"形聲"共居;而原"假藉"之"藉"在漢代既有古誼,又有分化之誼,可以從憑藉之藉保持以"令"、"長"爲例的"假藉"原意,又可以借貸之借吸收並容納純粹借字象聲之字,如"其"、"它"等等。

　　這樣就形成了一個從字形結構來研究先秦文字的"六書",爲後來漢字形體學研究開闢了道路。

　　班、許"六書"是從不同觀點出發得出的兩個不同體系。一個從寫詞出發,一個從解字入手,他們對漢字性質的認識是不相同的。兩個"六書"體系是不可混同的。

雖然如此,在不同問題上,兩者都是可以使用的。

班氏"六書",在研究古代銘刻文字、古代典籍語言上,是比較有用的。因爲它對古詞彙的識辨與理解,有時是勝於文字形體學的。

許氏"六書"在文字形體結構研究上,特別是"形聲"結構的提出,給字形分析、字形組合的工作和説明上提供很大的方便,是很有用的。至於他把不標注詞義義類的純"象聲"字歸入"假藉",寫作"假借"使它和它所承襲的原以"令"、"長"爲例的假藉發生混亂,這是他的不足之處。但是,我們如果把它們分開,使"令"、"長"之類仍爲"假藉",而把"其"、"自"之類的純粹借字象聲定爲"假借"(或名之曰"借字"),就使"憑藉"之"藉"與"借貸"之"借"區別開來。

班、許兩家文字觀點不同,"六書"分類標準不一,不能折中,不可混用。

但是,把"假借"限制在不包括"假藉"在内的純借字象聲的情況下,由於"假借"一詞通行已久,我們還是從俗應用的。

在從字形結構説解文字時,我們從許氏"六書"體系中選用"形聲"。

第二節 "六書"──六種寫詞法在古-漢語文學語言中的作用

古-漢語文學語言從漢代以來,在書寫形式上,已經從形象的變成符號的音節表意文字了。書寫形式既已失去了形象特點,那麼學習"六書"還有什麼意義和作用呢?

固然,不懂得先秦時代的六種寫詞法,是可以學習用古-漢語文學語言寫成的作品和書籍的。但是,古-漢語文學語言是以先秦語言爲基礎的。許多基本詞是一直因襲或間或使用先秦詞彙的。有些詞並没傳承爲現代漢語,有的雖然傳承下來,可是在詞的內容方面有一定程度的改變。況且古-漢語文學語言詞彙除以先秦語言爲基礎之外,也還隨時依作者和作品的時代吸收漢魏以後的語言詞彙。這些隨時累積、不斷豐富的詞,不論先秦或秦漢以後,詞的分化發展,一般在書寫形式上是有所反映的。如果不懂六種寫詞法,有許多詞彙現象祇能知其當然,不能知其所以然。對一些成説,有時感到有問題,覺得其解釋還須進一步研究,可是没有可以憑藉的歷史依據,相對地妨害了實事求是和創造性的見解。在講書時,由於不了解詞的原委,往往不能説透。

這裏邊有許多因素。"六書"並不就是一切。可是古-漢語文學語言是書面語言,一切是從詞的書寫形式開始和讀者見面的。文字這一層窗户紙不捅破,總是隔着一層的。

古-漢語文學語言詞義問題、語音問題、造詞法問題等詞彙現象乃至相應的語法現象,都和詞的書寫形式,首先是構成這種形式的寫詞方法分不開的。

這裏,祇從詞義方面略舉幾個例子,用來説明"六書"在古-漢語文學語言詞彙中的作用,及其和閲讀古書、古作品的關係。

壹 象形(象物)、象事、象意、轉注

象物、象事、象意三種寫詞方法是用形象寫詞法勾出詞義特點的。它們是其他三種寫詞法的文字基礎。

轉注寫詞法也是以形象爲主,但是,第一,它必須建立在前三種寫詞方法基礎之上,就已成的形式加以部分改變;第二,詞的語音形式也相應地有所改變。這和象意寫詞法在利用已成字形上有相似之處,在是否利用原詞語音上又有差異。

這裏,先就這四種寫詞法略舉幾個例子,看它們和讀書的一般關係,以便體會讀書時運用問題。

豆

　　王曰:"在孤之側者,觴酒、豆肉、簞食,未嘗敢不分也。"(《國語・吳語》)

　　諸侯曷爲必田狩? 一曰乾豆,二曰賓客,三曰充君之庖。(《春秋公羊傳・桓公四年》)

"豆肉"不是病猪義的豆肉,"乾豆"也不是乾豆子的乾豆。它和"卬盛于豆,于豆于登,其香始升"(《詩・大雅・生民》)的"豆"同是一種古食器的名字。它的形制,一看它的古寫法就能清楚。周青銅器銘文寫作豆,⊐是盛米盛肉的部分,下邊是它的坐兒,上邊是它的蓋兒。

戈

　　與其鄰重(童)汪踦往,皆死焉,魯人欲勿殤重汪踦。問於仲尼。仲尼曰:"能執干戈以衛社稷,雖欲勿殤也,不亦可乎?"(《禮記・檀弓下》)

　　想當年金戈鐵馬,氣吞萬里如虎。(辛棄疾《永遇樂・京口北固亭懷古》)

有人把"戈"理解爲扎槍。這固然不對。舊《辭海》把它畫作"⚔"也是錯的。按周青銅器銘文"戈"寫作"𢨋",正象這種古兵器的全形。它是一種砍擊的兵器，而不是刺扎的。它的金屬刃部，是"▽"形，而不是月牙形的。

身

> 大任有身，生此文王。(《詩·大雅·大明》)

"大任"就是周文王的母親太任。"有身"毛亨説"身重也"。什麼是"重"呢？鄭玄又加以説明，説："重，謂懷孕也。"以後，孔穎達又進一步解釋，説："以身中復有一身，故言'重'。"他們費了許多話，總還有些隔閡。按周青銅器銘文，"身"寫作"𩦾"，正象一個人懷孕的樣子。從詞的書寫形式很容易了解它的詞義。

監

> 得衛巫，使監謗者。(《國語·周語上》)
>
> 維天有漢，監亦有光。(《詩·小雅·大東》)

"監"，殷、周時代寫作"𥄂"、"𥄉"，象人立在一個大盆旁邊，俯身低頭張目向下看的樣子。原來古人是用一盆水作鏡子，用它來觀察自己的臉面的。照影的盛水大盆叫"監"，照影的行動也叫"監"。這時候的"監"這一詞還沒有分化。

"監"的書寫形式，可以幫助我們更好地理解"監謗"的監察意思，"監亦有光"的"監"是用盆水照形的"鏡子"。

戍

> 彼其之子，不與我戍申。(《詩·王風·揚之水》)
>
> 齊侯使連稱、管至父戍葵丘，瓜時而往，曰："及瓜而代。"期戍，公問不至。(《左傳·莊公八年》)
>
> 二世元年七月，發閭左適戍漁陽。(《史記·陳涉世家》)

"戍"，《説文解字》："守邊也。从人持戈。"了解它的書寫形式象一個人拿着戈，對它武裝看守邊境的詞義就更爲明白。"戍"商代寫作"𢦄"，周青銅器銘文寫作𢦄。

舁

（鍾）繇有膝疾，拜起不便。時華歆亦以高年疾病，朝見，皆使載輿車，虎賁舁上殿，就坐。（《三國志·魏志·鍾繇傳》）

（陶潛有脚疾，向乘籃輿）乃令一門生二兒共舁之。（《晉書·陶潛傳》）

未幾，敵兵果舁砲至。（《馮婉貞勝英人於謝莊》）

"舁"，《説文解字》："共舉也。从臼从廾"。寫作"𦥑"象兩人各伸兩手共舉一物的樣子。了解它的形象，這個比較生僻的詞也就很好理解了。

夙

被之僮僮，夙夜在公。（《詩·召南·采蘩》）

儒有席上之珍以待聘，夙夜强學以待問，懷忠信以待舉，力行以待取，其自立有如此者。（《禮記·儒行》）

"夙"商周時代寫作"𠃟"、"𠁥"，象人早起，殘月在天，動手做事的意思。這個詞意從現行書寫形式是體會不出來的。

幽

伐木丁丁，鳥鳴嚶嚶。出自幽谷，遷于喬木。嚶其鳴矣，求其友聲。（《詩·小雅·伐木》）

《詩》云："墨以爲明，狐狸而蒼。"此言上幽而下險也。（《荀子·解蔽》）

惟夫黨人之媮樂兮，路幽昧以險隘；豈余身之憚殃兮，恐皇輿

之敗績。（屈原《離騷》）

　　方世俗之幽昏兮，眩白黑之美惡。（賈誼《惜誓》）

"幽"有昏闇不明的意思。它的書寫形式表現了這個詞義。中間兩束絲"88"，表示微細之物。"凵（山）"是"火"的形象，而不是山嶺。借助火光照明纔能看清東西，那個地方必然是個光線不足的幽暗處所。"山"後來譌變成"山"。許慎《説文解字》據譌變以後的小篆字形立説，説是"从山中88"是不對的。殷周時代，這個詞寫作"幽"、"幽"。

既

　　退朝，待於庭。饋入，召之。比置，三歎。既食，使坐。（《左傳·昭公二十八年》）

　　宋公及楚人戰于泓。宋人既成列，楚人未既濟。司馬曰："彼衆我寡，及其未既濟也，請擊之。"公曰："不可。"既濟而未成列。又以告。公曰："未可。"既陳而後擊之。宋師敗績。公傷股，門官殲焉。（《左傳·僖公二十二年》）

　　樂具入奏，以綏後禄。爾殽既將，莫怨具慶。既醉既飽，小大稽首。神嗜飲食，使君壽考。（《詩·小雅·楚茨》）

　　壬戌之秋，七月既望。（蘇軾《前赤壁賦》）

"既"有已經完了的意思。它的書寫形式，商周時代作"既"、"既"。"皀"是一盌子飯，"旡"是一個人回頭的樣子，合起來是表示人已經吃完飯的意思。

考　老

　　老吾老以及人之老，幼吾幼以及人之幼，天下可運於掌。（《孟子·梁惠王上》）

以其財養死政之老與其孤。(《周禮・地官・司門》)

有椒其馨,胡考之寧。(《詩・周頌・載芟》)

朕皇考曰伯庸。(屈原《離騷》)

"老"在第一例裏是老幼的老;在第二例裏,則是"父"的同義詞。例三的"考"是高年長壽老成的意思;例四的"考"也是"父"的同義詞。《爾雅・釋親》"父爲考"。

"考"的書寫形式是用象聲寫詞法寫成的,用"𦥒"象老人,示其詞義所屬物類,用同音詞"丂"來記其語音,構成"𦒻"字(隸變作"考")。"老"是隨着詞的分化,從"考"分化出來之後,又在"考"的書寫形式上,改變它的部分形式,把它變成"𦒱"(老)的。於是年紀高的老人的"考"遂分成兩個截然有別的詞:一般老人的"老"和自己家中老人的"考"。

"考"、"老"兩詞的關係,從詞的書寫形式,就其寫詞方法,是可以得到啓發的。

前面幾個例子:

豆、戈、身,是象物的;

監、戍、舁,是象事的;

夙、幽、既,是象意的;

考、老,是轉注的。

貳 象聲、假借和形聲結構、行文通假

一、象聲

象聲寫詞法,從它是否加寫表示詞義概念類屬形象上,可以分爲兩種:一種是不加寫類屬形象的,是爲借貸寫詞法。它寫

出字是借貸字，簡稱借字。它和假藉之使用原詞字形者有本質上的區別。另一種是加寫類屬形象的象聲寫詞法，它寫出來的字是許慎所説的形聲中的一部分。

這種形聲結構和借貸寫詞法有一個共同的地方，那就是都利用初期漢字的形象的音節表意作用，在詞的音義統一基礎上，從同音詞彙中，選用一個詞的書寫形式，並利用它的形式和内容的關係，依靠具體語言組織，拋開它所寫的詞義，使它祇起音節標記作用。——象聲是它們共同的東西。

所不同的是：借貸寫詞法，在向它的同音詞借來書寫形式之後，原形照用，對它不再加工，係純然借字；而形聲結構却在向同音詞借來的詞的書寫形式之上，給它添加一個表示詞義類屬的物類或事類的形象，作爲區別，從而範圍了詞的内容和語音形式之間的關係。

形聲結構，在文字裏是最能産的。用它寫成的詞是數量最多的。在語音上，這種文字結構是以同音詞爲基礎的。在選材上，是以前面所講的象物、象事、象意、轉注四種寫詞法所寫成的字形爲基礎的。

在結構上，它有兩個部分："形"和"聲"。形，是標記詞義所屬物類或事類的類屬形象的，也叫做"形符"。聲，是標記詞的語音形式的，也叫做"聲符"。

形、聲兩部分的配置，一般是左形右聲的。例如：楊柳。但也不拘此格，隨着結構上的便宜，形、聲位置也可以上下、左右、内外地安排。例如：芹藻、婆娑、馳騁、魂魄、園圃、聞問等等。

"形聲"文字有些是可以一目了然的。有些由於古今音變和結構簡化，一時是看不出來的。例如：發、展、前、進。

文字結構最好是從文字本身，從它所寫的詞和寫詞方法上研究。對一般讀用古-漢語文學語言寫成的作品的人來説，有些詞有一定困難，甚或發生誤解。例如："'波'乃水之皮"，"立女爲妾"之類的説法，對正確理解詞義是有不好的影響的。

可以幫助我們了解"形聲"結構的書是東漢許慎的《説文解字》。這是我國第一部分析漢字結構的書。他的説法絕大部分是可信的。不過由於時代限制，有些字的解説還須要依靠殷周文字(甲骨、金文等)給予訂正。例如：

"東"，許慎用漢代人説法，認爲是"日在木中"，就不正確。而"龍，從肉飛之形，童省聲"，也不對。這些都可以用甲骨文、金文給予訂正。

但是，這並不妨礙對以"東"爲聲的字和從"龍"得聲的字在形聲關係上相對的理解。"龍"雖然不是從"童"得聲，但它也反映了兩個詞在語音上的關係，把它和其他材料(譬如：先秦韻文，雙聲、疊韻的雙音節詞)配合起來看，大體上是可以用作參證的。

《説文》不大好查，可以利用它的《通檢》。《經籍籑詁》也抄了《説文》的解説，也可以用作索引。而清人朱駿聲的《説文通訓定聲》一書，按古音十八部類聚"形聲"各字，也便於檢索研究。祇是作者在某些解説上時附己見，有所改動，不全是許慎原文。按古韻來聚甲骨、金文"形聲"字的有孫海波的《古文聲系》。

"形聲"關係對掌握古-漢語文學語言中同音詞在書寫形式上同音"通假"和研究古韻韻部、一部分造詞方法有很大作用。這裏就以"東"作"聲符"的字爲例，説明形聲結構的一般情況。例如：

東，動也。從木。官溥説：從日在木中。

棟,極也。从木東聲。

重,厚也。从壬東聲。

徸,跟也。从止重聲。

動,作也。从力重聲。

連,古文動,从辵。

童,男有辠(罪)曰奴,奴曰童,女曰妾。从辛重省聲。

董,鼎董也。从艸童聲。杜林曰:藕根。

瘇,脛氣足腫。从疒童聲。《詩》曰:"既微且瘇。"

尰,籀文从允。

鐘,樂鐘也。……从金童聲。古者垂作鐘。

鋪,或从甬(聲)。

龍,鱗蟲之長。……从肉飛之形,童省聲。

瓏,禱旱玉,龍文。从玉从龍,龍亦聲。

襱,絝踦也。从衣龍聲。

襩,或从賣(聲)。

豅,大長也。从谷龍聲,讀若聾。

從以上材料可以看出,《說文解字》所分析的"形聲"結構關係,有這樣三種:

1. 从某,某聲。

棟,从木,東聲。

2. 从某,某亦聲。

瓏,从玉从龍,龍亦聲。

3. 从某,某省聲。

龍,从肉飛之形,童省聲。

這裏,祇有"省聲"是不大好掌握,不能從形式上一下子就看清楚的。

用"形聲"關係推定字所寫的詞的音節，一般說來是比較可靠的。

但是，古-漢語文學語言詞彙的書寫形式並不是同時同地一起創造出來的。形聲關係既有時代差異，也會有方音差異。並不意味着凡是同一"聲符"的字，它所寫的詞，在語音上就是完全相同的。

應用"形聲"關係推定它所寫的詞的語音，在肯定它的作用的同時，也要注意它的相對的差異性。

文字是群衆創造的。有些詞往往有些不同的寫法。例如：

鐘，从金童聲。

這是一種寫法，但是也有另一種寫法，例如：

鋪，鐘或从甬聲。

這種情況叫做"或體"。"或體"也相對地反映古今南北的音變關係。從同一詞的不同形聲關係可以推定具體詞的古同音或音變關係。

在檢查《說文解字》時，還可以遇到一種材料，它能幫助我們了解古音。那就是"讀若"。例如：

龐，从有龍聲，讀若聾。

"讀若"就是說這個字所寫的詞在語音上有些像哪一個詞似的。

一個詞，在書面語言上，必有一個或一組書寫形式。換句話說，一個書寫形式必然標記一個詞或一個詞的一個部分。這是一般原則。但是，我們可不能得出這樣結論：一個書寫形式祇能寫一個詞或一個詞的一個部分，而不能寫別的詞。因爲文字雖然是從具體詞出發，爲它特製書面形式，可是它也有相對的獨立性。在一定條件下，它可以在和詞成爲形式和内容的統一關係上，經過一定過渡，走向一時的或經常的脱離，轉而和另外一詞發生書寫形式和詞的統一，變爲另一詞的書寫形式。

這種脱離本詞轉寫別詞的現象是"借貸"，是借字象聲。

象聲寫詞法是"鵲巢鳩佔"的辦法。它祇能借用別的詞的書寫形式來寫詞，而没有爲自己表義構形的造字辦法。

二、通假

在執筆行文上，由於詞的音同音近，作者或抄寫者往往會順手寫出"手頭字"，而這些被"手頭字"所代替的詞本是有其自己的書寫形式——"本字"的。這種像是"借字"而又不是出於借貸寫詞法的借字，没有被人們公認的，就是"別字"或者叫"白字"，是可以和錯字歸到一起的。至於那些已被人們公認，被人們行文使用的，則名之爲"通假"或"通借"。

"通假"或"通借"，這種用同音字或音近字來代替所寫詞本字的現象，它和"六書"中象聲寫詞法的借貸寫詞法是根本不同的。一個是寫詞造字，一個是有字而不用，順手牽羊，用別的詞的書寫形式來頂替。例如：

重　童　僮

這三個字原是三個詞的書寫形式。它們字形不同，所寫詞的詞義也不相同。按《説文解字》所記：

重，厚也。从壬東聲。

童，男有辠（罪）曰奴，奴曰童，女曰妾。从辛重省聲。

僮，未冠（未成年）也。从人童聲。

但是，在下面的語例裏，這三個不同詞的書寫形式却共寫一詞。

戰於郎。公叔禺人……與其鄰重汪踦往，皆死焉。（《禮記·檀弓下》）

齊師侵魯。公叔務人……與其鄰嬖［比］童汪錡乘往奔敵，死焉。（《孔子家語·曲禮子貢問》）

師及齊師戰於郊……公爲與其嬖［比］童汪錡乘，皆死。（《左傳·哀公十一年》）

“鄰”也稱“比鄰”或“鄰比”。“比”和“嬖”語音相近。[1]“鄰嬖童”就是“鄰比童”，“嬖童”就是“比僮”，也就是“鄰童”。在這三段記載裏，“重”、“童”兩詞的書寫形式以同音詞關係共寫“僮”這一詞。“重”在這不是“權然後知輕重”（《孟子·梁惠王上》）的“重”，“童”也不是“蜀卓氏……富至童八百人”（《漢書·貨殖傳》）的“童”。所以這樣理解，一方面是受它所處的語言組織和整個句意的約束，另一方面這三個詞在書寫形式上的“聲符”關係也給與相當的啓示。

把厚重的“重”和童僕的“童”都以同音關係當作童子的“僮”來寫，這是行文中的隨手通假。他們放下詞的本字，而使用別的詞的書寫形式，於手頭順便信手拈來的。就上述兩個字來說，這種信手拈來的“別字”得到群衆承認後，便算做另一種“借字”，爲了與“六書”象聲寫詞法的借貸寫詞的“借字”相區別，把這種從

---

〔1〕 “嬖”古音在錫部，“比”古音在脂部。以“嬖”爲“比”，正像《毛詩·周頌·良耜》“積之栗栗”。《説文》：“穧，積禾也。从禾資聲。《詩》曰‘穧之栗栗’。”積古音在錫部，穧古音在脂部。錫脂兩部字以音變同音是古有其例的。

“別字”變成的所謂“借字”叫做“通假”。

而“六書”的“借貸”寫詞法則不然，借貸兩方之間，祇有貸方有反映自己詞義特點的書寫形式；而借方詞義過於抽象，不可能或不容易用形象寫詞方法表現出來，不能造成自己的書寫形式。而書面語言寫話的要求，又促使它非寫出這個詞來不可。沒有辦法的辦法是從同音詞關係裏，借用一個詞的書寫形式，從它音節表意作用，依靠具體語言辭句的各種對立統一關係，取音舍義，使之成爲自己的書寫形式。例如：

“戰於郎”的“於”原是烏鴉的“烏”的另一書寫形式。

“公叔禺人與其鄰重汪踦往”的“其”原是簸箕的“箕”的書寫形式。

“皆死焉”的“焉”原是一種鳥名的書寫形式。

“於”、“其”、“焉”等詞的書寫形式被借去使用之後，由於使用頻率較高，“鵲巢鳩佔”久假不歸，竟變成借方的書寫形式。文字的求別律迫使貸出一方不得不另造新的書寫形式以作分別。這種假借寫詞法，是使用在圖畫文字中蘊育發展起來的各種形象寫詞因素。在一定的社會條件之下，突破圖畫文字體系，依詞寫話，創成形象的音節表意文字系統的開山斧。用借貸寫詞法寫出在書面上無法造形的詞，這種寫詞法的發明是使蘊毓在“圖畫文字中的寫詞因素，一旦質變，從示意圖形變成能夠按照語序用詞寫話的真正文字的重要關鍵”[1]。

學習閱讀用古-漢語文學語言寫成的書籍或作品，認識“借貸寫詞法”和行文書寫上的“通假”，是很重要的。而“通假”現

---

[1] 參見《假借、形聲和先秦文字的性質》，收入《孫常敍古文字學論集》。

象，容易使人忽略或誤解，更要注意。

第三節　作品中的古-漢語文學語言
詞彙書寫形式問題

　　作品，無論是散篇或成書，都是通過詞的書寫形式以書面語言寫作和傳播的。文字的性質及其作用，在文學語言中是非常重要的。

　　使用古-漢語文學語言寫作的作家，他們的歷史條件和語言基礎是彼此有所不同的。個人的語言修養和言語藝術也是因人而異的。因此，有時代的語言風格和與之相應的文字風格。這在作品中都有所表現。例如：同是寫史書，司馬遷和班固就很不相同。《史記》比較平易近人，而《漢書》就多古詞古字，甚至需要他妹妹來幫助誦讀，別人纔能得到比較正確的理解。近代用古-漢語文學語言從事論學、論政的人，譬如章太炎和梁啓超，他們的文章就很不一樣，章氏的文章和著作，有很多地方使人連字都不認得，何況了解辭句？梁氏的文章，就比較容易看懂。這裏，當然不止是文字問題，但是，作品的書寫形式無疑是讀者認識作者和作品的第一關。

　　作家作品的文字問題，要求讀者必須學習和掌握有關古-漢語文學語言詞彙書寫形式的相應知識——詞彙書寫形式學和有關古書和古作品的知識。

壹　篇章載記中詞的書寫形式問題

　　用古-漢語文學語言寫作的篇章、載記，從它的創作開始，到流傳、閱讀，這些相互關聯、相互作用的各個方面，往往是給它以一定影響的。

書面語言是以詞的書寫形式依具體的語言材料和組織關係寫成的。因此，就作品來說，古今南北的漢語差異和變化，特別是詞的發展歷史，對作者和讀者之間都可能有所影響。而寫詞造字上的或體分化，寫詞技術上的規範和簡化——從形象的音節表意到符號的音節表意，隸、草、行等等字體上的演化流變，隨着作品出世時代的長短以及通行範圍、轉寫次數的大小多少，也不可避免地給以不同程度的影響。

在作者方面，由於作家所受的歷史語言和當代語言的影響，由於生活的體驗和努力不同，在寫作上，遣詞用字，在古-漢語文學語言的一般"通語"之外，也不能沒有他自己的語言習慣和風格。

作品流傳，在寫本時代，抄寫人的語言習慣、文字知識、文化素養、生活情況和思想狀態，對寫本的精確程度也往往給予一定影響。刻版印刷之後，除寫工影響之外，刻工的語文知識和雕版技術也常影響作品。

無論寫本或刻本，流傳作品的物質——簡牘、絹帛、紙張，有時會發生脫、斷、錯、落、磨滅、壞字、鼠咬、蟲傷。

在讀者方面，由於讀者的語言素養和讀書思想、治學態度——師承、家法、校讎、訓詁等等，也往往給作品以相應的影響。

這些可能情況，往往又互相影響。

因此，用古-漢語文學語言寫作的作品，特別是時代較遠的作品，難免或多或少地出現這樣那樣的問題。這是學習古-漢語文學語言用以閱讀古作品必須注意的。

問題種類很多，這裏試舉一例，用它來看具體作品中詞的書寫形式問題。

鷸蚌相爭是我國有名的寓言之一，它出於《戰國策・燕策二》。宋代紹興丙寅（1146）剡川姚氏本《戰國策》這一段文字是這樣寫的：

> 趙且伐燕，蘇代爲燕謂惠王曰："今者，臣來過易水，蚌方出曝，而鷸啄其肉。蚌合而拑其喙。鷸曰：'今日不雨，明日不雨，即有死蚌。'蚌亦謂鷸曰：'今日不出，明日不出，即有死鷸。'兩者不肯相舍。漁者得而并禽之。今趙且伐燕，燕趙久相支，以弊大衆，臣恐强秦之爲漁父也。故願王之熟計之也。"惠王曰："善。"乃止。

把它和鮑彪、吳師道的本子來校對，有些出入：

1. "蚌合而拑其喙"的"拑"，鮑本寫作"箝"，吳氏說："一本'箝'作'拑'，字通。""喙"今本誤作"啄"。

2. "故願王之熟計之也"的"故"字和第一個"之"字，鮑本都沒有。

而姚宏的續注又提出了一些文字問題。他説：

> 謡語、諺語皆叶（叶韻的叶）。《後語》"必見死蚌脯"即多一字。《藝文類聚》引云："蚌將爲脯。"如此則叶韻。然不聞蚌鷸得雨則解也。

> 陸農師乃云："今日不兩，明日不兩，必有死蚌。'兩'謂辟（闢）口。一今（本）作'雨'，非是。"恐別有所據。

從這些材料裏，我們可以看出：用古-漢語文學語言寫成的作品或書籍，尤其是歷史比較久一些的，由於輾轉傳抄，有的作品是有文字上的出入的。

同一書、同一篇、同一辭句，在各種不同的版本之間出現的文字差異，叫做"異文"。

異文情況大體可分兩種：詞的和句的。前者像"柑"和"箝"；後者像"故願王之熟計之也"和"願王熟計之也"。

但是，這兩者有時也不能截然分開。例如：

　　今日不雨，明日不雨，即有死蚌。

　　今日不雨，明日不雨，蚌將爲脯。

　　今日不雨，明日不雨，必見死蚌脯。

　　今日不兩，明日不兩，必有死蚌。

在這四種異文中，"雨"、"兩"、"即"、"必"、"有"、"見"，都是詞的書寫式所反映的詞的差異。

叶韻不叶韻？叶韻，叶哪個韻？隨着叶韻而出現的"必有死蚌"、"必有死蚌脯"、"蚌將爲脯"，則是句的差異。

我們説，姚宏"謡語、諺語皆叶"是值得重視的。《燕策》此文"蚌亦謂鷸曰"三句，"出"和"鷸"古音都在物部，是叶韻的。在部分與整體的對立統一中，"鷸曰"三句也必然是韻語。這一點，如前所引古之注家已有覺察，而"爲脯"、"蚌脯"之句也正反映這種作用，因爲古音"雨"、"脯"同在魚部。可是"蚌將爲脯"和"必見死蚌脯"，它們在"今日不×，明日不×，即（必）有死×"兩相對應的語式中，都不協調。"兩"古音在陽部，"蚌"古音在東部。東陽兩部合韻，古書習見。而"兩"、"雨"形近易譌。《燕策》這段原文當以"今日不兩，明日不兩，必有死蚌"爲是。"兩"説的是張開。陸農師的看法是合理的。今本"雨"是"兩"的錯字。而"必見死蚌脯”是透露原文本是“死蚌”,“脯”是爲了趁韻後加的。“蚌將爲脯”則又是在加“脯”之後改寫的。

從詞的書寫形式和詞的關係來看,這一段語例給我們提出了一些值得注意的現象。譬如:

“漁者得而并禽之”的“并”,不是相並的“並”,而是兼而有之的“并兼”、“一并”的“并”(“並”古音在陽部,“并”在耕部)。這一詞的書寫形式,甲骨文寫作“𠁁”,象兩人一起同時被羈絆的樣子。它表現了《廣雅》所說“并,兼也”的詞義特點,是爲這個詞而造的書寫形式,是這個詞的本字。

“燕趙久相支,以弊大眾”的“弊”原是从犬敝聲的“獘”的簡寫。它的或體是“斃”,有“頓仆”、“僵踣”之義。在這裏用它寫一個同族詞——以破敗爲義的“㡀”或“敝”[1],借甲詞的書寫形式來寫和它有同音關係的乙詞,這是一種隨文通假現象。

“蚌方出曝”,“蚌”是和蛤相類的生物。《吳都賦》“蚌蛤珠胎”,《漢書·敘傳》“臧於蜯蛤”,“蜯”和“蚌”是同一名詞的不同寫法。它們之間是一個詞的不同書寫形式——異體字。

“曝”是“暴”的後起形聲字。它倆都寫“曝曬”的“曝”,“暴”是最初的形式。它用日、出、収(拱)、米的形象方法,表現在太陽底下曬東西的詞義特點。後來以同音詞關係把它借出去寫“暴戾”、“暴虐”、“兇暴”、“殘暴”的“暴”,因爲使用率較大,久假不歸,而書寫形式上的求別,使它在“暴”的旁邊又加了個“日”來寫“曝曬”的“曝”作爲補償。於是在常用字彙中,“暴”、“曝”遂成爲兩個詞的書寫形式。但是,在歷史關係上,它們又是一個詞的古

----

〔1〕《説文》:“㡀,敗衣也。”“敝,一曰敗衣。”

今書寫形式——古今字。

至於"今日不雨"和"今日不兩",在"兩"和"雨"之間必然有一個是錯的,這是錯字問題。

爲了清楚正確地理解用古-漢語文學語言寫成的書籍或作品,這些書寫形式上的問題是必須重視的。否則,難免犯霧裏看花、郢書燕說的毛病。

貳 本字和借字

用六種寫詞法書寫古-漢語文學語言詞彙,從而完成了它的書面語言形式,建立了漢字體系。在它所用的六種寫詞法中,除象聲寫詞法中借貸寫詞法借用同音詞書寫形式寫詞外,其餘都是和它所寫詞的詞義有關的:或用形象表現詞義特點,從詞義著手;或既寫詞義又記語音,從詞的語音形式和詞義特點雙管齊下。借貸寫詞法,則是祇從音節出發,利用音節表意文字的表音性能,通過同音詞關係,借一個與所寫詞語音相同的詞的書寫形式,作爲它的書寫形式。因而它和所借字除了語音相同之外,字的形象和詞的意義之間沒有關係。

詞的書寫形式和它所寫的詞之間,既有形式和內容的關係,又有相對的獨立性,在寫作或傳抄過程中,由於借貸寫詞法的需要,可以把自己的字形借給別的詞去使用。這樣,在詞的書寫形式的借與貸之間相對地出現了本字和借字問題。

本字和借字的相對關係,在道理上很簡單,可是情況卻比較複雜。爲了便於說明,權借簿記學術語,把應用借字的一方定爲"借方"。同時,把自己的書寫形式借給別的詞使用的一方,相對地叫做"貸方"。這樣,借字是就"借方"說的,本字則是就"貸方"

說的。

把公認的"手頭字"包括在内,借方有兩種：一種是自己根本沒有爲自己製造的書寫形式,完全依靠借貸寫詞法過日子；一種是自己有自己的書寫形式,但是,有時放下不用,反倒把别的詞(同音詞)的書寫形式拿過來使用。前者是"借字",後者是"通假"。

借、貸兩方關係的確立和變化,是建立在同音詞基礎之上,遵循趨簡、求别兩大規律和詞的應用頻率而進行的。借字寫詞,在同音詞中,借方一般是從使用率低、書寫形式比較簡單的詞借字。兩方使用律相差不多,求别律又常迫一方重新構字。因此,本字不一定再寫本詞；而借字也有時成爲造形基礎,别造新字,使當初依靠借字寫詞的詞,從而獲得自己的本字。

一、借字

我們把不加注詞義類屬形象的象聲寫詞法叫做借貸寫詞法。用這種方法給從詞義上無形象可寫的詞作出相應的書寫形式,使之見於書面語言,有了自己的字。這種字是"借貸字"——"借字"。它和那些有自己的書寫形式,而置自己的字不用,順手牽羊,拿别的詞的書寫形式來頂替的"别字"是不同的。"通假"是人們公認了的"别字"。既被公認了,由於它也是使用别的詞的書寫形式,因而在一定程度也有所謂"借"的意義。可是就其本質來説是有區别的。

這裏且説"借字"。

借字指寫詞的借方,和通假不同。通假原有自己的書寫形式,而借字是借方自己原來就沒有。借貸關係建立之後,借字在使用中受求别律的制約,會發生兩種情況：甲、一直保持着素樸的借貸關係,乙、從借貸關係中引起新的造字活動。

甲、保持一般借貸關係的,例如:

烏有先生
烏鵲南飛
女聞人籟,而未聞地籟,女聞地籟,而不聞天籟夫。(《莊子·
齊物論》)

其北織女。織女,天女孫也。(《史記·天官書》)

表示"没有"的"烏",作爲第二人稱代詞的"女"都是借字。
"烏鵲"的"烏","織女"、"女孫"的"女"都是本字。借方和貸方共
同使用一個書寫形式,而本字和它所依以成立的原詞没有因爲
借貸而斷了關係。

乙、在一般借貸關係基礎上,有一方另構新字作爲書寫形
式上的區别。

1. 借字爲借方專有,貸方放棄它原有的本字而别造新字
的。例如:

諸葛亮……每自比於管仲、樂毅。時人莫之許也。(《三國
志·蜀志·諸葛亮傳》)

《三國志·蜀志·諸葛亮傳》的"莫",原來是"暮"的本字。
自從把它給借出之後,借方經常使用,久假不歸,遂甘心讓出,在
本字基礎上,加注"日"形,另造一個加注詞義類屬的象聲字(許
慎叫形聲字)"暮",作貸方自己的書寫形式,以便區别。

2. 貸方使用率較高,借方在借字基礎上自造本字。如:

富歲,子弟多賴;凶歲,子弟多暴。非天之降才爾殊也,其所
以陷溺其心者然也。(《孟子·告子上》)

“賴”借來寫懶惰的“嬾”。因爲利賴、賴恃之詞常被使用,爲求別,遂在借字基礎上另造一個从女賴聲的“嬾”字,作爲借方自己的書寫形式。《説文》:“嬾,懈也,怠也。”這樣,由借字孳生了一個本字。

3. 比較複雜的借貸關係中,有時兩方都各造新字,把貸方本字讓給借方中使用率較高的一個。如:

招招舟子,人涉卬否。人涉卬否,卬須我友。(《詩·邶風·匏有苦葉》)

高祖爲人隆準而龍顏,美須髯。左股有七十二黑子。(《漢書·高帝紀》)

(馮)奉世上言:願得其衆,不須復煩大將。(《後漢書·馮奉世傳》)

第一例,“須”是“待”的同義詞。第二例,“須”是胡鬚的“鬚”。第三例,“須”是必須、須要的“須”。它們是三個詞。從書寫形式和詞的關係來説,“須”从頁从彡,象人面頰上有胡鬚的樣子。它是“鬚”這一詞的最初的書寫形式,是其本字。一、三兩例的“須”都是借字。一個貸方,兩個借方。照顧使用頻率以趨簡、求別,把“須”完全借給助動詞,作爲須要的“須”的專用字;把以等待爲義的動詞“須”加上形符,構成“頪”;給它的本詞──胡鬚的“須”加上“髟”造成“鬚”。

上面三種情況,有一個共同之點:它們的借方原來都是没有自己的書寫形式的。

二、通假

通假的借、貸雙方原來都有和自己相應的書寫形式。在借貸關係上,有的借方完全放棄了自己的本字,有的借方並沒有放棄本字。

甲、完全放棄了本字的。例如:

古-漢語文學語言"前後"的"前",原是剪刀的"剪"的本字,從刀歬聲。"歬",從止在舟上,它纔是前後的"前"的本字。

自從借"前"來寫"歬","歬"由於失用而廢置。同時,剪刀的"前"被借方佔用,使用率較高,爲了區別,又在"前"的基礎上,造一個從刀前聲的"剪"字來寫它。

乙、没有完全放棄本字的,借用程度也有不同。例如:

> 孤不度德量力,欲信大義於天下。(《三國志・蜀志・諸葛亮傳》)

用"信"來寫"伸"。這類通假,由於兩方使用率都比較大一些,本詞本字的力量大於借字。

(1) 强弩之末,力不能入魯縞。(《漢書・韓安國傳》)

(2) 此所謂彊弩之末,勢不能穿魯縞者也。(《三國志・蜀志・諸葛亮傳》)

(3) 禮者,治辨之極也,强國之本也。(《荀子・議兵》)

(4) 治辨之極也,彊固之本也。(《史記・禮書》)

"强"字的結構是从虫弘聲,是爲一種昆蟲的名字而造的。"彊",從弓畺聲,寫的是"弓有力",彊硬的"彊"。

前面四個語例,(1)、(3)兩例是借用寫昆蟲名字的"强"來寫彊硬的"彊",是借字;(2)、(4)兩例"彊弩"、"彊固"都是使用它的本字。蟲名之"强"本詞很少使用,它的筆畫比"彊"少,又不易混,因而寫彊力之詞借字的力量大於本字。

三、古今字非通假關係

賈誼《陳政事疏》：

　　天下之勢方倒縣……足反居上，首顧居下，倒縣如此，莫之能解，猶爲國有人乎？非特倒縣而已也，又類蹵且病痱……臣竊料匈奴之衆，不過漢一大縣，以天下之大，困於一縣之衆，甚爲執事者羞之。

《孟子·公孫丑上》：

　　當今之時，萬乘之國行仁政，民之悦之，猶解倒懸也。

　　賈誼文中，前三個"縣"和後兩個"縣"不同。後兩個是郡縣的"縣"，而前三個則和《孟子》的"倒懸"相同。郡縣的"縣"和懸挂的"懸"自然是兩個詞。看來用"縣"來寫"懸"是一種書寫形式的通假了。

　　實際不然。"縣"是懸挂的"懸"的一種較古寫法，從系持景——"景"是倒首——象倒懸的意思。把"倒懸"寫作"倒縣"不是通假，而是使用本字。在把"縣"的"懸挂"引申作郡縣的"縣"以後，爲了區别，又在"縣"下加上"心"成爲"懸"形，構成"縣"的後起形聲字。

　　從郡縣的"縣"和懸挂的"縣"來說，行政單位的名字是從"懸挂"義引申來寫的。從懸挂的"懸"來說，"縣"、"懸"是同一詞在書寫形式上的古今變化，是古今字。在同一詞的古今字之間是不能用通假來說的。

叁　異體字——同一詞的不同書寫形式

　　群衆創造文字和使用文字。文字也就在群衆運用中受到檢驗，經過實踐的選擇，得到鞏固和發展。詞具有音和義。已有的詞的書寫形式又爲創製新字準備條件。在爲一個詞創造或改革書寫形式時，由於作者着想不同，取材不同，因而一個詞可以先後地或同時地出現不同的書寫形式。這些共寫一詞而不作別用的各個文字，叫做"異體字"，或者叫"或體字"。換句話説，異體字是同一個詞的不同書寫形式（不包括通假）。

　　"異體字"並不是固定不變的。一方面它們在群衆考驗中可以被廢置、棄用，從而被淘汰出去；另一方面也有時被另一詞借用，脱離當初的或體關係，成爲另外一詞的書寫形式。

　　"異體字"的製作是一直不曾停止的。不但古人在作，今人亦在作，而且將來也還是會出現的。

　　我國最古的字典——《説文解字》記録了許多秦漢以前的異體字。許慎在他的書裏把這些異體字按來源分爲四種：古文、籀文、奇字和一般的或體。這都是指篆書——形象的音節表意文字説的。

　　籀文是《史籀篇》中的文字；古文是《史籀篇》以外的先秦文字（主要是戰國時期的六國文字）；奇字則是"古文而異者也"；或體是一般的不同寫法。

　　異體字並不是每個詞都有的。有異體的各詞其異體數量也是多少不同的。例如：

　　"网"有五種不同寫法：

　　　　网，从冂，下象网交文。

　　　　罔，网或从亡。

　　　　網，网或从糸。

　　　　𠔿，古文网。

　　㓁,籒文网。

"災"有四種寫法：

　　烖,从火㦰聲。

　　灾,或从宀火。

　　𤆎,古文从才。

　　災,籒文从巛。

"訴"有三種寫法：

　　訴,从言斥省聲。

　　愬,或从言朔聲。

　　愬,或从朔心。

"無"有兩種寫法：

　　橆,从亡無聲。

　　无,奇字无。

　　每個詞的異體字,在古－漢語文學語言作品中,並不是並駕齊驅的,一般衹有一個是常用的。通過各代的應用,有些不常用字,由於長期失用,先後被淘汰出去了,除少數好奇好古的作家作品和一部分較古的書籍外,一般篇章載記中很少見到,但也有些字在不同的歷史途程上曾是以不同頻率一時並存的。例如：

　　　寓——庽　　醻——酬　　鷄——雞　　煙——烟

被鞏固和被淘汰的,例如：

　　　䖇——蜜

前者被廢置了,後者被鞏固下來。

壞——壞——數

第一個被鞏固下來，後兩個被廢止了。現在第一個又被簡化爲
"坏"，也開始失用了。

迹——蹟——速

前兩者曾使用了一個較長的時期，後來又出現了新的或體寫
法——"跡"。"速"，久已失用了。

異體字之間的競爭，一般也還是遵循着趨簡、求別兩個規律
的。多數是趨簡、去繁。例如：

燎——流　→流
訴——謵——愬　→訴
鬲——甂——歷——鬶　→鬲

但是，在易認繾能更好地求別的情況下，也有去簡留繁的。
例如：

導——𡅢〔1〕

"導"的使用率高，一般人都熟。因爲"道"與"導"有一定音義關
係，容易識別，用"導"就比用"𡅢"方便。現在"導"又在其草寫的
基礎上，簡化爲"导"。

霧——雺——霧

霧，雖比前兩字筆畫多，但是，它的聲符是常用字，從"務"得聲却
比前兩字好讀好認。這類字就從其易讀易認來保證求別。

古-漢語文學語言詞彙書寫形式的異體，除因襲篆書之外，

---

〔1〕《説文》以爲"道"的古文。此從朱駿聲説。

還有隸變以後的異體字。例如：

塵——尘　　體——体

漢魏六朝以來，所謂"別字"、"俗字"是多不勝數的。但是就古書來説，除一些寫本卷子和民間文藝作品外，它們對一般的篇章載記是影響不大的。因爲它們和用古-漢語文學語言寫成的作品關係較少，這裏就不作介紹了。

有些異體字由於詞的分化或書寫形式的借貸，後來成爲兩個詞的書寫形式。例如：

育——毓

原是一個詞的或體。後來前者成爲養育、教育的"育"，而後者則爲蘊毓的"毓"。

彙——蝟

它們是刺猬的"猬"的古或體字。後來前者成爲彙集的"彙"，而後者則專寫刺猬的"蝟"。

異體字由於借字象聲寫詞，致使其中有一個被借出去成爲另一詞的書寫形式；因而失去當初或體的作用。它在一般應用中，不再和它依以成形的本詞發生關係了。例如：

帥——帨

它們也是同一詞的或體書寫形式。"帥"由於常用作率領、統帥、將帥的"帥"，遂和"帨"一般不再發生或體的文字關係。

這祇是就文字的或體關係説的。若就借字引起造字來説，它們並不一定都是先有兩個書寫形式，由於選借之後，剩下一個；一般説來也有被借之後，爲了求別，另造出的新字。

肆　古今字——歷史上的異體字

同一個詞的不同書寫形式爲它造成了異體字。一般説來,這種字都不是同時出現的。從出現的先後時距來説,時距比較短的可以算作"並世之作",不分古今;比較長的就出現古今問題。

就其成字的原由來説,大體有三種:一種是由於詞分化,隨着分化造詞而產生的古今字;一種是由於借貸寫詞,借方久假不歸,爲貸方補償而產生的古今字;一種是後起簡化字和早先的繁體相對形成古今字。

古今字實質是歷史形成的異體字。

一、基於詞的分化而形成的古今字

詞是思想(概念)的語音物化。它是和人的認識由淺入深、由粗到精、由混淪到分析的不斷發展相應的。由於認識的深入,在舊概念基礎上形成新概念,往往引起詞的分化。詞的分化,相應地引起詞的書寫形式的分化。例如:

"閒",當初用它書寫的詞,正如它的形象所表現的意思一樣,是兩個事物之間的空隙(字形是用兩扇閉合未嚴的門和月亮,用從門縫看見月亮的形象關係來表示間隙)。後來在這個詞義的基礎上,把兩件事情或兩個工作中的沒有事情的時間叫做"閒",把間隔叫做"間",從而分化出"閒"、"間"兩個詞,兩個書寫形式。爲了求別,在原詞書寫形式的基礎上,改變部分字形,寫出"閒"、"間"兩個字。因而從門從月的"閒"是"間"的古字。

"陽",原是向陽面,見太陽那一面,明面、表面的意思。在這個詞的基礎上,把表裏不一的人,在人們面前虛僞造作的假裝行爲,也叫做"陽"。這樣，"陽"就經過變義造詞，成爲另一個詞了。新詞成立之後，爲了和陽面的"陽"相區別，又爲它特造一個形聲字"佯"。

像這樣的詞的書寫形式，在古-漢語文學語言作品裏，有時使用字形還沒有分化之前的書寫形式。例如：

"閒"是空閒，"間"是間隔。

(1) 冬春閒月，不妨農事。（《後漢書·劉般傳》）

(2) 其出不出，閒不容髮。（枚乘《上書諫吳王》）

(3) 唐德宗時，乃稅閒架。其法，屋二架爲閒。上閒錢二千，中閒錢一千，下閒錢五百。（《通考·征榷考》）

"閒"在第(1)句裏是現時常用的，即閒暇的"閒"。在(2)、(3)兩句裏，書寫形式雖然和它相同，實際上是用從它分化出來的新詞——間隔的"間"，祇是在書寫形式上沒有隨着詞改變。"閒不容髮"就是"間不容髮"，"閒架"就是"間架"，"上閒"、"中閒"、"下閒"就是"上間"、"中間"、"下間"。

"閒"是分化之前的詞的書寫形式，它和它所寫的詞義相應，是混淪地包括着間隙、空間和兩事之間的無事時間，分化之後各有專職："閒"寫無事，"間"寫空隙。當作品用"閒"寫"間"時，"閒"又使用了它尚未分化的字形。這樣，"閒"和"間"就變成同一詞在書寫形式上的"古今字"。

同理，"陽"是陽光、陽面、向陽的"陽"，這是一般情況。"佯"是虛僞假裝。兩個詞分化之後是分得很清楚的。但是——

(1) 殷其靁，在南山之陽。（《詩·召南·殷其靁》）

(2) (田)儋陽爲縛其奴。（《漢書·田儋傳》）

(3) 乃漆身爲厲，陽狂以避之。（《後漢書·譙玄傳》）

第(1)個例句中的"陽"是陽面的"陽"，這和一般用法相同。第(2)、(3)兩例裏，"陽"都是表面假裝的"佯"，但是，它却用"陽"來寫。這也是分化以後的詞，在書寫形式上還使用未分化的原字。當初"陽"的詞義裏有明面外貌假裝給人看的意思。在這個認識上分出"佯"，並給作了新的書寫形式。這樣，"陽"和"佯"在歷史關係上也是古今字。

這是由於詞的分化而形成的古今字。

二、基於象聲寫詞法而形成的古今字

古今字的另一情況是祇屬於寫詞法的。

先秦文字是一種形象的音節表意文字。在它的六種寫詞法中，象聲寫詞法是利用音節表意的特點，依同音詞關係，使一個詞的書寫形式作另一個不能用形象表意的詞的形式。這種寫詞關係確立之後，漢字的求別律又要求它們的互相區別，從而在原字基礎上加注詞義類屬形象產生新字。這個爲了區別的後起字，和原字歷史地形成了一種古今字。例如：

"莫"是一個表示否定的詞，"暮"是一個表示時間的詞。"莫"原是"暮"的書寫形式，用日在草莽之中的形象關係，表示黃昏日落暮色蒼茫的意思。在它被借出用作否定詞書寫形式之後，借用的使用率大於它的原詞，爲了區別，給原詞"莫"上加"日"，構成一個"暮"字。

(1) 亮(諸葛亮)躬耕隴畝，好爲梁父吟。身長八尺，每自比於管仲、樂毅。時人莫之許也。(《三國志·蜀志·諸葛亮傳》)

(2) 莫春者，春服既成，冠者五六人，童子六七人，浴乎沂，風乎舞雩，咏而歸。(《論語·先進》)

(3) 且莫進食。(《戰國策·齊策一》)

第(1)例的"莫"是一個表示否定的詞,是借字寫成的,使用率較高,已成固定關係。第(2)、(3)例,雖用它來寫自己當初依以賦形的本詞,但是由於久假不歸,本詞在求別律支配之下,又有了一個從日的"暮"字,使人對本詞本字反而感到生疏。"莫"、"暮"各有專職,在歷史關係上,它們是古今字。

再如,"暴"它原是用在太陽底下曬米的形象關係,從日從出從収(兩手)從米構成的,是曝曬的"曝"的最初書寫形式。後來借出去用它來寫暴虐、暴亂、突然等義的"暴"。而本詞反又加注一個"日",構成"曝"字作補償。這樣,"暴"、"曝"就各有所司,成爲兩個詞的書寫形式。

(1) 夫武,禁暴、戢兵、保大、定功、安民、和衆、豐財者也。(《左傳·宣公十二年》)

(2) 雖有天下易生之物也,一日暴之,十日寒之,未有能生者也。(《孟子·告子上》)

(3) 木直中繩,輮以爲輪,其曲中規,雖有槁暴,不復挺者,輮使之然也。(《荀子·勸學》)

前一例的"暴"是暴虐、殘暴的"暴";而後兩個"暴"則是曝曬的"曝"。"暴"是"曝"的最初書寫形式,是它的古字。當它在已經借出之後而自己又另造新字的時候,它倆是各有專職,各寫一詞,但在歷史上,它們是同一個詞的古今寫法,是古今字。

三、基於簡化而形成的古今字

漢字在應用中,從古至今,是按照趨簡、求別的規律向前發

展着的。在簡化中,有的是改換部分筆畫的,例如:

> 脣→唇

這是改換了部首的;

> 燈→灯

這是改換了聲符的;

> 麥→麦

這是節縮了筆畫的;

> 聽→听

這是在簡化字基礎上而又形成新簡化字的。——"廳"簡作从"厂""丁"聲的"厅";以後用"厅"作聲符,構成从"口""厅"聲的"听"。"厅"和"斤"形相近,進而變成"听"。

　　這類由簡化字形成的古今字,在過去一般是用兩種眼光看待的:不見於漢魏以前書籍中的,往往被看作"俗字"。這雖然也有規範化的意義,但更主要的是昧於漢字發展規律,是古非今。

伍　譌誤字

一、各種字體在抄印作品中都有出現誤字的可能

　　古-漢語文學語言詞的書寫形式譌誤,是和漢字體系及其各個文字的結構、書法有關係的。因此,隨着漢字的發展變化,從形象的音節表意文字到符號的音節表意文字,從篆書、隸書、草書到行書、楷書,各種字體都有形成譌誤的條件。

　　我們且以《墨子》、《老子》作例。

這兩部書走過了迄今爲止的主要字體演變過程。它們的文字譌誤，把隸、楷合爲一類，行、草合爲一類，加上先秦篆書，大體可分三種：

1. 由於篆文相似而發生譌誤的。例如：

禹既已克有三苗，焉磨爲山川，別物上下，卿制大極，而神民不違，天下乃靜。(《墨子·非攻下》)

"卿制大極"的"大"應該是"四"的字誤。古文"四"作"𦉭"，篆文"大"作"𤎞"，書寫式很相近。

保此道者不欲盈。夫唯不盈，故能蔽不新成。(《老子》第十五章)

"蔽不新成"的"蔽"借作"敝"，"不"是"而"的字形譌誤。篆文"不"作"𠀕"，"而"作"𧘇"，字形相近。

2. 由於隸書相近而發生譌誤的。例如：

公孟子謂子墨子曰："君子共己以待，問焉則言，不問焉則止。譬若鍾然，扣則鳴，不扣則不鳴。"子墨子曰："是言有三物焉，子乃今知其一身也，又未知其所謂也。"(《墨子·公孟》)

"子乃今知其一身"的"身"應是"耳"字的字形譌誤。隸書"身"寫作"耳"，和"耳"很相近。

夫佳兵者不祥之器。物或惡之，故有道者不處。(《老子》第三十一章)

"夫佳兵者"的"佳"是"隹"的譌誤。先秦文字"唯"、"惟"、"維"都寫作"𦾓"。隸變之後，"𦾓"從"𨾰"變成"隹"。"佳"篆書作"〓",从人圭聲,和"〓"相差很遠。可是在變成隸書之後,"〓"變作〓,就和"〓"字字形很相近了。

楷書是屬於隸書體系的,這類字形錯誤很多,這裏就不再列舉了。

3. 由於草書字形相近而發生譌誤的。例如:

子墨子曰:"天下莫不欲與其所好,度其所惡。"(《墨子·耕柱》)

"與"是"興"的字誤,"度"是"廢"的字誤。草書"廢"寫作"〓","度"寫作"〓",字形很相近。

治大國,若烹小鮮。(《老子》第六十章)

"小鮮"范元應本寫作"小鱗",和下文"其鬼不神"、"其神不傷人"的"神"、"人"叶韻。"鱗"草書作"〓",和草書"鮮"字"〓"相近,因而致誤。

二、各代各家作品在傳本中都有誤字的可能

古-漢語文學語言是一種書面語言。書面上的文字譌誤,一般説來,是不易完全避免的。尤其是印刷術發明之前,全靠傳抄,而印本出來之後,除了抄寫之外,又因多了一道刻工關係,錯字可能始終是存在着的。因此,詞的書寫形式的錯誤,就不僅僅是秦漢以前的作品有這種問題,就是秦漢而後的各代各家作品也同樣有這種遭遇。試以韓愈和柳宗元兩家的作品爲例:

《韓昌黎集》(韓愈的集子)傳本很多,校對起來,譌誤的文字是不少的。下邊所舉的祇是其中一小部分實例:

> 將有作於上者，得吾説而存之，其國家可幾而理歟？（《原毀》）

"作"或寫作"仕"，或寫作"化"。

> 鄉縣小民有能誦書作文辭者，衮親與之爲客主之禮，觀游宴饗，必召與之。時未幾，皆化翕然。（《歐陽生哀辭》）

"化"，或寫作"仕"。

> 其意將使法吏一斷於法，而經術之士得引經而議也。（《復讎狀》）

"將"或寫作"特"。

> 以此詬(許)遠，此又與兒童之見無異。（《張中丞傳後序》）

"詬"或寫作"語"。

> 吾惡知其今不異於古所云邪？（《送董邵南序》）

"古"閣本作"吾"。

> 天雪冰寒，傷汝羸肌。（《祭女挐文》）

"天"或作"大"。

柳宗元文集《河東先生集》也同樣在許多篇章上存在着誤字現象。如：

> 是兒少秦武陽二歲，而討殺二豪，豈可近耶？（《童區寄傳》）

"討"一本寫作"計"。

> 王子晞爲尚書，領行營節度使。寓軍邠州，縱士卒無賴。邠人偷嗜暴惡者，卒以貨竄名軍伍中，則肆志。吏不得問。日群行

丏取於市，不嗛，輒奮擊折人手足，椎釜鬲甕盎盈道上，袒臂徐去，至撞殺孕婦人。(《段太尉逸事狀》)

"卒"一本作"率"，"袒"一本作"把"。

其石之突怒偃蹇，負土而出，爭爲奇狀者，殆不可數。(《鈷鉧潭西小丘記》)

"狀"一本寫作"壯"。

蝜蝂者，善負小蟲也……其背甚澀，物積因不散，卒躓仆不能起。(《蝜蝂傳》)

"因"一本寫作"固"。

從小丘西行百二十步，隔篁竹，聞水聲，如鳴佩環。(《至小丘西小石潭記》)

"聞"一作"閒"。

其敬而易者，亦從而動心矣。(《序棋》)

"心"一作"止"。

至初潭，最奇麗，殆不可狀。其略若剖大甕，側立千尺，溪水積焉，黛蓄膏渟，來若白虹，沉沉無聲。(《游黃溪記》)

"來"一本寫作"采"。

三、形成文字譌誤的原因

用古-漢語文學語言寫成的作品爲什麼會出現一些詞在書寫形式上的譌誤呢？

從人的方面來説，這和抄寫人的文化水平、語言知識、書寫習慣和風格，及個人的責任心、注意力、精力分不開的。換句話説，是由於個人的原因。

從人所受的社會影響方面來説，這和抄寫人當時通行的常用字、常用詞、常用字體和常用的書寫體例有關係。也就是説，詞和字在當時的使用頻率和使用方法，往往也是造成誤字的因素之一。

從物質方面看，簡牘的折損和磨滅，印版的裂損、落筆，也是一條致誤的原因。

從文字本身説，是文字的形式相近。有這種形近因素，纔能使抄寫人的文化水平、語言文字習慣以及當時的使用頻率和方法等等條件起了作用，造成譌誤。在字形相近之中，有的是純然形誤，在作品的辭句上是義不可通的，這種譌誤是比較容易被發現和改正的；也有的是不僅字形相近，而且詞義也似乎可通，各種寫法都似乎言之成理各不相下的，這種譌誤是不大好定的。造成前一種情況的，有的是由於簡牘文字的滅損或刻版上的脱落，甚至，有的刻工的錯誤，而抄寫人忠實地照樣謄録；有的是由於古文字的差異，抄寫人不識古字，辨識錯誤，或摹寫錯誤。至於後一種譌誤，是和校書人的語文水平和思想見解分不開的。

四、形成文字譌誤的途徑

甲、直接致誤

所説直接致誤，是指詞的書寫形式在它通行的正體文字和錯字之間，由於二者字形有某些相似相近，因而被人寫錯了的。換句話説，正、誤之間並沒有經過什麼周折。

其中，有的是全形相似致誤的，有的是由於部分形近而誤的。在全形相似的誤字裏，絕大多數是正形相似的，極個別的有倒形致誤的。

在部分相似的誤字裏,一般是全字誤字的,少數是祇寫了半截字因而致誤的。

在這之外,也還有由於字形割裂,兩字誤合和重文誤認等等而形成的文字譌誤。不過它們的可能和實例都是比較少的。

1. 全形相似因而致誤的

(1) 正形的

例如《後漢書‧蔡邕傳》記漢熹平石經的建立時,寫道:

> 邕以經籍去聖久遠,文字多謬,俗儒穿鑿,疑誤後學。熹平四年,乃與五官中郎將堂谿典……等,奏求正定六經文字。靈帝許之。邕乃自書册於碑,使工鐫刻,立於太學門外。

這段記載,《水經注‧谷水》引作:

> 蔡邕以熹平四年,與五官中郎將堂谿典……等,奏求正定六經文字。靈帝許之。邕乃自書丹於碑,使工鐫刻,立於太學門外。

"書丹"、"書册"哪一個是正確的呢?按刻碑工序是先用硃筆在碑上寫字,然後再刻,因爲是用硃筆寫字,所以叫"書丹"。《隸釋》卷第二十《石經》:"(蔡)邕乃自書丹於碑,使工鐫刻。"姜夔《續書譜》:"筆得墨則瘦,得朱則肥,故書丹尤以瘦爲奇,而圓熟美潤常有餘,燥勁老古常不足,朱使然也。"那末,"書丹"是原文,而"書册"則是誤字。

"丹"、"册"字形相近,因而致誤。

再如"商山四皓"的"商山"在《漢書》就有兩種書法:

> 漢興,有圓公、綺里季、夏黃公、甪里先生。此四人者,當秦之世,避而入商雒深山。(《漢書‧王貢傳序》)

四皓采榮於南山。(《漢書·揚雄傳》)

《後漢書·鄭玄傳》:"又南山四皓,有園公、夏黄公。"也寫作"南山"。

按《説文解字》"顈"字注:"商山四顈,白首老人也。"是字本作"商"。寫作"南"是因爲字形相似而誤的。

(2) 倒形的

例如,"具服"是斷案治獄的一個習語。

長安少年數人,會窮里空舍,謀共劫人。坐語未訖,廣漢使吏捕治,具服。(《漢書·趙廣漢傳》)

縣民郭政通於從妹,殺其夫程他……質至官,察其情色,更詳其民事,檢驗具服。(《三國志·魏志·胡質傳》)

"具服"都是完全供認的意思。

當與"若其虚詐,便收送之。於是傳付許獄,考驗首服"(《三國志·魏志·華佗傳》)中的"考驗首服"是"檢驗具服"同類的習語。"首"應是"具"字的倒誤。

2. 部分相似因而致誤的

(1) 部分字形形近而誤的

這類誤字,在結構上有一部分和原詞的通行正寫相同,同時,那不同部分又有些相似。例如:

清受塵,白取垢,青蠅所污,常在練素。(《論衡·累害》)

這段話,馬總《意林·三摘録》作"《論衡》曰'清受塵,白取垢,青繩所污,常在練素'",把"蠅"誤寫作"繩"。

再如《管子·輕重甲》記齊桓公和管子談話,有這樣一段:

桓公曰:"寡人欲籍於室屋。"管子對曰:"不可,是毀成也。"

"欲籍於萬民。"管子曰:"不可,是隱情也。""欲籍於六畜。"管子對曰:"不可,是殺生也。""欲籍於樹木。"管子對曰:"不可,是伐生也。""然則寡人安籍而可?"管子對曰:"君請籍於鬼神。"桓公忽然作色曰:"萬民、室屋、六畜、樹木且不可得籍,鬼神乃可得而籍夫!"

"忽然"不是"作色"的樣子。古書裏,"王忿然作色"(《戰國策·齊策四》),"爲圃者忿然作色"(《莊子·天地》),"公忿然作色"(《晏子春秋·諫上十八》)是很常見的。隸書"忿"、"忽"字形相似,因而致誤。《管子》的"忽然作色"應改爲"忿然作色"。

(2) 半形損誤的

這類錯字都是祇寫原詞字形的一個部分,而丟掉了另一部分,剩了半截字。例如:

> 頓足徒裼,犯白刃,蹈爐炭,斷死於前者皆是也。(《韓非子·初見秦》)

> 頓足徒裼,犯白刃,蹈煨炭,斷死於前者,比是也。(《戰國策·秦策一》)

"比是"應是"皆是"的損缺。而"比"又與"皆"同義。再如:

> 車駕送至河南,賜以乘輿、七尺具劍。(《後漢書·馮異傳》)

李賢注:"具,謂以寶玉裝飾之。《東觀記》作'玉具劍'。"按:漢人已有"寶劍"的名字。"具劍"應是"寶劍"的字形損誤,由"貝"變成"具"。李賢據《東觀記》的"玉具"來解釋"具",不如説:"玉具"也是"寶"字的損誤。由"寶"損誤作"貢",更由"貢"再損作"貝",最後從"貝"誤作"具"。字畫磨滅缺損在簡牘上是常見的現象。再如:

> 祖母劉,愍臣孤弱,躬親撫養。(李密《陳情表》)

《三國志·蜀志·楊戲傳》注引《陳情表》"躬親撫養"作"躬見撫養"。"見"當是"親"的譌誤。再如：

> 即令他夫人飾，從御者數十人，爲邢夫人來前。尹夫人前見之，曰："此非邢夫人身也。"帝曰："何以言之?"對曰："視其身貌形狀，不足以當人主矣。"(《史記·外戚世家》)

"身貌"當作"體貌"的譌誤。古書無"身貌"二字連用的。"體"有寫作"軆"的。因爲脫掉右半邊，遂誤成了"身"字。

3. 字形分離致誤的

也有些詞的書寫形式，因爲抄寫人一時看錯，把一個字拖成兩截，誤寫爲兩個字。例如：

> 信以結之，則民不倍；恭以涖之，則民有孫心。(《禮記·緇衣》)

"孫心"當是"愻"字的誤寫（古書是上下直寫的）。《説文解字》："愻，順也。"這和《張遷表頌》把"爰暨於君"誤刻成"爰既且於君"一樣。

在一字誤截爲兩字的基礎上，爲了調正這個誤分的文意，隨之又發生字形誤。例如：

> 必有事焉而勿正心，勿忘，勿助長也。(《孟子·公孫丑上》)

"而勿正心"的"正心"應是"忘"字的誤分。原文可能是："必有事焉而勿忘。——勿忘，勿助長也。"由"忘"誤成"亡心"，又把"亡心"改成"正心"。

4. 兩字誤合致誤的

也有些詞的書寫形式，由於在作品中連用，寫得靠近了些，兩個字被誤認作一個字。

> 太后明謂左右："有復言令長安君爲質者,老婦必唾其面。"左師觸讋願見太后。太后盛氣而揖之。(《戰國策·趙策四》)

《戰國策·趙策四》這一段記載,《史記·趙世家》引作"左師觸龍言願見太后,太后盛氣而胥之"。

按古書所記以"觸龍"爲名的人是很多的。《太平御覽》引《戰國策》也作"觸龍"。現在《戰國策》的"讋"當是"觸龍言"的"龍言"兩字誤合在一起的結果。

> 晉人不得志於鄭,以諸侯復伐之。十二月癸亥,門其三門。閏月,戊寅,濟于陰阪,侵鄭。次于陰口而還。(《左傳·襄公九年》)

按曆法推算,這一年沒有"閏月戊寅"。這個"閏月"兩字當是"門五日"三字,古書行文上下豎寫,"五"緊寫在"門"之下,被誤認爲"閏"。隸書"日"字受"閏"的影響誤爲"月"字。遂把"門五日"變成"閏月"。

《左傳》這幾句話應是"十二月癸亥,門其三門。門五日。戊寅,濟于陰阪"。除"三門"之"門"外,其餘兩個"門"字都用作動詞,是攻門的意思。這樣,《左傳》這段文意當是:十二月癸亥那天,攻鄭國的三門。"門五日",每門攻五天。——從癸亥到丁丑正好十五天,第十六天戊寅纔濟於陰阪侵鄭外邑。

5. 由於重文致誤

先秦作品在書寫上,爲了簡便,遇到同字連寫時,都在上一字下,一般是在字的右角下面,劃兩小橫畫來表示。例如虢季子白盤"趄=子白"就是"趄趄子白"。兩個字都重疊使用時,也是這樣。例如曩卣"王姜令（命）乍（作）册曩安尸＝白＝賓曩貝布"，就是"王姜命作册曩安尸白（夷伯），尸白儐曩貝布"。成句的重文也是這樣。

重文符號筆畫短小容易磨滅。因部分重文符號失落而致誤的，例如《詩·魏風·碩鼠》：

> 逝將去女，適彼樂土。
> 樂土樂土，爰得我所。

《韓詩外傳》引用了兩次，都是：

> 逝將去女，適彼樂土。
> 適彼樂土，爰得我所。

《毛詩》和《韓詩》這個差異，應該以《韓詩》爲正。《詩》的原本當是"適＝彼＝樂＝土＝"。由於重文標記的脱落，誤成"樂土樂土"。

用字下加"＝"標記重文而引起的譌誤問題，要根據作品核對。例如：

> 時遭元二之災，人士荒飢，死者相望，盜賊群起，四夷侵畔。騭等崇節儉，罷力役，推進天下賢士……故天下復安。（《後漢書·鄧騭傳》）

"元二"兩字在這一段記載裏發生了問題。有人把它看作數詞，認爲是"元年、二年"的簡説；有人把它看作重疊，等於"元元"——意思是老百姓，所謂"元元之民"。

李賢認爲："元二即'元元'也。古書字當再讀者，即於上字之下爲小二字，言此字當兩度言之。後人不曉，遂讀爲'元二'。

或同之'陽九',或附之'百六'。良由不悟,致斯乖舛。今岐州石鼓銘,凡重言者,皆爲'二'字,明驗也。"

杭世駿不同意這種看法。他認爲:"安帝永初元年、二年,先零滇羌叛寇,郡國地震大水,鄧騭以二年十一月拜大將軍。則知所謂'元二'者謂永初元年二年也。凡漢碑重文不皆用小'二'字,豈有范史一部,唯獨一處如此?"

按:杭説是對的。《後漢書・陳忠傳》:"自帝即位以後,頻遭元二之戹。百姓流亡,盜賊並起。郡縣更相飾匿,莫肯糾發。忠獨以爲憂。"這個"帝"正是安帝,和《鄧騭傳》相同。

乙、間接致誤

在用古-漢語文學語言寫成的作品裏,有些辭句,在詞的書寫形式上,是因爲種種關係纔被寫錯了的。這種錯字,在原字和誤字之間,一時看不出它們形成錯誤的線索,需要進一步考慮纔能發現。

這裏,略舉幾個例子。

1. 由於或體字致誤的,例如《鹽鐵論・散不足》談到車子的時候寫道:

> 古者椎車無柔,棧輿無植。及其後,木輅不衣,長轂數幅,蒲薦苙蓋,蓋無染絲之飾。

同書《論功》説:"匈奴車器無銀黃絲漆之飾,素成而務堅。"而"漆"字也有寫作"柒"的。《國語・齊語》:"反其侵地臺、原、姑與漆里。"《管子・小匡》同樣句子,"漆里"寫作"柒里"。這樣看來,"蓋無染絲之飾"的"染絲"應該是"漆絲"的字形譌誤。

"柒",《廣韻》説它是"漆"的俗寫。這個或體字是在漢代把

“黍”簡化作“(枖)”的基礎上造成的。

這個例子是説：“漆”誤成“染”，是經過“漆”的或體字“柒”，由於“柒”和“染”形近而造成的。

2. 由於簡體字致誤的，例如：

奉揚天子之丕顯休命。（《左傳·僖公二十八年》）

在周代青銅器銘文裏，“對揚休命”的句子是很常見的。例如揚簋：

𤔲(揚)拜手頴(稽)首，取對𤔲(揚)天子不(丕)顯休令(命)。

但是，《左傳》這句話，在唐石經裏，却把“休命”給寫作“體命”。很顯然，“體命”的“體”是錯誤的。其所以誤寫爲“體”，在文字方面，當是由於“休”和“體”的簡寫“体”形近而謁的。

這個例子是説：“休”之所以誤成“體”，是因爲“休”的形體和“體”的簡寫“体”相似的緣故。

3. 由於同義詞致誤的，例如《史記·項羽本紀》記鴻門宴時，有這樣一段話：

項莊拔劍起舞，項伯亦拔劍起舞，常以身翼蔽沛公。

“翼蔽”的“翼”和《詩·大雅·生民》“鳥覆翼之”的“翼”語義相似，有遮掩覆護的意思。可是在《史記·樊噲列傳》裏，這段記載却是寫作：

項莊拔劍舞坐中，欲擊沛公。項伯常肩蔽之。

“翼蔽”寫作“肩蔽”。劍是鋒利的武器，項伯怎能用“肩”來蔽沛公呢？並且“肩”可以有承擔的意思，而沒有掩護的意思。這個問題，把它和《漢書·樊噲傳》對照起來，可以得到解決。《漢書》

是這樣寫的：

> 項莊拔劍舞坐中，欲擊沛公。項伯常屏蔽之。

"屏蔽"和"翼蔽"同義，也是遮掩覆護的意思。"屏"和"肩"字形相近。"肩"是"屏"的譌誤。

這個例子告訴我們："翼蔽"之所以誤成"肩蔽"，是通過"翼蔽"和"屏蔽"的同義關係。又由"屏"、"肩"寫法相近纔造成了這種書寫形式上的錯誤。

4. 由於同音詞致誤的，例如：

> 越之東有輆沐之國者，其長子生，則解而食之，謂之宜弟。

（《墨子·節葬下》）

這個傳聞的記載，也見於《列子·湯問》。它是這樣寫着的：

> 越之東，有輙沐之國。其長子生，則鮮而食之，謂之"宜弟"。

"解"、"鮮"二字必有一誤。漢魯峻石壁殘畫像"鮮明騎"的"鮮"正寫作"鮮"，和"解"相近。

究竟是"解"被看作"鮮"，還是"鮮"被誤寫爲"解"？驟然看來，好像祇有前者比較合適一些，好像"鮮而食之"不大好安排。但是，"鮮"除新鮮之外，它在漢代齊魯方言裏是和"斯"同音的。"斯"的詞義是"斧以析之"，有扯裂的意思。《吕氏春秋·報更》："趙宣孟將上之絳，見骳桑之下有餓人。……與脯一朐。拜受而弗敢食也。問其故。對曰：'臣有老母，將以遺之。'宣孟曰：'斯食之！吾更與女。'乃復賜之脯二束，與錢百，而遂去之。""斯食"和"鮮而食之"的"鮮食"是同一詞的不同寫法。那麼"解"可能是"鮮"的誤字。

從這個例子看出：“斯食”之所以誤寫成“解食”，是通過“斯”、“鮮”同音詞在書寫形式上的假借，然後又因“鮮”、“解”字形相近而發生譌誤的。

五、由於文字譌誤而引起的理解分歧

古-漢語文學語言詞彙的書寫形式的形近致誤，有許多是在形誤的同時，還有意義上的作用的。就是寫錯了字也還有與之相應的解釋，在辭句上還可以通下去。例如：“比是”和“皆是”，“鮮而食之”和“解而食之”意思也還差不多。錯得有理，甚至於可考慮它們不是譌誤。

和這種情況性質相近而作用不同的，還有一些由於字形譌誤引起的不同理解。它們在形誤的同時，雖然也有意義上的支持，但是和原文詞意相去很遠。例如賈誼《過秦論》：

> 嘗以十倍之地，百萬之衆，叩關而攻秦。

《史記·陳涉世家》引作：

> 嘗以什倍之地，百萬之師，仰關而攻秦。

司馬貞《索隱》説：“仰，字亦作‘卬’，並音仰。謂秦地形高。故並仰向關門而攻秦。有作叩字，非也。”《漢書·項籍傳》也引作“仰關而攻秦”，顏師古説：“秦之地形高，而諸侯之兵欲攻關中者，皆仰向，故云‘仰關’也。今流俗書本，‘仰’字作‘叩’，非也。”

清人姚鼐不同意他們的看法。他說：按對下“開關”字，作“叩”爲當。師古乃譏作“叩”字是流俗本，非也。

按：“仰”本作“卬”。“卬”和“叩”字形近。就“嘗以十倍之地，百萬之師”來考慮，還是作“卬”爲是。文意應是從東向西，仰向秦關,而不是拍打秦國的關門。

這是由於形誤而引起不同理解的一個例子。再如:

> 日至休吏,賊曹掾張扶獨不肯休,坐曹治事。宣出教曰:
> "……掾宜從衆歸,對妻子,設酒肴,請鄰里,壹关相樂,斯亦可
> 矣。"扶慚愧。官屬善之。(《漢書·薛宣傳》)

"壹关(不是現行簡字"关"字)相樂",這句話,應劭把它看作
"壺矢相樂"。因爲篆書的"壺矢"兩字和"壹关"相似。而晉灼和
顏師古不同意應氏的意見。他們倆認爲這是"一笑"兩字的古
體。"壹关"就是"一爲歡笑"耳。

按"壺矢"是指宴樂賓客的一種游藝——投壺而說的。就這
句話的上文"設酒肴,請鄰里"來看,應劭的說法是可取的。"一
笑相樂"不僅語意重複,而且和上文搭配不緊。

這也是由於字形譌誤引起不同理解的一例。

六、如何識別文字譌誤

用古-漢語文學語言寫成的作品,一般歷史比較長,由於種
種原因,在不同程度上,或多或少都可能有文字譌誤現象。這是
事實。

但是,錯誤和正確比起來,譌誤總是比較少的。而且各代各
家所處的時代,無論意識形態、文物制度、生活方式和習慣,語言
文字的具體情況等等,和我們讀者的時代來比,都有些不同。因
此,對待這個問題,必須十分慎重,不能輕率處理。懷疑是可以
的,結論是要斟酌的。

發現詞的書寫形式譌誤,不是孤立的事,除個別缺筆、多筆、

結構關係等字形問題可以從詞彙中判定，一般文字的譌誤是必須在具體的作品辭句中纔能定下來的。也就是説，必須以詞爲中心，從詞到語句，再從語句到詞；有時還須考慮通篇語言和文義，纔能明確。換句話説，就是要從形式與内容、部分到整體各種錯綜複雜的對立統一關係來解作品語言疑難問題。文字是詞的書寫形式，想脱離詞、脱離作品來孤立地發現文字問題和處理文字問題是不可能的。反之，想擺脱文字來理解語言也更是不可能的。在書面語言裏，文字是作者依以存在的物質，是第一性的。

從詞和詞在作品中的地位和作用來考慮文字正誤問題，這是一點。

其次，作品用詞是和語言詞彙、文法結構的時代特點和歷史積習分不開的。有些詞的書寫形式，在正、誤問題上，必須和整個語言特點(詞彙、語法、詞組等等)作橫的聯繫。一方面在本文可通；另一方面在和它相應的時代作品裏詞句相通。如果在這裏可通，在別處要發生抵牾，就須要再慎重一番。

通過文字來讀作品語言，就作品語言來定詞，從詞再定文字正誤，這是第二點。

再次，作家所寫的事情或道理，是和他的時代相關的。時代思想、文物制度、時勢情況也是研究文字正誤的一種條件。因爲語言詞彙在不同的事理上可能發生不同的鄰接關係，而詞的書寫形式又有它的相對獨立性，不同的詞或詞組可能遇到相同或相似的書寫形式。若祇從形式上來統一類推，也往往發生錯誤的判斷。

在詞和文字之外，從實際事、理來定書寫正誤，這是第三點。

再次，古-漢語文學語言詞彙的書寫形式，由於寫詞方法、詞彙發展、漢字演化，先後出現一些從借貸寫詞法來的"借字"，從詞的發展分化或借貸補償等等而產生的"古今字"，從群衆在使用中創造的"異體字"等書寫形式。這些書寫形式和文字譌誤不同，必須把它們分清。不然，就會把不是譌誤的寫法看成錯誤。因此，在考慮文字正誤問題時，又必須和漢字本身的研究結合起來。

詞的書寫形式是文字，在以詞爲中心來看作品文字的同時，又要從文字的相對獨立性來考慮文字本身的一切情況。這是第四點。

最後，比較不同版本，從同一篇章詞句書寫形式的差異上，可以發現問題。甲本、乙本各種版本在辭句上的不同寫法，有一部分是屬於字形正誤的。但是，如何處理，又必須和前面所提的一些關係結合起來，纔能推定究竟是甲本寫得對呢，還是乙本或這幾個本子都不對。

第四節　簡化漢字和古-漢語文學語言詞彙書寫形式

古-漢語文學語言在詞的書寫形式上，從具體的文字結構到整個文字體系，是先後經歷了不少變革的。在變革中，字形的趨簡求別是它的主要道路和規律。

1956 年初，國務院公佈《漢字簡化方案》，到目前爲止，已經推行了四批。用古-漢語文學語言寫成的作品和書篇，一般的也都在應用它抄寫或印刷。這是完全正確，合乎漢字發展規律的。

有人强調古-漢語文學語言特點,擔心簡化之後會發生混淆。譬如有人認爲:現代漢語雙音節詞多,簡化後還容易辨認;古-漢語文學語言雙音節詞少,缺少相應的詞彙基礎。實際上這種想法是一種回避簡化的託辭。詞的書寫形式在應用中的分別,不僅僅是詞彙本身的問題,它是在詞彙、語法、語句、篇章的組織中確定的。忘掉這一點,不用説這四批簡化字,恐怕有些現代漢語常用詞彙也將束手無策了。例如:"解",現代漢語用它寫兩個詞——姓"解"説 xiè,"解放"中説 jiě;"惡"現代漢語在"惡心"中説 ě,在"丑惡"中説 è,在"嫌惡"中説 wù。像這一類看來似乎不好分別的字,爲什麼會從古傳到現在,而現在還會照用不混呢? 就是除詞之外,還仗着詞在篇章辭句中所處的語言地位和關係。從語言篇章辭句來看詞的書寫形式,這個問題就不那麼大了。

現代漢語能够這樣。古-漢語文學語言爲什麼就不可能呢? 其所以强調困難的,恐怕有一部分原因是没有從它所在的具體作品、就它的地位和關係來考慮吧!

我們的簡化字是從群衆中吸收來,又經過群衆討論實驗而製定的。四批 517 個簡化字都是符合漢語發展中趨簡律和求别律的。

在 517 個簡化字裏,絶大多數在書面語言中,由於語言的對立統一規律的制約,是不發生疑似混誤問題的。它們是:減寫字,例如"厂"、"长"、"书"、"为";古寫字,例如"礼"、"无"、"从"、"舍";後起字,例如"尘"、"阴"、"种"、"丛"等等。衹有少數簡化字容易使人疑惑,也即同音詞在書寫形式上的混誤,往往使人發生疑惑。

用同音詞在書寫形式上的假借來製定簡化字,這是"六書"中借貸寫詞法的繼續應用。同音通假在古-漢語文學語言中是數見不鮮的。爲什麽祇許古人用而不許我們用呢?

在經過群眾精心選擇的簡化字裏,這類新的通假都不違反求別律,是不會混淆的。問題在於:是祇看單詞,還是從它所在辭句來看?譬如:

在第一批簡化字表裏,用"叶"寫"葉"。

可能有人擔心分不清"叶韻"兩字究竟是"葉韻"(一個入聲韻目)還是"協韻"(以前通用"叶韻"),這是從詞彙角度提的。若是把它放在作品裏,上下文就明定了它。譬如:

　　　　近體詩即不得押古韻,然欲從事古詩,古韻叶自當講求。
(《唐音癸籤》卷四)

這個"叶"是不能被看作樹葉的"葉"的。因全句講的是作詩押韻。

　　　　一聲南雁已先紅,槭槭凄凄葉葉(叶叶)同。(吳融《紅樹》)

這兩個"叶叶"在"槭槭凄凄"和"同"之間,而全詩又咏秋樹,必然是樹葉的"葉"而不可能是詩歌叶韻的"叶"。

至於講述古韻,具體的語言環境可以規定"葉韻"是一個入聲韻部,而不是作詩的"叶韻"。

再如簡化字"余",在古-漢語文學語言中可以寫三個詞:姓氏的"余";第一人稱代詞的"余";多餘、剩餘的"餘"。這三個詞雖然簡化成一個書寫形式,但是,在具體作品裏還是不會混淆的。譬如:

　　　　既,命童子擊鼓催花爲令。……三鼓既終,花亂墮,翩翩而

> 下。惹袖沾衿。鼓僮笑來指數，尹得九籌，余四籌。(《聊齋志異·余德》)

這個"余四籌"絕不是剩餘了四個籌碼。因爲這段記事的主人是兩個人：尹圖南和余德。而這個擊鼓催花的酒令，正是余德請尹在宴會中行的。按上下文關係，"尹得九籌，余四籌"，自然是姓尹的得到九個籌，余德自己得了四個籌。

> 吾恂恂而起，視其缶，而吾蛇尚存，則弛然而卧，謹食之。時而獻焉。退而甘食其土之有，以盡吾齒。蓋一歲之犯死者二焉。其餘(余)則熙熙而樂。豈若吾鄉鄰之旦旦有是哉！今雖死乎此，比吾鄉鄰之死則已後矣，又安敢毒耶？余聞而愈悲。(柳宗元《捕蛇者説》)

前後兩個"余"並不混淆。詞所處的語法地位規定了它們的區別。

"谷"、"穀"很早就已通用。像"谷風"也或寫作"穀風"，"昧谷"也或寫作"蒙穀"。把五穀的"穀"簡化爲山谷的"谷"，在作品裏一樣能够分別。譬如：

> 五穀(谷)不升爲大饑，一穀(谷)不升謂之嗛，二穀(谷)不升謂之饑，三穀(谷)不升謂之饉，四穀(谷)不升謂之康，五穀(谷)不升謂之大侵。(《穀梁傳·襄公二十四年》)

"×谷不升"絕不會被誤認爲幾個山谷上不去。"謂之嗛"、"謂之饑"、"謂之饉"等等在後面就説明了它。

看來古-漢語文學語言在詞的書寫形式上用假借寫詞法來進行簡化是完全可以的。須要注意的是：必須把詞的書寫形式放在詞的具體語言組織中的結構關係上來理解。

　　非同音詞在書寫形式上的通用，這是超出"六書"之外的新現象，雖然它並不是從現在纔開始的。

　　這種現象大體有兩種：一種是由於簡化造字，個別新字和某一使用率較低的古詞在書寫形式上偶然相同，從而出現了兩個音義都不相干的詞，在書寫上竟使了一個共同形式的現象。另一種是由於同義詞的關係，在什麼就是什麼的意念之下，形成的同義詞書寫形式的"通假"或代用。

　　這兩種現象都是個別的，但是要加以區分。

　　簡化字和某一古詞在書寫形式上的偶合。

　　舌頭的"舌"和合適的"適"對一般的古今漢語語音來説，都是不同音的。但是，由於它們在個別方言中的同音，例如歸化、興縣，把它們都説成[sə]，就用从辵舌聲的"适"來作"適"的簡化形聲字。——後來又在"适"的基礎上，把敵人的"敵"類化地簡化成"敌"。

　　但是，這簡化形聲字"适"，由於隸變以來的字形串合，从干从口的舌頭的"舌"和从口乑聲、義爲"塞口"的"昏"，變成一樣形式。這樣，从辵舌（舌頭的"舌"）聲的"适"，就不期而然地和一個不常用的古字——从辵昏聲的"适"——串成同一形式。因爲這兩個原是音義都不相同的字，在古-漢語文學語言裏，在必要的條件下，須要加以分別，否則就要發生錯誤。例如：

　　　　南宮适問於孔子曰："羿善射，奡盪舟，俱不得其死。然禹、稷躬稼而有天下。"夫子不答。南宮适出。子曰："君子哉，若人！尚德哉，若人！"（《論語·憲問》）

這裏的"适"就不是合適（适）的"适"（shì），而是另一個形聲字，它的語音形式是 guō 或 kuò。同樣，唐德宗——李适，也不能叫他做 lǐ shì。

"适"（kuò）在古-漢語文學語言裏，除在人名外，極少使用。祇要是新的"文選家"或"注疏家"把這字給予相應注音和説明就够了。這種個別現象，絲毫也不影響古-漢語文學語言詞彙應用四批簡化字調整它的書寫形式。這樣，唐代詩人高適（适）的"适"和德宗李适的"适"都不會讀錯。

同義詞書寫形式的代用。

這類現象也是極少的。但是，閲讀用古-漢語文學語言寫成的作品時必須注意。例如：第三批簡字用"腊"作"臘"的簡體，第四批簡字用"蜡"作"蠟"的簡體。"腊"、"蜡"都不是爲了簡化而新造的字。頭一個字原是"乾肉"之"腊"，語音形式是 xī。後一個字原是周代年終大祭的名字，它的語音形式是 zhà，這個字有時也寫作"禧"。舊劇"八蜡廟"的"八蜡"不能説成 bā là，就是這個道理。

按：《説文解字》："臘，冬至後三戌，臘祭百神。"這個祭祀，各代有不同的名字：殷代叫"清祀"，周代叫"蜡"，秦代起初叫"臘"，後來又改名"嘉平"，漢代仍叫做"臘"。在這些名字之中"臘"是一個通名。"蜡"是"臘"的同義詞。在注疏家"蜡，歲十有二月索群神而祀之，今之臘也"的影響下，"蜡"等於今之"臘"，於是，始則用"蜡"代"臘"。繼則以類化和分化關係定"腊"爲"臘"，定"蜡"爲"蠟"。

"臘祭"之禮久已不行，而"臘月"之名尚存。至"大蜡"之祭，就更少聽説了。因此，在以"蜡"作"臘"的簡字來讀《禮記·禮運》："昔者仲尼與於蜡賓。事畢，出遊於觀之上，喟然而嘆。"這個"蜡"可能被誤認作"蠟"的簡字。

> 永州之野產異蛇，黑質而白章，觸草木盡死，以齧人，無禦之者。然得而腊之以爲餌，可以已大風攣踠瘻癘，去死肌，殺三蟲。（柳宗元《捕蛇者説》）

"腊"可能被看作"臘"的簡字。

像這類情況，祇要用簡化漢字轉寫古代作品的人，在選文或注解中，加以適當的注音和説明，或直寫繁體原字，都是可以解決問題的。

漢字史告訴我們：在詞的書寫形式變化或變革中，幾個詞的異詞共形現象是不足爲怪的，它不妨礙當時的文字體系。相反地，它會促使文字的前進和改善。

殷虛卜辭"甲"、"七"同形，都是"十"字；"七"、"十"有別，一"十"一"丨"。到了兩周，"甲"作"田"作"十"，"七"作"十"作"十"，而"十"由"丨"變"丨"變"十"。戰國時代，"止"字作"止"者與"之"字作"业"同形。《墨子·非攻下》"九鼎遷止"，"止"就是"之"字。篆文兜鍪之"胄"從冃，"胄裔"之"胄"從肉，兩個詞在書寫形式上是有區別的。可是，隸變以後，行文中，多把它們寫成一個，不顧"字典"上的微小區別，而被看成錯字。

書寫形式上的同詞異形，特別是歷史上的同詞異形問題，是可以在書面語的對立統一規律、文字的趨簡求別規律制約下，從實踐中得到解決的。

以新質要素爲主的新事物中，是殘存着一部分舊質殘餘的。現代漢語中還殘存着一部分古語成分，這是勿庸諱言的。在用簡化漢字寫成的書面語言中，使用一些無法簡化或不應簡化的繁體字,也是合乎歷史的。而在有關古史、古文獻整理研究的文章中更是如此。

總之,古-漢語文學語言詞彙的書寫形式和現代漢語一樣,是可以用簡化漢字的。祇要把作品語言詞彙和語法組織關係統一起來,作爲整體中的部分來看待,所謂疑似混誤的地方是不會有或很少有的。至於極個別的、非同音詞在書寫形式上的串用,也並不是十分困難的。何況比重又是那麼少。

除清代某些醉心復古的"小學家"外,很少有人願意把《詩經》、《楚辭》改回原狀,寫得像西周金文或長沙楚簡! 和周金文、楚簡文逐漸簡化爲通行楷書一樣,爲什麼今天的楷書寫本就不許再簡化了呢?

當然,書寫形式依照規律的簡化是不可避免的歷史趨勢和任務,完成這個歷史任務也祇是歷史的一個部分。這個工作不是困難的,但是也不是簡單的,必須做出相應的宣傳和切實的工作。——首先是掌握已經公佈的簡化字。

第五節　詞的書寫形式對詞彙的反作用

古-漢語文學語言詞彙的書寫形式是從形象的音節表意文字到符號的音節表意文字的漢字。這種文字的寫詞方法和結構,是被它的內容——詞(語音和語義的統一體)所限定的。儘管在限定的可能範圍內,人們可以這樣做,也可以那樣做:一個詞可用不同的寫詞方法來構形,一個字形也以由繁到簡作相應的變化。但是,詞,一般說來,總是在左右文字的。詞有變化,它的書寫形式也常相應地發生變化。

　　漢字和它據以賦形的詞，這個形式和内容的關係是跟詞的語音形式和詞義内容的統一關係不完全相同的。詞的思想（概念）的語音物化，音義結合是一個不可分割的整體。兩方面都不可能相對地獨立起來。漢字從它以形象寫詞法建立體系開始，就是詞的書寫符號，惟其是一種符號，所以被它所寫的詞給予一定的範圍和限制，同時它也有它自己的相對的獨立性和體系。它一方面和詞相應，一方面又往往落後於詞的發展。在一定條件下，有的可能對它所寫的詞起反作用，使詞的音或義發生變化。

　　詞的書寫形式對詞的反作用對於理解用古-漢語文學語言寫作的篇章是有一定影響的。爲了更好地閱讀和理解，這裏提出以下幾個類型作爲參考。

壹　字形結構的反作用

　　"狼狽"一詞是從"刺發"音變而成的。它和東北方言的 laba 或 lapa 是基本相同的。它的詞義是兩腿疲憊行動困難的意思。

　　在漢魏時代，它的寫法也還没有完全定下來。有寫作"狼貝"的，也有寫作"狼跟"或"狼跋"的。"狼"、"貝"兩個字是在詞的書寫形式基礎上，被借來作爲這個雙音節詞的記音符號的，是"借字"寫詞。後來由於漢字的類化作用，"狼"的犬旁影響了"貝"，使它變成了"狼狽"。

　　在類化成"狼狽"的初期，這個雙音節詞還是"脚步困憊，行動艱難"的意思。如：

　　　　進退狼狽（《三國志·蜀志·馬超傳》）

狼狽而走（《後漢書·崔駰傳》）

狼狽窮迫（《宋史·賈易傳》）

狼狽虎口（《後漢書·皇甫嵩朱儁傳論》）

狼狽失據（《漢紀·孝文紀論》）

可見在漢魏時代，"狼狽"一詞還是作腿腳蹣跚行動困難的意義來使用的。[1]

後來，在書寫形式類化的基礎上，由於古-漢語文學語言詞彙單音節詞多，而"狽"也从"犬"旁，和"狼"相類，遂以單音節詞和形旁標誌物類的觀點，把"狽"也看作一種獸名。唐代段成式《酉陽雜俎》記錄了這個看法，寫道："狽，前足絕短，每行，常駕於狼腿上，狽失狼則不能動，故世言事乖者稱狼狽。"宋代的《集韻》更繼承這個說法，說："狽，獸名，狼屬也。生子或欠一足二足者，相附而行，離則顛，故猝遽之謂'狼狽'。"

以後又在狼、狽兩獸相附而行的基礎上構成一個成語——"狼狽爲姦"，從而豐富了語彙。

貳 字形譌誤的反作用

前漢末年的語言學家和作家揚雄，多少年來，特別是從宋代以後，已經肯定他是姓提手之"揚"，而不是从木之"楊"的。

按《漢書·揚雄傳》："揚雄字子雲，蜀郡成都人也。其先出

---

[1] 作者在《漢語詞彙》第 445 頁"[a][ə][i]音變造詞"一節中作了闡述，原文如下：

　　屰 是兩隻腳向外劈，走動困難的意思，古音說 [*latpuat]，音變作 [*laŋpuat]，"剌跋"、"狼狽"都是它的記音。這個詞直到現在還在使用着，并且還分化出來幾個音義不同的詞：兩腳分劈，行路困難說 [lapa]；兩腳沉重，分劈橫拖幾乎失去作用，說 [*la:p'a:]；兩腳不良於行，動作費力，勉強從事，說 [liepa]；外行，動作勉強，說 [lipa]——有寫作"力笨"的，不一定合適。

自有周伯僑者，以支庶食采於晉之楊，因氏焉。""晉之楊"，《左傳》《漢書》各家没有説它是從"提手兒"的。漢郎中鄭固碑有"君之孟子有楊烏之才"，"楊烏"是楊雄的兒子。楊修答曹植的信上説："修家子雲，老不曉事，彊著一書。"可見迄至漢末楊雄的姓還是從木旁的。

　　"木"和"扌"隸書形近（《漢書》从手、从木的字有很多是通用不分的），因而在變成楷書時，遂有从手、从木的兩個"揚"、"楊"。

　　這是由於字形錯誤，影響了語言詞彙，增添了一個姓氏。

第二章　古-漢語文學語言
詞彙的語音形式

第一節　古-漢語文學語言
詞彙的音節特點

　　古-漢語文學語言詞彙是以先秦詞彙爲基礎的。它的語音形式雖然是隨着讀者的時代語音而具變，但是詞的造詞法所賦予它的結構特點一般是不會改變的。

　　先秦詞彙的本質特點是由當時能産的造詞方法——以一個詞孳生另一個詞，不需要條件詞素的造詞方法——所決定的。這種單音節詞孳生單音節詞的方法，使單音節詞佔據絕對優勢。這種方法和形成現代漢語詞彙基本特點的造詞法對比起來，可以説它是舊質的造詞方法。

　　在以舊質造詞法爲主的先秦時代，新質造詞方法已經在逐漸萌生。這種新的因素一般是從詞組的基礎上形成的。它的孕育時期往往是可離可合，特別是在古-漢語文學語言的具體語言之中，受了佔統治地位的單音節詞的影響，往往仍以詞組關係出現。

　　這種特點，所有古-漢語文學語言作品都有所體現。譬如：

《七月》一詩，單音節詞 189 個，它們是：

七	月	流	火	九	授	衣	一	之	日	二	無
褐	何	以	卒	歲	三	于	耜	四	舉	趾	同
我	婦	子	饁	彼	南	畝	至	喜	春	載	陽
女	執	懿	筐	遵	微	行	爰	求	柔	桑	采
蘩	心	殆	及	歸	八	萑	葦	蠶	條	取	斧
斨	伐	遠	揚	猗	鳴	鵙	績	玄	黃	朱	孔
爲	裳	秀	葽	五	蜩	其	穫	十	隕	擭	貉
狐	貍	裘	纘	武	功	言	私	豵	獻	豜	公
動	股	六	振	羽	在	野	宇	戶	入	牀	下
穹	窒	熏	鼠	塞	向	墐	嗟	曰	改	此	室
處	食	鬱	薁	亨	葵	菽	剝	棗	稻	酒	介
眉	壽	瓜	斷	壺	叔	苴	采	荼	薪	樗	築
場	圃	納	禾	稼	黍	稷	重	穋	麻	麥	既
上	宮	晝	爾	茅	宵	索	綯	亟	乘	屋	始
播	百	穀	鑿	冰	凌	蚤	羔	祭	韭	肅	霜
滌	朋	饗	殺	躋	堂	稱	萬	疆			

而雙音節詞僅有 15 個，它們是：

1. 觱發　栗烈　蟋蟀
2. 倉庚
3. 遲遲　祁祁　沖沖
4. 斯螽　莎雞　兒觥　田畯　農夫　公子
5. 有鳴
6. 傷悲

其中：1 是雙聲的單詞；2 是疊韻的單詞；3 是重言的單詞；4 是

主從結構的條件造詞;5 是帶語法形態的雙音節單詞;6 是同義互注的雙音節單詞。後三者,可離合性比較强,但是,仍能成詞。至於"婦子"、"狐狸"等等可離合性較大,可以作爲由單音節詞合成的詞組處理,没有列入。

單音節詞與雙音節詞的比例是 189：15,是 12.6：1。

我們説"文言"詞彙和現代漢語相反,單音節詞的數量佔絶對優勢,而雙音節詞則佔相當少數,並不是單從一篇《七月》立論的。下面是哈爾濱師範大學中文系趙鋭先生所作的有關六部古書的初步統計:

書名	字	詞	單音節詞	雙音節詞	雙音節詞與單音節詞的比
《詩經》	2 142	1 952	1 762	190	90.3%：9.7%
《論語》	3 569	3 228	2 907	321	91.3%：8.7%
《孟子》	2 434	2 211	1 988	223	90%：10%
《左傳》	3 527	3 152	2 809	342	89%：11%
《史記》	2 624	2 174	1 750	424	81%：19%
《論衡》	3 146	2 538	1 984	554	78%：22%

該統計表可以證明這一事實。

第二節　古-漢語文學語言詞彙的語音特點

在漢語史中,古-漢語文學語言是一種比較特殊的語言現象。它的基本詞彙一般來自先秦。但是在詞彙的語音形式上，它又是脫離先秦，隨着各時各地的作者和讀者的時代語音而改變的。因此，它又不同於先秦。古-漢語文學語言詞彙是隨着各時各地的作家寫作的需要，不斷以其當代的"代語"詞彙來豐富的。這些隨時豐富進來的詞彙，在語音形式上是不見於先秦或不同於先秦的。它又從其"自我作古"之後，被它的後來作家繼承和應用。隨着它們距離現代讀者的遠近，今日讀來，也不全同於作者當時當地的語音。總之，古-漢語文學語言詞彙的語音，從作者來說，是和作者時代語音一致的，從讀者來說，則又是和讀者的時代語音一致的。用古-漢語文學語言寫成的作品雖然必須用讀者的時代語音來讀，可是在以時代語音讀文的同時，它的韻文的韻腳和沿襲下來的同音詞在書寫形式上的"通假"關係，却不能完全用現代漢語語音來推定。因爲古今語音的發展變化，現代語音一般地不能正確反映它們的關係。而這些關係，爲了更好地理解古人作品，又不能置之不理。因此，掌握有關的漢語歷史語音概況是十分必要的。

例如《詩·豳風·七月》：

七月流火，
九月授衣。
一之日觱發，
二之日栗烈。
無衣無褐，
何以卒歲。

現在讀起來是：

qī yuè liú huǒ,

jiǔ yuè shòu yī。

yī zhī rì cù fā,

èr zhī rì lì liè。

wú yī wú hè,

hé yǐ zú suì。

在各句末尾找不出共同的韻脚來。實際上,當時是以"火"、"衣"相叶,"發"、"烈"、"褐"、"歲"相叶的。再如:

四之日其蚤。(《詩·豳風·七月》)

就是"四之日其早"。把"早晨"的"早"寫成"跳蚤"的"蚤",這是一種同音詞在書寫形式上的通假現象。從現代漢語語音來説,是可以理解的,因爲它們都念"zǎo"。

但是,"勤而無所,必有悖心"(《左傳·僖公三十二年》),把"處"寫作"所"(朱駿聲説);"蛾子時術之"(《禮記·學記》)把"螞蟻"的"蟻"寫作"蛾"。這類"通假"由於古今漢語語音的差異,用現代漢語語音是難以體會的,因爲,"所"現代説"suǒ","處"現代説"chù","蛾"現代説"é","蟻"現代説"yǐ",是看不出同音關係的。

用讀者的時代語音揣度古作品的聲韻,是很容易出錯的。例如:李隆基(唐明皇)讀《尚書·洪範》"無偏無頗,遵王之義",覺得下文都是協韻的,衹有"頗"字有些不倫,便主觀地下了一道"敕語",把"頗"改成"陂",以便上下合轍。他不知道"義"古音同"我","我"和"頗"古韻都在歌部,"頗"字並没有錯。

再如《楚辭·天問》"簡狄在臺嚳何宜，玄鳥致貽女何嘉"，後人覺得"宜"和"嘉"（一在支韻，一在麻韻）不在一韻，爲了上口，在字形相近的基礎上，把"嘉"改成"喜"。不知先秦時代"喜"在之韻，而"宜"、"嘉"都在歌韻。原文正好協韻，改本反倒不能相叶了。

由此看來，爲了正確地理解古人作品，我們在用當代語音即現代漢語語音來讀書的同時，也應該認識到它當時的語音情況和關係。古代漢語語音知識的掌握，對於學習用古-漢語文學語言寫成的作品的人們來說，是很重要的。

漢語語音歷史很長，變化很多，爲了閱讀古作品，我們要掌握哪些語音歷史知識呢？

古-漢語文學語言的語言淵源是先秦語言。從書面語言來說，主要是先秦語言。秦漢以後，各代作者都不斷地隨時以其時代語言來豐富古-漢語文學語言詞彙。其中，比較有影響的是兩漢作家的作品。

唐宋之後，古-漢語文學語言在兩漢作家加工的基礎上，進一步地被規範下來。一般詞彙的書寫形式和語音形式，都沿用先秦兩漢的通例，依讀者的時代語音和書寫體式給予形式上的調整，並以之定是非正誤。特別是詞在書寫形式上的通用假借——"通假"關係，基本上都是以經過時代音系和通行字體調整了的先秦兩漢的語音關係和書寫習慣作標準的。

因此，我們爲了更好地掌握古-漢語文學語言詞彙，從語音形式上祗抓先秦兩漢的語音特點。魏晉南北朝和漢代相近，可以旁通；而唐宋以後有韻書具在，那就更好掌握了。

第三節　先秦兩漢韻部

　　先秦兩漢時代還没有韻書。爲了弄清那時的語音情況,從宋朝以來,經過許多學者先後從作品中歸納探索,特別是近兩世紀,已經初步地摸索到一些基本輪廓。其中,有的部分比較明確,有的部分還須再事探究,但這並不妨礙讀者的使用。

　　幾百年的古音研究,大部分精力都集中在先秦韻部上,實際是《詩經》韻部研究。至於兩漢和魏晉南北朝語音,研究得就更少一些。

　　這裏祇簡單地説一説羅常培、王力、周祖謨三位先生的《詩經》韻部。

　　羅先生和周先生都是分作三十一部的,王先生則分作二十九部。羅、周兩位都立祭部和冬部。王先生則依王念孫和江有誥把祭部並入月部合而爲一,"冬侵從《詩經》用韻的情況看,冬侵合併是合乎實際的",戰國時代冬部由侵部出來,所以認爲"《詩經》韻部應分二十九部,但戰國時代應分爲三十部"。

　　這裏,我們根據羅常培、周祖謨所作的《漢魏南北朝韻部演變研究》(科學出版社,1958 年)介紹先秦兩漢韻部。

壹　先秦韻部

一、先秦韻部和韻目

　　這裏所説的先秦韻部是以《詩經》音爲代表的。它一共三類三十一部。各韻韻目如下：

陰聲	陽聲	入聲
之 ə	蒸 əŋ	職 ək
幽 əu	冬 əuŋ	沃 əuk
宵 au		藥 auk
侯 o	東 oŋ	屋 ok
魚 a	陽 aŋ	鐸 ak
歌 ɑ		
支 e	耕 eŋ	錫 ek
脂 ei	真 en	質 et
微 əi	諄 ən	術 ət
祭 ai	元 an	月 at
	談 am	盍 ap
	侵 əm	緝 əp

　　各韻之後原所列音標是擬構的，並不是當時實際語音。爲了便於認識各韻的性質，用它作爲參考是比較方便的。

　　從擬構的音標可以看出，這三十一個韻部可以分作三類。

　　一個韻包括三個部分：韻頭、韻腹、韻尾。不用輔音作韻尾的叫做"陰聲韻"，用鼻輔音-m、-n、-ŋ作韻尾的叫做"陽聲韻"，用塞輔音-p、-t、-k作韻尾的叫"入聲韻"。

"入聲韻"和四聲的"入聲"一致。"陰聲"可不等於"陰平聲"。陽聲也不同於陽平聲。這兩類是不能相混的。

二、先秦韻部諧聲表

憑什麼東西判定一個音節在先秦時代所屬的韻部呢？

從一般應用來說，祇要掌握依"形聲字"的"聲符"，按《詩經》的協韻，分韻排比、歸納出來的，可以簡馭繁的"諧聲表"之類的材料，就可以解決問題了。用哪一家的韻部，就用那一家的"諧聲表"。我們這裏使用羅常培的三十一部，就用他《漢魏晉南北朝韻部演變研究》第一分册所附的《詩經》音分韻諧聲舉要，作爲"諧聲表"。

例如，他在"兩漢韻部分論"中陰聲韻之部所附的《詩經》音下的諧聲字：

> 凡在諧聲上和"台枲來才戈臺里狸思絲其臣而兹甾司辭斄之疑能目矣止齒已己耳士喜子史吏事采友丕宰鄙寺乃再甾某母佩亥婦負又有右尤丘牛郵友久龜"等字有關係的都屬於這一部。

就是之韻的一個簡單"諧聲表"。

這個字表雖然收字不全，但是，我們利用它不僅可以知道表中列舉的"台"、"枲"、"才"、"戈"等字所寫的詞在先秦都屬之部，而且也可以用它作基礎，結合漢字結構特點，從形聲字的"聲符"上推定表中所有列舉的文字，知道它所寫的詞是在哪一個韻部的。例如：從之部所舉諧聲字，知道"台"、"枲"、"能"、"目（以）"都在之部，可是沒有一定的漢字結構知識，一時難以知道它們原來是一個"聲符"系統的。掌握漢字結構，要參考《説文解字》和《説文通訓定聲》。熟悉形聲結構，可以據此推知和它同"聲符"的其他文字所寫的詞在哪個韻部。試看：

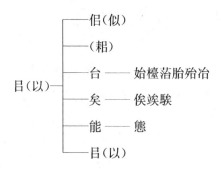

"涪"從"治"聲，"治"從"台"聲，而"台"又從"目"聲。這樣一連串的形聲關係可以簡化"諧聲表"，使它能夠以簡馭繁，記住"目"的韻部就是記住了以"目"爲"聲"的"目"族形聲寫詞的韻部。

古韻三十一部[1]

1. 之部

凡在諧聲上和"台枲來才戈臺里貍思絲其臣而茲甾司辭嫠之疑能目矣止齒已己耳士喜子史吏事采友丕宰鄙寺乃再菑某母佩亥婦負又有右尤丘牛郵友久龜"等字有關係的都屬於之部。

---

〔1〕　編者按：本韻部摘自羅常培、周祖謨《漢魏南北朝韻部演變研究》第一分册，科學出版社，1958年，第16—44頁。此次再版據中華書局2007版所附勘誤表進行了校訂。

2. 幽部

凡在諧聲上和"九州求流休舟憂游曹攸秋皋翏舀髟卯乑留周矛柔包匊孚壽幽酉酋臭叟牢爪叉丩囚秀冒好報手老牡曹雔帚首道守阜缶由戊丑考保篤劉肘受棗韭臼咎草昊孝鳥彪牟蒐牖早討幼叞就奧帚"等字有關係的都屬於幽部。

3. 宵部

凡在諧聲上和"毛寮小少票麃暴夭敖卓勞交高喬刀召到兆苗䍃要爻教巢弔堯盜兒梟號了叟焦朝料表杏㶚焱梟翟"等字有關係的都屬於宵部。

4. 侯部

凡在諧聲上和"婁句朱禺區侯几殳需須俞芻后取後奥口尌厚主冓走斗奏豆付救具扁"等字有關係的都屬於侯部。

5. 魚部

凡在諧聲上和"且者父甫于夸夫牙叚家車巴吳虍盧古居瓜烏於與卸射去亞魚舍余素瞿賈莫庶度麤巨矩壺奴圖乎土無毋巫疏馬呂鹵下女處羽雨五吾予午許户武鼠黍禹鼓夏宁旅寡圉魯兔初步互股社如虖蠱"等字有關係的都屬於魚部。

6. 歌部

凡在諧聲上和"它咼爲皮可何哥离離也施危我義羲加多宜奇差麻靡虧麗羅罷化左禾垂吹沙瓦隋坐果蕊卧戈那"一類字有關係的都屬於歌部。

7. 支部

凡在諧聲上和"支斯圭巂卑知虒氏是此只解束帝易厄奚兒規買"一類字有關係的都屬於支部。

8. 脂部

凡在諧聲上和"夷伊師私耆犀眉皆齊妻西尼稽氏比米次利几美矢死履兕旨弟豊癸示至致利二自四棄戾細計惠季貳"等字有關係的都屬於脂部。

9. 微部

凡在諧聲上和"衣希幾斤祈非飛肥妃微歸韋軍威委開哀枚追佳蕤雷衰鬼魏回畏乖褱豈尾畾罪毀火帥气既豙鼻畁類戀卒遂崇位費未貴卉胃尉叔隶愛肆冀退内隊配對"等字有關係的都屬於微部。

10. 祭部

凡在諧聲上和"大兌貝外會帶蠆厲賴祭蓋乂艾叡害介匃曷葛埶劂世曳列制折筮切契市最寽夬昏歲喙竄發拜毳敝彗芮衛吠裔泰"等字有關的都屬於祭部。

11. 蒸部

凡在諧聲上和"登朋曾升雁弅興夌亘丞徵兢厶厷冰馮乘仍再蠅曹夢弓雄"等字有關係的都屬於蒸部。

12. 冬部

凡在諧聲上和"中躬宮蟲冬夅降隆農宋戎宗眾"等字有關係的都屬於冬部。

13. 東部

凡在諧聲上和"東重同丰奉夆逢充公工巩空冢囪恖从龍童容用甬庸封凶匈兇叟邕雍共送雙尨厖豩蒙豐茸"有關係的字以及"叢舂嵩孔竦宂弄巷"等字都屬東部。

14. 陽部

凡在諧聲上和"王行衡生网岡黃易爿永方旁皇亢兵光京羊羗襄庚康唐鄉卿上𣶒強兄桑爽泱彭央昌明兩倉相啻向尚象皿孟

印丙更慶亡巟喪長良量章商羹香皀望”一類字有關係的都屬於陽部。

15. 耕部

凡是在諧聲上和“丁成亭正生令盈鳴㱿壬廷呈熒青鼎名平寧嬰甹敬冥争幵并頃貞霝巠井耿冋幸晶省夐㝅”一類字有關係的都屬於耕部。

16. 真部

凡在諧聲上和“天田千因人臣身真秦民卂粦頻寅賓朋旬辛新申勻闐進臤玄引印閏”一類字有關係的都屬於真部。

17. 文部

凡在諧聲上和“先辰困屯春門殷分艮尊昏孫西垔免奔賁君員𥃩昆章川云存巾侖堇文軍斤刃典𥁕熏盾豚㐱舜寸𦥑塵殿本允胤坤穿順”等字有關係的都屬於文部。

18. 元部

凡在諧聲上和“元原爰冤夗宛吅單雚番樊緐反娩萬曼埶乾虔憲建寒雁彥産安旻侃干旱難奴戔贊散丹旦看丸萑莧奐官毌𢆶䜌算𤔔彖斷耑段般半扶盥款卯删姦𢍏山間柬卷宦班閑幻泉全旋㬎專袁睘展耎赧善然扇扁雋孨𡨄次延焉㕣衍𦘔連邊面辡便弁㕓䌛件肩見肙燕”一類字有關係的都屬於元部。

19. 談部

凡在諧聲上和“炎甘兼詹𢦏猒函臽弇僉甛㚒閃冉敢嚴广斬奄染欠占㲋”等字有關係的都屬於談部。

20. 侵部

凡在諧聲上和“心壬𡈼林今金念㑫冘南咸覃凡男彡尋音兓朁侵突錦三甚品㐭審參琴森”等字有關係的都屬於侵部。

21. 職部

凡在諧聲上和"北式畐異食哉仄陟直嗇㬎息意弋式匿亟棘或國德則賊革或力黑色塞及克麥㝵伏牧墨"一類字有關係的都屬於職部。

22. 沃部

凡在諧聲上和"六坴肅叔戚畜祝芻學竹復肉告育毒夙佋奧逐埶穆目"一類字有關係的都屬於沃部。

23. 藥部

凡在諧聲上和"樂暴夭卓龠翟爵交虐高敫勺雀弱敦雀"一類字有關係的都屬於藥部。

24. 屋部

凡在諧聲上和"谷角族屋獄哭足束敕賣辱曲玉殳蜀木录粟粦豕卜支局鹿禿"一類字有關係的都屬於屋部。

25. 鐸部

凡在諧聲上和"各洛石夕乇庶席隻雙烏若虛屰睪谷亯昔乇戟炙白霍尺百赤赫咢㱿㒸罦尃亦索虢夒"一類字有關係的都屬於鐸部。

26. 錫部

凡在諧聲上和"易益析束責商辟鬲脊狄㢱臭亦厤役冊毄畫鬩辰"一類字有關係的都屬於錫部。

27. 質部

凡在諧聲上和"至質日一乙失匹七柔吉壹栗畢必宓瑟悉疾實逸抑八穴屑即戜血設徹別疐閉"一類字有關係的都屬於質部。

28. 術部

凡在諧聲上和"出卒内朮勿弗聿昷喬骨屈突率兀乞孛日鬱"

一類字有關係的都屬於術部。

29. 月部

凡在諧聲上和"曷達末昏發兑友叕月伐戊舌列桀雪威辥埶害介欮厥粤子剌奪折概刷絶劣歲寽劊辪祭臬戌昔乙罰"一類字有關係的都屬於月部。

30. 盍部

凡在諧聲上和"盍枼枽耴聶聿妾龤涉業曄甲刦法夾舌帀乏劦"一類字有關係的都屬於盍部。

31. 緝部

凡在諧聲上和"合杂沓罙龖畾立邑入集十習及耳戢廿執濕"一類字有關的都屬於緝部。

貳　兩漢韻部

一、兩漢韻部和韻目

兩漢韻部和以《詩經》爲代表的先秦韻部是基本相同的。所不同的是：一、某些韻部有所歸併；二、個別詞在所屬韻部上有改變。這兩個時代的韻部繼承和演變關係，可以用下面的表表示出來[1]。

《詩經》音	西漢音	東漢音
陰聲韻之（尤牛丘　脂颸）	之	之
幽	幽	幽
宵	宵	宵

---

[1] 編者注：摘自羅常培、周祖謨《漢魏南北朝韻部演變研究》第一分册，第 13—14 頁。

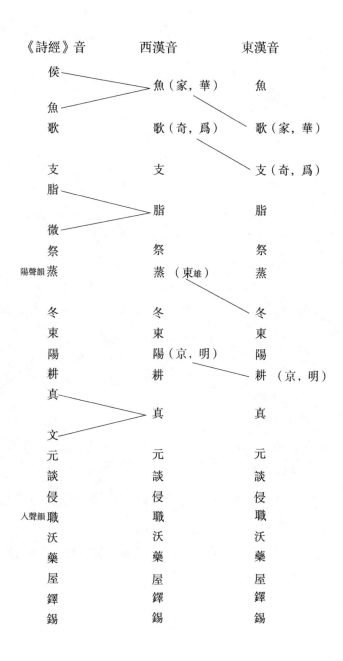

《詩經》音	西漢音	東漢音
質		
	質	質
術		
月	月	月
盍	盍	盍
緝	緝	緝

這個對照表，表明了兩漢四百年間漢語語音分韻的大致情況。當然，它也像先秦韻部一樣，各地方言的用韻分歧也還是有的。但是，這種分歧的存在，並不妨礙這個韻部的應用。

二、"諧韻表"的使用

在從具體文字確定詞的韻部時，依舊可以使用先秦分韻諧聲表。先從"諧聲表"找出韻部之後，再按上表所示兩漢韻部的合併關係，分別定出它在兩漢時代應屬的韻部。例如：

後漢馮衍《車銘》：

> 乘車必護輪，
>
> 治國必愛民。
>
> 車無輪安處，
>
> 國無民誰與？

"輪"先秦在文部，"民"在真部，兩漢時代這兩個韻部，合為一部。"處"、"與"兩漢和先秦一樣，都在魚部。

這種語音變化，反映在同音詞書寫形式的"通假"上，也是這樣的。兩個時代韻部相同的，這裏就不舉了，舉一個不同的作例：

先秦語音"名"、"鳴"、"冥"都在耕部，而"明"在陽部。兩漢時代，"明"這一類音節的詞，收韻多轉入耕部。如：

朱明，或寫成"朱冥"；

玄冥，或寫成"玄明"；

杜鳴，或寫成"杜明"；

策名，或寫成"策明"。

這種同音詞在抄寫形式上的"通假"關係，和先秦不同，它們都反映了這一時代的韻部變化。

叁　先秦兩漢韻部的音變——對轉、旁轉

詞的語音形式，在用古-漢語文學語言寫作的作品中，由於各時各地的作者都使用自己的當代語音，特別在先秦兩漢時代文學語言詞彙一般的還沒有完全規範下來的時候，由於古今音和方音的變化，同是一個詞，往往出現標誌着不同韻部的通假書寫形式。例如：

"無何"，有寫成"亡何"的。一個在魚韻，一個在陽韻。目前我們還不能判定它反映周秦時代什麼方言。

"得來"，有寫成"登來"的。把"得"說成"登"是齊方音的表現。

至於"華表"，有寫成"桓表"或"和表"的。我們可以根據兩漢韻部演變，知道它原來是歌韻的詞。"和表"是一般"通語"；而"華"則是從魚韻轉入歌韻的，和"和"同音，而"桓表"則是漢代陳楚淮的方音。

先秦方音，目前還沒弄清。羅常培的三十一部"諧聲表"有些"聲符"分見兩韻，像"西"既見於脂韻，又見於文韻；"曷"、"列"、"害"、"祭"等等，既見於祭韻又見於月韻。在古音中顯示

着某些方音痕迹。使用時,要根據作品的具體情況來定。

　　在前面我們提到"陰"、"陽"、"入"三種韻類。這三類,可以用它們同一韻腹爲基礎發生音變。譬如：a 是"陰聲"韻。若在 a 後面帶上-n 作韻尾,就變成"陽聲"韻-an；若是在 a 後面附上-t 來作韻尾,説成-at,那就變成"入聲"韻。反之,"陽聲"韻-an 如果失去韻尾-n,就變成"陰聲"韻；把韻尾-n 變成塞聲-t,就成爲"入聲"韻。同理"入聲"韻失去韻尾則變成"陰聲"韻,把韻尾從塞聲變成鼻聲就成了"陽聲"韻。這種陰、陽、入音變關係叫做"對轉"。

　　用前面的例子來説：

　　無何、亡何,是"魚""陽"對轉。是從"陰聲"轉成"陽聲"的。

　　得來、登來,是"職""蒸"對轉,是從"入聲"變成"陽聲"的。

　　在"陰"、"陽"、"入"三類韻裏,"陰聲"韻和"陰聲"韻、"陽聲"韻和"陽聲"韻、"入聲"韻和"入聲"韻同類之間的音變,叫做旁轉。"旁轉"一般是韻腹的改變。

　　"旁轉"音變,也是古今四方音變的反映。例如：

　　　華表　　和表

　　華,先秦時代在魚韻,韻讀是[a]；音變,轉入歌韻,説[ɑ]。[a][ɑ]的變化關係就是"旁轉"。這是"陰聲"和"陰聲"旁轉。再如：

　　　無説詩,匡鼎來。(《漢書·匡衡傳》)

　　　服虔注："鼎,猶言'當'也。"

　　當,在陽韻,鼎,在耕韻。從[*-aŋ]變[*-eŋ]是"陽聲"韻的"旁轉"。

楚趙皆慴伏,不敢攻秦。(《史記・蔡澤列傳》)

諸將皆慴服,莫敢枝梧。(《史記・項羽本紀》)

豪强慹服。(《漢書・朱博傳》)

"慴"在盍部,"慴"、"慹"都在緝部。它們都是以[-p]爲韻尾的入聲韻。用擬音來比喻,前者是收[*-ap]的,後者是收[*-əp]的。它們韻尾不變,祇改變了韻腹。這是"入聲"韻的"旁轉"。

第四節　先秦兩漢的聲母

在漢語語音歷史研究中,學者的精力多集中在韻部的分合上,很少注意到聲母情況。近兩百年來,有少數學者對此作了摸索,初步明確或比較地明確了聲母系統中的幾個問題。因此我們還不能像對先秦兩漢韻部那樣,一時還提不出一個比較完整的聲母體系。

我們目前還沒有學習古音韻學,祇好從大家所熟悉的現代漢語聲母出發,就應用方面,今古對照地把先秦兩漢聲母特點作簡略的介紹:

1. 在脣音中,當時祇有雙脣音,齒脣音[f]還沒有分化出來。根據這種情況,在分析先秦兩漢詞彙或從當時傳承下來的詞彙時,現代用[f]來讀的字,應該考慮它原是用雙脣音 b、p 或 p 的濁音[b']説的,如:

弗　飛　非　妃　肥　分　奮　市　吠　罰

伐　反　番　煩　緐　夫　父　方　付　頯

缶　孚　復　阜　封　豐　丰　負　婦　叚

畐　伏　凡　法　乏　發……

用這些字作"聲符"的字也是這樣。

　2. 現在用 zh、ch、sh 作聲母來讀的，在先秦兩漢時代一般是用 d、t 或 t 的濁音[dʻ]來說的。因此，從現代研究那時詞彙，在聲母上要注意這個特點。例如：下面這些字或用這些字作"聲符"的字，它們所寫的詞的語音形式，在聲母上一般是 d、t 或 t 的濁音[dʻ]。

　現在用 zh 作聲母而古音用 d、t 或[dʻ]的，如：

質　至　疐　㐱　佳　滿　制　摯　叕
珡　恵　只　支　卮　知　正　貞　者　隻
炙　乇　章　畫　主　朱　祝　周　舟　州
肘　竹　帚　卓　中　衆　之　止　陟　哉
徵　耴　占　折　豸　寧　丈　斲　逐　兆
庫　翟　直　朕……

　現在用 ch 作聲母而古音用 d、t 或[dʻ]的，如：

徹　出　川　舛　穿　中　蠆　弛　吹　延
車　辵　尺　赤　鬯　昌　臭　束　畜　丑
豕　春　充　再　臣　塵　辰　丞　廛　隹
㠯　畾　丞　承……

　現在用 sh 作聲母而古音用 d、t 或[dʻ]的，如：

設　身　申　矢　豕　尸　水　世　弄　扇
庶　鼠　舍　戍　耒　守　首　手　少　升
審　突　夾　實　示　尤　順　笫　舌　善
是　氏　社　射　石　上　几　埶　蜀　十

　　涉　食……

　　3. 現在用 r、er 來説的，在先秦兩漢都用 n 作聲母來説。例
如：用下面這些字或用這些字作"聲符"來寫的詞，在分析時，要
注意到它們早先的聲母是 n。

　　現在用 r 而先秦兩漢一般是用 n 的，如：

　　　人　仁　刃　然　如　若　乳　肉　辱　弱
　　　戎　入　壬　冉　染……

　　現在是 er 而先秦兩漢是用 n 作聲母的，如：

　　　尒　二　而　耳……

　　有的現代用 r 作聲母，而先秦兩漢是用 t 的濁音［d'］來説
的，例如：

　　　容

　　但是，現時用 n 作聲母的，在先秦兩漢不全是 n。現在用 n
作聲母的詞，有一小部分是從 ng［ŋ］變來的。例如：

　　　牛　虐　臬　陧……

　　4. 現代漢語用 j、q、x 作聲母來讀的，一般説來，先後有兩個
來路：一個是從 g、k、h 或 h 的濁音［ɣ］來的，一個是從 z、c、s 來
的。後一種比較晚。先秦兩漢時代它們還没有變成這樣，因此，
在研究當時詞彙時，對以 j、q、x 作聲母的現代讀音，應考慮它們
原來的聲母是 g、k、h 或 h 的濁音［ɣ］，還是 z、c、s?

　　屬於 g、k、h 系統的，像用下列文字或用這些文字作"聲符"
所寫的詞都是：

g 類

吉　計　繼　旡　皆　幾　几　筋　巾　斤
軍　昆　介　亙　劍　欮　乓　罵　加　建
肩　見　間　姦　柬　繭　彀　解　具　敬
开　戩　叚　居　玐　戠　夒　竟　京　畺
冋　句　丩　臼　韭　九　菊　角　教　梟
交　其　久　已　戒　棘　苟　巫　兢　乇
衿　夾　甲　劫　兼……

k 類

氣　器　棄　啓　臾　堇　困　桀　契　奇
虔　犬　磬　頃　巨　凵　遽　谷　競　慶
具　區　臼　咎　求　局　曲　喬　丘　及
琴……

h 類

血　希　熏　憲　西　香　宣　向　兄　休
孝　凶　喜　興　弦　玄　閑　縣　兮　雟
幸　下　夏　行　杏　巷　夆　咸　衡　劦
臽……

屬於 z、c、s 系統的，像用下面這些字或用下面這些字作"聲符"寫出的詞都是：

z 類

晉　薦　祭　脊　迹　井　晶　且　黿　焦
雀……

c 類

黍 七 千 妻 砌 青 烏 取 侵 咠

姜 僉 疾 秦 齊 絕 前 戔 雋 全

泉 匠 就 集 辵……

s 類

悉 信 囟 辛 旬 戎 徙 殿 次 旋

羨 析 卸 昔 夕 席 相 象 須 需

秀 褒 小 息 習……

5. 現在用 y(i)、w(u)、yu(ü)開頭的零聲母字,它們演化的來路是比較複雜的。有從 h 的濁音[ɣ]來的,有從 ng 來的,有從 t 的濁音[dʻ]來的,有從 m 來的。在研究先秦兩漢詞彙或從它們傳承下來的詞彙時,從語音形式上,要注意所遇到的 y、w、yu 是從哪一聲母發展來的。

現代用 y(i)開頭的,其中從 t 的濁音[dʻ]來的,如:

逸 㣎 引 尹 蠅 㼆 寅 胤 也 易

亦 睪 以 異 希 夷 㕣 衍 延 盈

贏 攸 由 舀 敫 焱 羊 易 牖 羑

酉 弋 葉……

從 h 的濁音[ɣ]來的,如:

友 郵 右 又 炎 焉 役 暭……

從 ng[ŋ]來的,如:

又 埶 義 牙 垚 疑 業 卬……

現代用 w(u)開頭的,其中從 h 的濁音[ɣ]來的,如:

　　　胃　位　衛　爲　王……

從 ng[ŋ]來的,如:

　　　兀　危　外　卧　炭　五　午　吳　我……

從 m 來的,如:

　　　勿　末　尾　丈　萬　巫　無　毋　武　網
　　　望　亡　戊……

現代用 yu(ü)開頭的,其中從 t 的濁音[dʻ]來的,如:

　　　喬　允　與　與　予　用　庸　勻　俞　臾
　　　异　瓜　龠　孕……

從 h 的濁音[ɣ]來的,如:

　　　爰　于　員　云　曰　粤　羽　雨　禹……

從 ng[ŋ]來的,如:

　　　月　元　原　圍　魚　御　禺　玉　獄……

第五節　古-漢語文學語言
詞彙的兩種音變

壹　造詞音變

古-漢語文學語言詞彙的語音變化,除歷史的和地區的原因之外,還有造詞的音變。有許多詞,由於詞義的改變而引起了詞的語音形式的改變。這種現象是屬於造詞活動的,是一種造詞方法——音變造詞。

這種造詞,在語音形式上,一方面保留它依以成詞的詞根的基本語音特點,一方面或衹變聲調,或變更一部分音素,形成一個和詞根語音既有部分相同,又和它有一定差別的語音形式。和今日的能產的造詞方法相對來説,它是屬於漢語造詞法舊質特點的。

這種造詞方法,一般地不影響詞根的書寫形式,換句話説,就用它的詞根的書寫形式爲自己的字形。從舊日文字學的觀點來説,就是:有些字,雖原形未改,有時候既改變了語音,又改變了詞義,成爲另一個詞的書寫形式。如果還照原來常用的音節來讀,依照常見的意義來理解,一定會產生錯誤。例如:

朝　zhāo cháo

惲,宰相子,少顯朝廷,一朝以晻昧語言見廢。(《漢書·楊惲傳》)

見　jiàn xiàn

當淮陰破齊而欲自王,高祖發怒,見於詞色。(蘇軾《留侯論》)

校　xiào jiào

稍加校正,繕寫進呈。(蘇軾《乞校正陸贄奏議進御札子》)

舍　shè shě

舍之上舍。(《戰國策·齊策》)

舍生而取義者也。(《孟子·告子上》)

道　dào dǎo

故善者因之,其次利道之。(《史記·貨殖列傳序》)

重　zhòng chóng

晏平仲嬰者……事齊靈公、莊公、景公,以節儉力行重於齊。

既相齊，食不重肉，妾不衣帛。（《史記·晏嬰列傳》）

長　cháng zhǎng zhàng

是故無貴無賤，無長無少，道之所存，師之所存也。（韓愈《師説》）

（王）恭作人，無長物。（《世説新語·德行》）

數　shǔ shù shuò

春秋文成數萬，其指數千……春秋之中，弑君三十六，亡國五十二，諸侯奔走不得保其社稷者不可勝數。（《史記·太史公自序》）

數使諸侯。（《史記·滑稽列傳》）

勞　láo lào

田家作苦，歲時伏臘，烹羊炰羔，斗酒自勞。（楊惲《報孫會宗書》）

和　hé hè

客有吹洞簫者，倚歌而和之。（蘇軾《前赤壁賦》）

聞　wén wèn

況草野之無聞者歟？（張溥《五人墓碑記》）

騎　qí jì

余在岐山，見方山子從兩騎，挾二矢，游西山。鵲起於前，使騎逐而射之。（蘇軾《方山子傳》）

父　fù fǔ

四人者，廬陵蕭君圭君玉，長樂王回深父，余弟安國平父，安上純父。（王安石《遊褒禪山記》）

貳　服從讀者當代音系的“古音”殘餘

“文言”作品中，有些詞要保留它的當初語音，因而對後來讀者來説，就產生了一些特定的念法。但是，這個念法歸終還不能保持它的當時語音形式,而是仍然受讀者時代語音的控制;從現代來說,它們祇是在現代漢語語音系統之中,有它不同於今日的一般讀法,而又不全同於古代的特定音節。

此類詞的讀法也是必須注意的,其中有的已傳承爲現代漢語詞,例如:"參差"、"大夫"等等。

有些是在現代漢語中没有繼承使用的。例如:

句讀　jù dòu

彼童子之師,授之書而習其句讀者,非吾所謂傳其道,解其惑者也。句讀之不知,惑之不解,或師焉或不焉,小學而大遺,吾未見其明也。(韓愈《師説》)

落魄　luò tuò

家貧,落魄。(《史記·酈食其傳》)

女紅　nǔ gōng

織綺綉難成,害女紅之物。(《漢書·哀帝紀》)

口吃　kǒu jī

(韓)非爲人口吃,不能道説,而善著書。(《史記·韓非列傳》)

洗馬　xiǎn mǎ

詔書特下,拜臣郎中;尋蒙國恩,除臣洗馬。(李密《陳情表》)

短褐　shù hè

被紈躡韋,搏(持)粱齧肥者,不知短褐之寒、糠粝(籺)之苦也。(《鹽鐵論·取下》)

蘭若　lán rě

江西孟龍潭,與朱孝廉客都中,偶涉一蘭若,殿宇禪舍,俱不甚宏敞。(《聊齋志異·畫壁》)

這類詞,在地名人名上也是不少的。例如:

1. 人名

　　皋陶　伍員　曹大家　樊於期

2. 地名

　　朱提　曲逆　湯陰　龜兹

3. 名物制度

　　僕射　中盾　袒免　齊衰　繁纓　綸巾

第三章　古-漢語文學語言同音詞在書寫形式上的假借和通假

第一節　"假借"和"通假"的區別

"通假"現象在古-漢語文學語言中是常見的。由於詞有古今變化，字有同詞或體形式，而"通假"、"假借"兩事在"借"、"假"同義的關係上容易混誤。爲此，下文在區分"假借"、"通假"的基礎上，對"通假"一事再作説明。

壹　假借、象聲和摹聲

在先秦，用形象寫詞方法建成的形象表意文字體系中，用象聲寫詞法寫的象聲字，後來在文字形體學派的"六書"裏，叫做"假借"(不是假藉)。換句話説，這種"假借"也就是"象聲"——不加詞義類屬形象的純粹"象聲"。

"象聲"和"摹聲"不是同一概念。前者是寫詞法，是爲詞寫出書面形式；而後者則是造詞法，爲從實踐中得到的事物概念賦以語音形式。"象聲"所"象"之"聲"是詞的聲音，詞的語音形式。"摹聲"所"摹"的"聲"是詞義所概括客觀事物的自然聲響。

　　"摹聲"之詞,在書寫形式上多用"象聲"寫詞法,可是它並不是都用"象聲"的。例如:

　　彭　甲骨文作♦,古金文作♦,《説文》:"彭,鼓聲也,从壴彡聲。"照許慎的説法,這個詞是用象聲加注義類寫成的。考殷虛卜辭"肜祭"之"肜"寫作彡、彡、彡。

　　《書·高宗肜日》釋文:"肜,音融。"《左傳·隱公元年》"其樂也融融",《文選》張衡《思玄賦》:"聆廣樂之九奏兮,展洩洩以肜肜。"李善注引《左傳》作"其樂也肜肜",云:"融與肜古字通。"

　　"融"與"肜"古同音,是冬部喻母字,而"彭"是陽部滂母字,"肜"與"彭"不同音。"肜"古作"彡"、"彡"、"彡",是"彭"字所从之"彡",不是象聲記音的。

　　《公羊傳·宣公八年》:"繹者何?"何休注云:"繹者據今日道昨日……肜者,肜肜不絶,據昨日道今日。"相因不絶,是"肜"的詞義。殷虛卜辭"彡"、"彡"、"彡"之形,當是象相續而出肜肜不絶之意。

　　由此看來,可知"彭"字所寫之詞,從造詞法説,是"摹聲"之詞,以彭聲彭彭而得名,所以許慎説它是"鼓聲也"。從寫詞法説,它却不是借"彡"的書寫形式以象其詞之象——象其語音形式,而是從"壴"(鼓之初文)從"彡",象鼓聲彭彭不絶之意,是用"象意"寫詞法寫出的。

　　可見"摹聲"之詞,在先秦形象寫詞法中,也不一定都是用借字象聲的"象聲"寫詞法來寫的。

　　這一點也説明"象聲"、"假借"和"摹聲"没有絶對的相應關係。

　　總之，"假借"的供字"象聲"，可以寫"摹聲"造詞之詞，然而"摹聲"之詞却不一定必用"象聲"寫詞法來寫它。"假借"在寫詞法上原是不加類屬形象的"象聲"，而"象聲"造詞法中的"摹聲"却不是同一的東西。

貳　假借和通假

　　"假借"和"通假"在有借貸性質這一點上，它們有相似之處。但是從寫詞造字這方面來説，兩者是有區別的。

　　假借：

　　1. 借方没有自己的書寫形式，借用貸方的書寫形式作爲自己的形式。

　　2. 必須借貸，否則就有些詞寫不出來，不能按照語序逐詞逐句地寫話記言。

　　3. 其性質是寫詞造字的一種方法。

　　4. 它的有無，關係到先秦文字體系的建立。

　　通假：

　　1. 甲乙兩方本來各有其自己的書寫形式。

　　2. 根本没有借貸的必要，没它照常地寫話記言。

　　3. 其性質是不爲無形可象之詞賦形造字，而是有其本字不用，而寫"別字"（"白字"）。

　　4. 没有它不影響文字體系的建立。

　　例如：

　　　　工戲王皮難之子者減。（者減鐘）
　　　　工盧王皮□□子者減。（者減編鐘）
　　　　攻敔王夫差自乍(作)其寶用。（攻敔王劍）

攻吴王夫差擇氒吉金自乍(作)御監。(攻吴王差鑑)

太伯之犇荆蠻,自號句吴。(《史記・吴太伯世家》)

太伯、仲雍相携而奔荆蠻。太伯號勾吾。(鄭樵《通志略・氏族略》)

"句"(勾),《説文》:"曲也。从口,丩聲。""勾"是在詞的分化後,以"句"爲"句讀"之"句"後,在求別律的制約下,以"尖口"爲"勾"作出的書寫形式上的區分。

"吴",《説文》:"姓也,亦郡也。一曰:吴,大言也。从矢口。"姓、郡之名是後起的。從詞的書寫形式反映的詞的音義以及《詩・周頌・絲衣》"不吴不敖"毛傳"吴,嘩也",《魯頌・泮水》"不吴不揚"鄭氏箋云"吴,嘩也"等語言來看,"吴"字本來不是姓氏、郡國之名。

《説文》:"工,巧飾也。""攻,擊也。""敔,禁也。一曰樂器椌楬也。"

"慮"、"㢈"兩字不見於《説文》。《周禮・天官》"㢈人"釋文:"㢈,音魚。本又作魚。亦作鮽,同。"《天官》又云:"㢈人,以時㢈,爲梁。"鄭氏注云:"《月令》季冬命漁師爲梁。"可知從"虍"得聲之"慮"也就是"魚",而"鮽"和"㢈"也就是"漁"。

古音"工"、"攻"屬東部見母,"句"屬侯部見母。東、侯兩部以方音音變同音,如"禺"在侯部,而從"禺"得聲之"顒"却在東部。古音"魚"、"吾"、"吴"都是魚部疑母字。由此可見:

工慮   工㢈

攻敔   攻吴

句吾(勾吾) 句吴

原來都是一個詞的不同寫法。這些不同的寫法,所用的字,没有一個是本詞本字,都是從同音詞裏借字"象聲"以寫詞的,不用詞的義類形象的"象聲"便是後來所説的"假借"。

《詩·小雅·伐木》:"伐木許許。"

《顏氏家訓·書證》引《詩》作"伐木滸滸"。

《説文》:"所,伐木聲也。從斤户聲。《詩》曰'伐木所所'。"

《説文》:"許,聽也。"《説文》無"滸"字,以《詩》"在河之滸"、"率西水滸"、"江漢之滸"例之,它是"汻"的後起形聲字。《説文》:"汻,水厓也。""所"從户聲。"户"古音在魚部匣母,而"許"、"滸"都屬魚部曉母。曉匣都屬喉音。

"許許"、"滸滸"、"所所",它們是同一個摹聲詞的不同書寫形式。由於"許"、"滸"、"所"三個字在書寫形式上都是各有其詞的,因而它們不是同一詞的或體字。由於"所"是伐木聲,在《伐木》詩裏,"伐木所所"用的是本詞本字。在這種情況下,"許許"、"滸滸"祇是對"所所"的"通假",而不是"假借"。

(李少君)人皆以爲不治産業而饒給,又不知其何所人。(《史記·孝武本紀》)

野王二老者,不知何許人也。(《後漢書·逸民傳·野王二老傳》)

"何所人"的"所"和"何許人"的"許",和"伐木所所"、"伐木許許"一樣都是同音詞的不同寫法,可是在寫詞上却不相同,都與"伐木"無關。在辭句的語言對立統一關係中,"伐木聲"和"所"、"許"兩義與"不知"、"何"、"人"没有相互依存關係。

《書·無逸》"君子所其無逸"孔穎達疏引鄭玄云："所，猶處也。"《呂氏春秋·有始覽·謹聽》："則於四海之内、山谷之中、僻遠幽閒之所。"同書《恃君覽·達鬱》："（趙）厥之諫我也，必於無人之所。"這兩個"所"字高誘都説："所，處也。"

《説文》："所，從斤户聲。""處，從虍聲。""户"、"虍"古音在魚部，都是喉音。

在"所"、"處"同義同音的情況下，可知這個"何所"當是"何處"的通假。"所"、"許"同音。在這種語句中"何許"之"許"也是用以寫"處"的，也是"通假"。

陶淵明《五柳先生傳》"先生不知何許人也"的"何許人"，有人把"許"理解爲"語助詞"[1]，認爲"何許人"就是"何人"是不合實際的。因爲傳文内容就説他是個怎麽樣的人。如果真的不知道他是什麽樣的人，那麽這篇傳就不能寫了。

這種"假借"關係，如果"借方"是一個使用頻率較高的常用詞，而它頻率高度超過那個字所寫的本詞，在交際中受到人們審查承認"久假不歸"，就以音節表意文字的音節特點作爲標音的書寫形式而固定下來。至於它所寫的原詞，除很少使用的以外，一般是慷慨割愛，自己另搞新的書寫形式了。

原詞很少使用或不大使用的，不爲貸方另造新字，例如：

難　舊　而　若

貸方原詞也常用的，而頻率低於借方的，多爲貸方原詞另造書寫形式，例如：

〔1〕黄築巖、劉再蘇《新體廣注古文觀止》，廣文書局，1919年，卷七，第6頁注一。

新	然	須	亦
│	│	│	│
薪	燃	鬚	腋

　　這類"借字"寫詞關係及其形式,在"文言"中,基本上是早已定型了,比較容易掌握。這裏就不加申述。

　　下面要用些例證來説明的是另一種情況——所謂"通假"。

　　從寫詞的方法上説,"通假"和"借字"相同,都是借用別的詞的書寫形式來寫自己。但是在本質上它們是不相同的。象聲寫詞法的"借字"寫詞,借方從詞義上無從着筆,必然是造不出來字的;而行文"通假"則是兩下裏,無論"借方"或"貸方",原來都是各自有它自己的書寫形式的。

　　自己有自己的書寫形式,爲什麼還要借別的詞的書寫形式來寫?這是在作者從事寫作時,順手寫"手頭字"的結果。這種"手頭字",一般是筆畫比較少,而它的本詞使用頻率又不很高,在作品的辭句中是不易發生誤會的,是漢字在社會實踐中,沿着"趨簡"、"求別"的規律,在簡化道路上前進的一種表現。也有的是由於作者書寫習慣或疏失而造成的。這種現象一般是沒有社會基礎,沒有被規範下來的。合於簡化規律的"通假"因爲便於記録和交際,被肯定下來。沒有社會基礎的,不爲群衆接受的,就逐漸地被淘汰下去。例如:

　　《説文》:"所,伐木聲也。从斤户聲。"

　　《論語・爲政》:"譬如北辰,居其所而衆星拱之。"

下例中的"所"肯定不是伐木之聲,而爲處所之意。

　　《説文》:"処,止也。得几而止,从几从夂;處,或从虍聲。"

"虍"聲和"戶"古音同是魚部喉音(曉、匣)字,《論語》置"處"字而不用,却以"伐木聲"的"所"來寫它。這是一個"通假"。

《説文》"所"字下引《詩》曰:"伐木所所。"《毛詩・小雅・伐木》作"伐木許許",《顔氏家訓・書證》引作"伐木澔澔"。"澔"從"許"聲,是給"澔"作聲之"許",古音也是魚部喉音字,而與"處"、"所"同音。

"所"和"許"這兩個同音詞,"所"被鞏固下來,而"許"則在後來的"文言"作品中很少使用。

"文言"詞彙書寫形式的"通假",在閱讀古書上,是比較重要的關鍵之一。闖不過這一關,有些詞句是無法解索的。我們學習它的目的,不是使用它寫作,而是要熟悉它的一般情形和一部分常見的"通假"形式,就像熟悉常用詞彙一樣,減少閱讀阻礙。因此,"通假"頻率較高的,是須要記住的。至於頻率較低的,或很少見的,我們就要應用古代漢語同音詞的通假道理,運用古音知識,臨時處理。

第二節　確定"假借"和"通假"的條件

壹　"假借"和"通假"依作品語言來定

"假借"、"通假"是就行文用字説的。離開具體的作品語言,而單個論字,便無所謂"假借"、"通假"。就是使用頻率比較高的"假借字"或"通假字",也還是要憑其所在辭句語言依存關係而定其詞,而説其字的。

　　有爲神農之言者許行,自楚之滕。(《孟子・滕文公上》)

同一個"之"字，在這句話裏寫兩個詞，一虛一實。這是在句中可定的。

> 夫列子御風而行，泠然善也。旬有五日而後反。彼於致福者，未數數然也。此雖免乎行，猶有所待者也。若夫乘天地之正，而御六氣之辯，以遊無窮者，彼且惡乎待哉！（《莊子·逍遥遊》）

"致福"之"福"，有人以爲是"禍福"之"福"，有人以爲是"備"的通假，説它是"百順之名"，"具備"之"備"。從這段語言的整體來看，"致福"是就列子之"行"説的，"待"是"恃"，"所待"是恃以利行之物。"御風"雖然没有邁步行走，還得依靠"風"。"乘天地之正"、"御六氣之辯"就連風也不用了。在這些關係制約下，"致福"之"福"當是一般步行所"待"之物，有它可以使人利於"行"。（御風，就不用搞它了。）全段的依存關係，使我們知道這個"福"應是《詩·小雅·采菽》"邪幅在下"之"幅"的通假。説的是"行縢"，"偪束其脛自足至膝"的"腿绷"、"綁腿"。它是步行的利行之具。《莊子》這段話，説列子御風而行，他雖然没有忙於弄綁腿，没有求助於利行具，可是他還是有所依賴的，他還得借助於風力──"御風"。

由此可見有些字的"通假"問題，祇局限在一個句子裏，還是解決不了的。

"於"是烏鴉之"烏"的或體字。

> 采三秀兮於山間，石磊磊兮葛蔓蔓。（《楚辭·九歌·山鬼》）

"三秀"，王逸説是芝草。"於"字没有説。洪興祖《補注》説："《本草》引《五芝經》云'皆以五色生於五嶽'，又《淮南》云'紫芝生於山，而不能生於盤石之上'。"從注文裏可知他是把"於"看作介詞的。這是"假借"。

郭沫若《屈原賦今譯》則把"於山"看作"巫山"。把"於"看作"巫"的"通假"。

我們從《楚辭·九歌》十一篇整體的各種對立統一關係來看，認爲這句歌辭的"於山"當是黔中商於的"於山"而不是"巫山"[1]。

看來，有些文字在作品中是否"假借"或"通假"？ 如果是"假借"或"通假"，它又寫的是哪一個詞？ 這些問題有的還須放在作品語言的整體關係中來解。

貳 "通假"關係要依古音來定

"文言"詞彙同音詞在書寫形式上的"通假"，從唐宋以後來說，一般是沿襲魏晉以前，主要的是兩漢以前作品語言書寫中的行文例。它並不是後代作家可以任意爲之的。後漢時代就已經把作家在作品中使用的"於古無徵"的"通假"當作"別字"看待。儘管如此，群衆在寫作中使用"手頭字"，致使"通假"現象在魏晉六朝以後依然不斷出現。經過唐宋八家之後，古-漢語文學語言規範化逐漸完成，在"通假"的使用上給予嚴格限制，在是否獲取公認的原則下"別字"和"通假"有顯著區別。那就是：魏晉以前的"別字"，是同音詞的"通假"，而後代作者的"手頭字"——新的同音詞書寫形式的"通假"則是違反規範的"別字"。

"通假"關係是建立在古代作家當時的語言基礎之上的，有的是"雅言"、"通語"，有的是當時方音。因此，我們想要了解"文

---

[1] 該説詳見孫常敍《楚辭九歌整體系解》，吉林教育出版社，1996年。

言"的同音詞書寫形式的通用假借，必須了解古代漢語語音——一般音韻情況和某些語音變化。否則，就祇能知其當然而不知其所以然了。

叁　同一詞的不同書寫形式不是同音詞的"通假"

"文言"同音詞，因爲是書面語言，特點突出地表現在書寫形式上。一般説來，詞的語音形式相同（歷史的或方言的）而詞的基本意義不同的是同音詞。同音詞在"文言"詞彙裏，數量是各組不一的。從閲讀古書的角度來看，同音詞的範圍是比較小的。它祇限於表現在作品或記錄上，更主要的是表現在書寫形式的"通假"上。我們要注意的就是這種有"通假"關係的同音詞。

從詞的書寫形式上，我們必須把一詞多字的現象和同音通假的書寫形式區別開。因爲它們祇是同一個詞的不同書寫形式，詞的語音形式和基本意義都沒有改變。

1. 有同詞或體之見於《説文》者。例如：

愬　諑　訴

治不盡理，則疏遠微賤者無所告諑。（《管子·版法解》）

鄭玄家奴婢皆讀書。嘗使一婢不稱旨，將撻之，方自陳説。玄怒，使曳著泥中。須臾，復一婢來，問曰："胡爲乎泥中？"答曰："薄言往愬，逢彼之怒。"（《世説新語·文學》）

其聲嗚嗚然，如怨如慕，如泣如訴。（蘇軾《前赤壁賦》）

"愬"、"諑"、"訴"不是同音詞，而是同一個詞的不同書寫形式。《説文》："訴，告也。諑，訴或從言朔。愬，訴或從朔心。"

蚉　蟁　蚊

江浦之間生麼蟲,其名曰焦螟,群飛而集於蚊睫。(《列子·湯問》)

孑孓爲蟁。(《淮南子·説林訓》)

郭(舍人)曰:"臣願問朔一事,朔得。臣願榜百。朔窮。臣當賜帛。"曰:"客來東方。歌謳且行。不從門入,逾我垣牆,游戲中庭,上入殿堂。擊之拍拍,死者攘攘。格鬥而死,主人被創。是何物也?"朔曰:"長喙細身,晝匿夜行,嗜肉惡煙,常所拍捫。臣朔愚戇,名之曰蟁,舍人辭窮,當復脱襌。"(《太平廣記·俊辯二·東方朔》)

"蚊"、"蚉"、"蟁"原是同一個詞的不同的書寫形式,不是同音詞。《説文》:"蟁,齧人飛蟲。从䖵民聲。蚉,蟁或从昏,以昏時出也。蚊,俗蟁,从虫从文。"

2. 有或體而不見於《説文》者。例如:

蝯　猨　猿

《説文》:"蝯,善援,禺屬。从虫爰聲。"下無或體。

《爾雅·釋獸》:"猱猨,善援。"

《楚辭·九歌·山鬼》:"猨啾啾兮狖夜鳴。"

——以"猨"爲之。

《山海經·南山經》:"堂庭之山……多白猿。"

《山海經·西山經》:"小次之山……有獸焉,其狀如猿。"

——以"猿"爲之。

"爰"與"袁"古同音,都是元部匣母字。"猨"和"猿"都是"蝯"的不同書寫形式。

耀　曜

日月星辰,亦積氣中之光耀者。(《列子·天瑞》)

若雲漢含星,而光耀洪流。(《文選·左思·蜀都賦》)

揚光曜之燎照兮。(《漢書·揚雄傳》)

《説文》:"燿,照也。从火翟聲。"字下無或體。《一切經音義》卷三四《賢劫經》玄應云:"燿,古文曜。《廣雅》:'曜,照也,明也。'"《左傳·莊公二十二年》:"光遠自他而有耀者也。"燿之作耀,猶煇之作輝。"耀"、"曜"都是"燿"的另一書寫形式。

雙音節詞也有這種現象。例如:

殷勤　慇懃

趨舍異路,未嘗啣杯酒,接殷勤之餘歡。(司馬遷《報任少卿書》)

一遇盡慇懃。(陶淵明《與殷晉安別詩》)

"殷勤"和"慇懃"是一個詞的不同寫法,不是同音詞在書寫形式上的"通假"。

髣髴　彷彿　仿佛

其用兵也,髣髴孫吳。(諸葛亮《後出師表》)

山有小口,彷彿若有光。(陶淵明《桃花源記》)

猶仿佛其若夢。(《漢書·揚雄傳》)

這也是一個詞的不同書寫形式,不是同音詞在書寫上的"通假"。借詞也有這種現象,比如:

浮圖　浮屠

浮圖文瑛,居大雲庵。(歸有光《滄浪亭記》)

浮屠祕演者,與曼卿交最久。(歐陽修《釋祕演詩集序》)

它們都是"佛陀"(Buddha)的對音,也是同一個詞的不同寫法,不是同音書寫形式的"通假"。

同一詞的不同書寫形式是人們依詞造字的結果。詞的不同書寫形式在交際中又受到人們的審查。社會力量又使這些不同的寫法逐漸地受到洗煉,最後選出一個形式作爲那一個詞常用的書寫形式。與此同時,其他寫法先後退居於"或體"地位。

了解一個詞的"或體"書寫形式,目的不在用來寫作,而在於便於閱讀古書。

第三節 "聲符"相同的"假借"和"通假"

在漢字的字彙裏,"形聲"字是最多的。"形聲"寫詞法是利用音節表意文字的寫詞特點,借用同音詞的書寫形式作爲音標(所謂"聲符"),再加以標示詞義基本類別的書寫形式而構成的。在原則上說,"形聲"寫詞法的"聲符",是和造字當時當地的語音——所寫詞的音節——基本相同或完全相同的。因此,從"形聲"的"聲符"求詞的語音是可以的。

詞不是同時出現的。創成形象的音節表意文字體系時,固然已經有了就當時說來是相當豐富的詞彙。可是由於人們在生產勞動中,在對自然和社會進行鬥爭中,從實踐中,不斷提高、發展和豐富認識,新詞是不斷出現的。詞彙是歷史的積累,形聲寫詞積累的字彙是古今四方群衆隨時創造的。

語音有古今方言的變革和差異。因而在不同時代、不同地區所造成的形聲字,在聲符上,所記音節又不能和各時各地詞的

現實音節完全相同,這就出現一個現象:閱讀古書時,往往有些形聲字所寫的詞在音節上是和它的"聲符"音節不相應的。例如:

"汝"從"女"得聲,"女"現在說 nǔ,"汝"現在說 rǔ,rǔ 和 nǔ,在聲符、音節上不相應。而——

> 與女約,過女,女給人馬酒食。(《史記‧陸賈列傳》)

把"女"讀作 rǔ,和"汝"同音。

這兩個字當初都是以和第二人稱代詞同音的關係被借出的。再如:

"説"和"悦"都是從"兑"得聲的。

現在"説"讀 shuō,而"悦"讀 yuè,是不同音的。但是在古-漢語文學語言中,它們是同音詞,可以通假。如:

> 王説曰:"《詩》云:'他人有心,予忖度之。'夫子之謂也。"(《孟子‧梁惠王上》)

在書寫形式上,"聲符"相同的詞,是可以同音詞的關係互相"通假"的。但是,在作品中它是不是"通假","通假"作哪一個詞,是不能任意推定的。應該從具體作品出發,就其整體思想、邏輯關係、辭句的語法組織等等,綜合起來作通盤考慮,然後再確定它的"通假"關係。不這樣,是很容易把作品解釋錯的。

"文言"詞彙在作品中的書寫形式"通假"關係是比較複雜的。其中,借出和借入兩方,有的是除同音之外別無關係的真正"通假";有的是有造詞關係,從現代看來,像是同音"通假",實際上,所謂"借入"一方是在使用古詞的原有書寫形式,而"借出"一方則有的是它的變義或分化造詞。在古代漢語看來,當初原是

一個詞。這是一種假像的"通假"。這種"通假"是詞和書寫形式
的古今發展結果。過去文字學家把它叫做古今字。

其中有些同音詞,由於假借寫詞,把其中一個詞的書寫形
式借給另一個詞使用。之後,借入一方使用頻率高於本詞,長
期佔用,久假不歸,迫使本詞不得不另造新的書寫形式來區
別。按照這個後起區別字看沒有另造新字之前的書面語言,
覺得它所用的原來的書寫形式好像是同音詞的"通假"似的。
例如:

要　腰

> 一脛之大幾如要,一指之大幾如股。(賈誼《治安策一》)

"要"原來是"腰"的書寫形式。借出之後,因使用頻率高於
本詞,遂安於所借,別造一個形聲字"腰"用來書寫原詞。

罔　网

> 罔薜荔兮爲帷。(《楚辭·九歌·湘夫人》)

"罔"和"網"都是"网"的後起形聲字。把"罔"借出之後,別
造一個從糸罔聲的"網"來寫網罟的網,兩個書寫形式各有其詞,
遂由一詞或體變成爲同音詞的書寫形式。

第四節　聲符不同的同音詞通假

"文言"詞彙用"通假"方法來作詞的書寫形式的,除一部分
有共同"聲符"的詞比較容易理會之外,也還有一些同音詞,它們
的書寫形式,在"聲符"上是不同形的,換句話說,它們是用具有
不同書寫形式的詞作爲"形聲"寫詞的音標——"聲符"的。這類

同音詞，在書面語言上，對不大熟悉古書的人來説，一般是不大好掌握的，麻煩之處在於：它不能用現代語音來推定，必須熟悉古代語音，從古同音的關係上去研究它。

因此，一定要把古代漢語語音知識拿起來，再從詞在具體作品中的語言地位和作用，按整個文章，就音節和音義關係來確定。

"文言"詞彙所據以爲基礎的古代漢語是有它的方言詞彙的，有它的方言詞彙和"通語"音變的。光掌握古音系統，還不够研究詞彙之用，必須再把古代漢語的詞彙音變（所謂"對轉"、"旁轉"等等）也考慮進去。

壹　一般的同音詞書寫形式通假

一般同音詞書寫形式"通假"，是和同詞音變相對分開的。這種"通假"有兩種書寫形式：形聲寫詞和非形聲寫詞。

非形聲寫詞，由於它所用的音節表意文字特點，標記了整個詞的音節和詞義，因而也就有了標音性質。這個性質是形聲寫詞法依以成立的基礎之一。這個性質使一些非形聲寫詞的書寫形式一樣地可以"通假"。

試以古音文韻的詞爲例，例如：

先　西　這是兩個非形聲寫詞的同音詞。在——

> 毛嬙鄣袂，不足程式；先施掩面，比之無色。（宋玉《神女賦》）
> 西施、毛嬙狀貌不同，世稱其好。（《淮南子·説林訓》）

"西"和"先"古聲同在"心"紐，古韻同在"文"部。古同音。從上下文意可以確定它們是同音"通假"，從而得知"先施"就是

"西施"。

　非形聲寫詞也可以和形聲寫詞的詞作同音"通假"。例如：

　文　聞　"文"是非形聲寫詞，"聞"在書寫形式上"從耳門聲"，是形聲寫詞。在——

> 夫少正卯，魯之聞人也。(《荀子·宥坐》)
>
> 少正卯，魯之文人也。(《劉子·心隱》)
>
> 典校經書，辯章舊文。(《楚辭章句·九歎》序)
>
> 劉向司籍，辯章舊聞。(《漢書·敘傳》)

它們都是"文"、"聞""通假"。從作者來分析，可以推定：前一組是借"文"作"聞"，而後一組則是借"聞"作"文"。"聞"、"文"古音都屬明紐，同在文韻，古同音。

　形聲寫詞的同音詞"通假"，例如：

　純　醇　"純"從"屯"聲，"醇"從"𩠐"聲。兩詞的書寫形式雖都屬形聲，而"聲符"不同。但在——

> 夫純鈞、魚腸之始下型，擊則不能斷，刺則不能入。(《淮南子·修務訓》)
>
> 魚腸、醇鈞，劍也。(《廣雅·釋器》)

從文意來看，"純鈞"就是"醇鈞"。"純"、"醇"兩詞書寫形式的"聲符"不同。"純"、"醇"古音都屬禪紐，古韻都在文部，是同音的。

　"形聲"寫詞的通假在數量上是比較多的。

貳　由於詞彙音變而形成的同音詞書寫形式通假

有許多詞，在古代漢語詞彙中，原來是不同音的。按照這種情況，它們是不可能有書寫形式的"通假"的。但是語言詞彙隨着它的發展演變，在詞的語音形式上，不僅有古今音變，也還有方言音變。音變的結果，它們在變音的基礎上發生新的同音關係。在這種新的同音關係上，出現了書寫形式的"通假"。

由於文獻不足，研究不夠，古代漢語詞彙的古今音變和方言音變，目前了解得還不夠多。有些是可以確定時代的，有些是可以確定地區的，可也有些衹能確知它是音變而不能確定它的性質。

一、古今音變的書寫形式"通假"

從詞彙的古今音變而發生的書寫形式"通假"，就古-漢語文學語言詞彙所用的古代漢語詞彙來説，韻部的變化是比較突出的。有些韻部，在《詩經》時代是分得比較嚴的，可是在戰國、秦、漢時代，有的韻是部分混用，或是完全合併。根據這種情況，我們相對地推定出一部分同音詞及其在書寫形式上"通假"的時代。例如：

首鼠　首施

武安已罷朝，出止車門，召韓御史大夫載，怒曰："與長孺共一老禿翁，何爲首鼠兩端？"（《史記·魏其武安侯列傳》）

先是小月氏胡分居塞内，勝兵者二三千騎，皆勇健富強。每與羌戰，常以少制多。雖首施兩端，漢亦時收其用。（《後漢書·鄧訓傳》）——李賢注："首施，猶首鼠也。"

古音"鼠"在魚部，而"施"在歌部。兩字本不同音。

可是，到了漢代，《毛詩·小雅·節南山》"家父作誦"的"家父"，《漢書·古今人表》作"嘉父"。《周禮·春官·典瑞》"疏璧琮以斂尸"注引鄭司農云："疏，讀爲沙。"古音"家"、"疏"都在魚部，而"嘉"、"沙"都在歌部。在漢代語音裹，有一些魚部字已經音變入歌部。在這種歷史情形下，"首鼠"和"首施"原是同一個詞的不同書寫形式。

"首鼠"、"首施"古聲都是書母，是一個與"躊躇"同源的雙音節詞。"首"、"鼠"、"施"三字所寫之詞（本字本詞）都和這雙聲之詞無關。它們都是借字象聲而不加注詞義類屬形象的"假借"。"假借"寫出來的詞，其詞没有自己的書寫形式，無本字。因而"首鼠"和"首施"都是"假借"，而不是"通假"。

大行　太形　"行"和"形"這兩個字所寫的詞，在語音上，先秦時代是不同韻的。前者在陽部，而後者在耕部。可是——

> 太形、王屋二山，方七百里，高萬仞。本在冀州之南，河陽之
> 北。（《列子·湯問》）

從上例和《尚書·禹貢》"底柱、析城，至於王屋。太行、常山至於碣石入於海"來看，"太形"就是"太行"。

西漢時，陽部裹的"庚"類字，像京、明、行、兄等字偶爾和耕部字押韻。到了東漢，這一類字大半都轉入耕部，惟有"行"字或跟本部（陽部）相叶，或跟耕部相叶[1]。

這段語音歷史變化，説明"大行"的"行"爲什麽會寫成"形"的。同時，這個"行"、"形"通假也告訴我們，《列子》這篇《湯問》寫作時代不在先秦。

---

[1]　見羅常培、周祖謨《漢魏南北朝韻部演變研究》，第24頁。

二、方言音變的書寫形式"通假"

在古今漢語方言裏,有一大部分詞彙是"通語"的音變,是全民詞彙受方言音系影響而發生的系統音變的結果。有一部分是方言特有的詞彙。

"文言"倚以爲基礎的古代漢語詞彙,由於"通語"方言音變而發生書寫形式的"通假",例如:

斯　鮮

> 有兔斯首。(《詩·小雅·瓠葉》)

"斯"鄭氏説"白"也。今俗語斯白之字作"鮮"。齊、魯之間聲近。"斯"和"鮮"古聲同在心紐,古韻是支、元音變。

登　得

> 鈎登大鮎。(韓愈《祭河南張員外文》)

《公羊傳·隱公五年》"登來之也"解詁曰:"登,讀音得來。得來之者,齊人語也,齊人名求得爲得來。作登來者,其言大而急,由口授也。"

詐(乍)　卒　《公羊傳·僖公三十二年》"詐戰不日"解詁曰:"詐,卒也,齊人語也。"《左傳·定公八年》"桓子咋謂林楚","咋謂林楚"就是"卒謂林楚"。《孟子·公孫丑上》"今人乍見孺子將入於井","乍見"就是"卒見"。

華　桓　和

> 程雅問曰:"堯設誹謗之木,何也?"答曰:"今之華表木也。以横木交柱頭狀若花也。形似桔槔,大路交衢悉施焉。或謂之表木,以表王者納諫也。亦以表識衢路也,秦乃除之,漢始復修焉。

今西京謂之交午木。”(《古今注·問答釋義第八》)

《漢書·酷吏傳·尹賞》“瘞寺門桓東”注引如淳曰：“舊亭傳於四角面百步，築土四方，上有屋，屋上有柱，出高丈餘，有大版貫柱四出，名曰桓表。縣治夾兩邊各一桓。陳宋之俗，言‘桓’聲如‘和’，今猶謂之和表。”顏師古曰：“即華表也。”

韓　何

韓於何，同姓爲近。（韓愈《送何堅序》）

《廣韻》：“韓，又姓。出自唐叔虞之後……韓爲秦滅，復以國爲氏，出潁川。後韓騫避王莽亂，移居南陽，故有潁川、南陽二望。”又：“何，韓滅，子孫分散，江淮間音以‘韓’爲‘何’。字隨音變，遂爲何氏。”

第四章　詞　義

第一節　關於詞義的幾個問題

詞，是一定的語音形式和一個詞彙意義統一起來的整體。它的詞彙意義是一個概念。概念祇有通過語言形式——語言的音節形式把它固定下來，纔能存在。沒有一個概念作內容的音節或沒有固定的語音形式的概念都不能成詞。詞不是別的，它是概念的語音物化。這是就它的本質説的。

爲了便於認識詞義，這裏祇説以下幾個問題。

壹　詞義中的表象成分

詞彙裏有很多詞，它們的詞義不僅概括着事物的本質屬性，也概括着區別於其他事物的形象特點。

詞義中的形象特點，除兒童外，一般是經過訂正了的表象。

表象是人頭腦中對當前没有作用於感覺的，以前在實踐中感覺過的事物形象的反映。它是人在感知感覺的基礎上進行了加工和概括的。一般是多次感知感覺的結果，它比知覺具有更大的概括性、一般性。它是一個或幾個同類事物主要表面特徵綜合的結果。例如：一張書桌，在感知時，由於當時的具體條件和感知角度不同,每次知覺都是與他次不同的;可是,表象却不然,它反映的是桌的常見屬性——一個桌面、幾條腿。很顯然,這是概括了的形象。

表象雖然有概括性,可是它還没有反映對象的本質屬性,因此它不同於概念。它和概念是相輔相成的。正確的和完全的概念有助於弄清個別的複雜表象,而鮮明的和確切的表象也能推動確切的概念的形成。

表象也如同感覺一樣,是"現實的信號",是具體的感性信號。巴甫洛夫在把感覺和表象稱爲現實的第一信號之後,把詞稱爲現實的第二信號,或是感覺和表象這樣信號的信號。並指出,這兩種信號系統是在緊密的聯繫中工作着。他以此推翻了把表象看作是和語言與思維完全没有關係的心理現象的理解。

詞義中的表象成分是古代漢語寫詞法之所以使用形象寫詞法的基礎之一。

貳 詞義的解説之辭並不就是詞義

一個民族語言,詞義是有共同性的。這是主要的。但是,由於人們的年齡、時代、地域、社會、生活、文化、教育的不同,在所用的民族共同語言詞彙中,對某些詞的詞義理解上也會有"同中有異"的差異,而"同"是主導的,因此,"異"一般不影響思想表達和理解。

歷史在前進,文化在發展,認識在深入。語言詞彙中的詞,有的在失用,有的在傳承使用。在傳承下來的基本詞彙中,有些詞的詞義古今不同,或不完全相同。從而發生了同一詞的古今詞義差異。這是學習古-漢語文學語言詞彙時須要注意的。這和共時語言"同中有異"的差別是不一樣的。

　　無論是共時的還是歷時的,有些詞是要經過解説,纔能使聽者或讀者理解的。

　　解説之路大體有五：有與之同義之詞者,以同義講之;無同義詞者,以近義之詞而加以限制講之;這兩者都沒有,則比況之,描寫之,説明之。有些字典辭書的作者,爲了反映當時認識水平,在説明詞義時,往往説到詞義所概括的事物本質。如《説文解字》説："人,天地之性最貴者也。""水,準也。北方之行。"這是東漢時的事,是公元後第一世紀的水平。到了 20 世紀,一些字典辭書説解詞義之辭,有些近似一些哲學、科學的定義。如下表所列：

	人	水
《新華字典》(1998年修訂本)	能製造工具並能使用工具進行勞動的高等動物。	一種無色無臭透明的液體,一個水分子的化學成分是氫二氧一。
《現代漢語詞典》(1978 年版)	能製造工具並使用工具進行勞動的高等動物。	兩個氫原子和一個氧原子結合而成的,最簡單的氫氧化合物,無色、無臭、無味的液體,在標準大氣壓下,攝氏零度時凝結成冰,攝氏一百度時沸騰,在攝氏四度時密度最大,比重爲1。

續　表

	人	水
《辭海》(1989 年版)	人類。*	氫和氧的最普遍的化合物，化學式 H_2O。無色、無臭、無味。水在自然界中以固態(冰)、液態(水)和氣態(水蒸氣)三種聚集狀態存在⋯⋯在 101.325 千帕下，水的沸點爲 $100℃$，冰點爲 $0℃$，水的密度在 $4℃$ 時最大(1克/毫升)⋯⋯水能溶解許多物質，是最重要的溶劑。
《辭源》(修訂本)	人類能創造並使用工具進行勞動，改造自然的動物。	水。《荀子·勸學》："冰，水爲之而寒於水。"
《漢語大字典》	由古類人猿進化而來的，能製造工具並使用工具進行勞動的高等動物。	無色無味的透明液體，分子式爲 H_2O。
《漢語大詞典》	能製造和使用工具進行勞動，並能用語言進行思維的高等動物。	由兩個氫原子和一個氧原子結合而成的氫氧化合物，是無色、無臭、無味的液體。在一定條件下，也以固態或氣態存在。

　　*《辭海》"人類"靈長目。一般指更新世以來的人，通常衹包括智人。其特點爲：具有完全直立的姿勢，解放了雙手，複雜而有音節的語言和特別發達、善於思維的大腦；並有製造工具，能動地改造自然的本領。人類可說是社會性勞動的産物。

　　這些解說，用近似定義的語言來說明字所寫詞的詞義，是比較精確的。至於它是不是就是日常生活語言詞彙中的詞義，試看下面的例子："有人喝水。"這句話，無論是説者或聽者，作者或讀者，有誰會把它作爲"有能創造並使用工具進行勞動、改造自然的動物喝氫二氧一化合物"，或"有人類喝無色無臭透明的液體"呢？

由此可見，詞義雖是概念，可是它和揭示概念内容的"界説"或"定義"是不相同的。在語言中，詞義是作爲一個渾淪整體起作用的。

在説話中，爲了闡明自己的觀點，必要時可以把所用的關鍵之詞提出來，插在語句裏，作重點説明或申述。然而這種説明之辭或夾注之文，其義雖與詞義有關，可是它並不是組成語句之詞的詞義。

叁 詞義的整體性和"一詞多義"

無論從第二信號系統或詞是思想（概念）的語音物化來説，一個詞是以一個概念爲其内容的。一詞是一義而不是多義的。概念不管它有多少本質屬性，它是一個渾融的整體。儘管一個新詞是人從實踐中，在已有的一些概念基礎上，又形成新的概念，並且又給它取了個新的名字構成新詞，可是這個新詞的詞義也還是一個整體，而不是它所依據的已有概念的拼湊合股的"集束"或集體。

同一民族語言作品，由於作者和讀者的時代差別或地域差異，往往會遇到古今詞或方言詞等類影響理解的難詞。這類詞，由於它在語句中和前後詞、語的相互依賴、相互制約，在用讀者的語言對應時，同一個詞在不同的制約關係裏，可以引出不同的講法。

　　一個詞的不同講法，字典詞典把它們收集在一起，羅列出來，這對讀者是有很大好處的。

　　一個詞有很多講法。這一現象，給人一種錯覺——"一詞多義"。

　　一個詞怎麼會有"多義"呢？ 學者們意識到這一點，把所謂"一詞多義"的"義"下降或分級，以從屬於詞義，而另取一個名字叫做"義項"。顧名思義，這是把詞的每個講法看做是詞義中的一"項"，而整個詞義是由一項項的"小義"拼合而成的。

　　詞並不像橘子，它語音外殼裏的詞義並不是一瓣一瓣地擠在一起的。

　　　　攢珍寶之玩好，紛瑰麗以參靡。(《文選·張平子·西京賦》)——薛綜注："紛，猶雜也。"

　　　　士女雜坐，亂而不分些；放陳組纓，班其相紛些。(《楚辭·招魂》)——王逸注："紛，亂也。"

　　　　下陰潛以慘廩兮，上洪紛而相錯。(《漢書·揚雄傳·甘泉賦》)——顏師古注："紛，亂雜也。"

　　　　五音紛兮繁會，君欣欣兮樂康。(《楚辭·九歌·東皇太一》)——王逸注："紛，盛貌。"

　　　　紛總總其離合兮，班陸離其上下。(《楚辭·離騷》)——王逸注："紛，盛多貌。"

　　同是一個"紛"字，它所寫的詞，在這五個語例裏，說"紛"義有五種理解，注家作五個對譯的注釋：

　　(1) 雜也

　　(2) 亂也

　　(3) 亂雜也

（4）盛貌

（5）盛多貌

但是，我們不能據此作出判斷，説“紛”是由這五個“義項”合成的。因爲，把這五個“義項”按照注家所注句分別換進去，使它們變成：

> 雜瑰麗以麥靡
> 放陳組纓，班其相亂些
> 上洪亂雜而相錯
> 五音盛兮繁會
> 盛多總總其離合兮

不僅立刻失去原作語言情調、彩色，又主要是失其恰到好處的精確度。因爲在第一例裏它使人感到近似於“雜”時，用注家的語言來説，“亂”和“盛多”之義項也在和它一起起作用，因而在這一“義項”上它不是“雜”的同義詞。同理，第（2）、（3）、（4）、（5）例也是如此：

“班其相紛些”的“紛”，不是和“亂”恰好相應的。它的“亂”是與“雜”、“多”同時形成的。

“上洪紛而相錯”的“紛”注者也感到它不單純是“亂”或“雜”，而是既“雜”且“亂”，實際上，“紛”的詞義還不止於此，在“亂”、“雜”的同時還有“盛”或“盛多”的現象。

“五音紛兮繁會”、“紛總總其離合兮”的“紛”也不僅是“盛”或“盛多”，“雜”與“亂”也是與之俱現的。

可見詞義是一個渾融整體，在使用中儘管有所側重，而其他因素也是與之同時起作用的，從而形成了詞的語言精度、情調和色彩。

　　詞義在應用中的側重點，雖然可以用與之相近相似的同義詞語來對譯，但它這一側重，並没有脫離整體而獨立（如果脫離就孳生了另一新詞）。

肆　一個詞爲什麽會有幾個講法

　　如前所説，詞義概括着對象的表象和區別於其他事物的性質、作用等常見共知的屬性，它是一個融渾爲一的整體概念，而不是許多散在概念的集裝。在交際中，用之即來，聽之立解，一般是無須分析而立時可知的。詞義是一個意義單位，一個概念，是一詞一義的。

　　既然如此，爲什麽人對一個詞會有好幾個"講"呢？

　　詞作爲言語的意義單位，在具體的辭句裏，它不是孤立的。它在服從語法規律的同時，又與辭句中其他的詞、句彼此相互依賴相互制約。在這些複雜的依存關係中，被制約着的詞義，使人感到它的義象（不是義相）或意態有些和某詞相同或相近、相似，因而發生了詞與詞之間的古今對譯或今語換説現象：這個詞可以這樣"講"或那樣"講"。例如：

　　走　古金文寫作𤴓，詞的書寫形式反映了它所寫詞的詞義。

　　　　夫走者，人之所以爲疾也。（《淮南子・人間訓》）

　　　　兵刃既接，棄甲曳兵而走。或百步而後止，或五十步而後止。以五十步笑百步，則何如？（《孟子・梁惠王上》）

　　在前後語言的制約下，"走"在這裏，可以用現代漢語"跑"來對譯。從它的書寫形式説，可以説用的是這個詞的本義。

　　《儀禮·士昏禮》：“請吾子之就宮，某將走見。”“走見”，跑去拜見。“走”有前去的意思。在前後文語言制約下，“走見”可以用“往見”對譯。《儀禮》疏説：“是欲往就見也。”於是“走”可以當“往”講，在字典或詞典裏，給“走”列了這麼一“項”詞義。《中華大字典》“走：㊂往也”。

　　《吕氏春秋·期賢》：“人主有能明其德者，天下之士，其歸之也，若蟬之走明火也。”這個“走”的“跑”義，在前有“歸之”，後有“明火”的制約下，有“奔向”的意思。《辭源》修訂本把在這種語言關係中的“走”對譯爲“㊀趨向”。

　　“走”後面緊接代詞“之”，在一定語言制約關係中，也有這樣對譯的可能。《吕氏春秋·蕩兵》：“故古之聖王有義兵。……兵誠義……民之號呼而走之，若强弩之射於深溪也，若積大水而失其雍堤也。”這個“走”的“跑”義，在語言制約關係中，有“跑向”、“趨附”、“歸向”之意。可對譯爲“歸”，高誘注：“走，歸也。”新《辭海》“走”字下，釋爲“(5)趨附、歸向”。也把它列爲一“項”詞義。

　　《吕氏春秋·權勛》：“(齊)與燕人戰，大敗。達子死，齊王走莒。”“走”後雖然也是名詞，可是在齊國戰敗、齊王、莒的語言制約下，這個“走”的“跑”義，可以用“跑向”、“逃向”、“逃奔”、“奔”來對譯。高誘注：“走，奔也。”《中華大字典》“走”字下，把這一例列爲一“項”詞義，説“㊃奔也”。

　　現代漢語詞義也是這樣。

　　不應該説出的話，沒有控制住，脱口而出，叫做“走嘴”或“説走了嘴”。《現代漢語詞典》(1983年版)把它列爲“走”字所寫詞的一“項”詞義：“⑦漏出；泄漏”。實際上也還是古“走”字詞義

("跑"的意思)在一定語言制約關係中的對譯。

"茶葉走味了。""你把原來的意思講走了。"《現代漢語詞典》說這個"走"的詞義是"改變或失去原樣",把它列為第⑧個"義項"。實際上,這也還是古"走"字詞義"跑",在具體語言制約關係中的對譯,是"走"在辭句中的一種"講"法。一個詞有多少"講法",從古今詞來說,就是有多少個對譯辦法;從現代漢語來說,就是有多少個換個詞來說的換說方法。

伍 一字寫多詞更非"一詞多義"

就古-漢語文學語言來說,還沒有分化的詞,無論在具體的語言制約中,有多少"講兒",都不是一詞多義。如果它已經分化出另一個詞,而這個詞在書寫形式上還在使用它未分前的原形,那衹是一個字寫兩個詞,新舊詞各有其義,而不是一詞多義。再如:

辭 《説文》:"辭。訟也。从𤔔。𤔔,猶理辜也。"(又"訟,爭也。")《禮記·表記》:"無辭不相接也。"孔疏云:"言朝聘會聚之時,必有言辭以通情意。若無言辭則不得相交接也。"這個字所寫之詞,它的詞義原是:彼我兩方,共就一事,向對方申明自己一方對事情事態所持的理據和意見的話。《荀子·正名》"辭合於說"注:"成文爲辭。"是成篇後的言語。除官司、審訊之外,在一般語言情況下,"辭"作爲一個語言,它有向對方説明或解説自己一方所知事情,所據事理,以及對事的看法和處理的態度。

> (世子)使人辭於狐突曰:"申生有罪,不念伯氏之言也,以至於死。"(《禮記·檀弓上》)

這個"辭"也還是使用它的原義——用話向對方説明自己對事所依的道理和所持的態度。在"於狐突"的制約下"説給"的作用。用後漢語言來講，這個"辭"是和"告"相應的，鄭氏注："辭，猶告也。"

　　子曰："仁之難成久矣！人人知其所好。故仁者之過易辭也。"（《禮記·表記》）

"仁者之過易辭也"是個判斷句。"辭"在這個語句組織中，用"告"來講是無法取得對立統一的。鄭氏注説："辭，猶解説也。"把它講成"解説"，便取得了它在句中與其他詞語的依存關係。——解説是向別人（對方）申明自己對事情事態的看法和態度。這正是"辭"的詞義，而不是它另有"解説"這一項目。

　　公父文伯飲南宮敬叔酒，以露睹父爲客。羞鱉焉，小。睹父怒。相延食鱉，辭曰："將使鱉長而後食之。"遂出。文伯之母聞之，怒曰："……鱉於何有？而使夫人怒也！"遂逐之。五日，魯大夫辭而復之。（《國語·魯語下》）

這兩個"辭"都是向對方申明或解説自己一方對事情的意見和態度之"辭"。韋氏把後一個"辭"解作"請也"。他是在"逐"、"復"的語言制約下，用他當時語言意譯爲"請"的。"請"可以被字典辭書列爲"辭"的一種講法，然而它並不是"辭"的詞義。前一個"辭"和"遂出"相呼應——説明自己意見和態度之後，起身就走出去。這種事在語言生活中是比較常見的。

　　臨行致辭，有時祇有"辭"字。例如：

　　晏子見疑於齊君。出奔。過北郭騷之門而辭。……晏子曰："見疑於齊君，將出奔。"北郭子曰："夫子勉之矣！"（《呂氏春秋·

士節》）

這個"辭"和"將出奔"相呼應。和睹父"辭曰"、"遂出"的關係相同，都是臨行時向有關之人申明離去的因由。在長期使用中，這個"辭"逐漸和"離"發生關係，從而由臨行之言轉爲"告別"之義。

（魯仲連）遂辭平原君而去，終身不復見。（《戰國策·趙策三》）

這個"辭"在和"去"的相互制約下，它的詞義，申明解說是爲"去"而發的，是告別之辭。也和前例一樣，有"告別"之意。"不辭而別"——不說一聲就走——之類的成語，它表明字典辭書雖然把"別"、"告別"列爲"辭"的一義，實際上它還沒脫離"辭"的原義，還是以向對方說明自己一方意見爲主的。對譯爲"告別"、"告"反映了這一道理。至於——

晉文公既定襄王於郟，王勞之以地。辭，請隧焉。王不許……文公遂不敢請，受地而還。（《國語·周語中》）

在"勞之以地"而"請隧"，"王不許"，"遂不敢請"，祇得"受地而還"的語言關係中，這個"辭"的内容，在申明自己一方意見中"不接受"的意向比較突出。

原思爲之宰，與之粟九百，辭。子曰："毋！以與爾鄰里鄉黨乎？"（《論語·雍也》）——何晏《集解》："孔安國曰：九百，九百斗也；辭，讓不受也。"

賞不當，雖與之，必辭。（《呂氏春秋·高義》）——高誘注："辭，不敢受也。"

在"與"和"辭"的相互制約關係中,雖不記所發之言,可是"辭"却説明了不接受對方所"與"的行爲。語意是明確的。

"不接受"的語意,使"辭"在語言生活裏,以一定的語言制約關係,成爲它的語言形式,從當初的"辭"義轉成一個以"不接受"爲詞義的新詞。

與之相應的,在詞的書寫形式上,也作了相應的改變。把"辭"字原來所從"𤔔"減去"幺",變成"受",使它成爲"辤"字,用以與新詞義"不受"在義類上相應。從而成爲來源於"辭"而不同於"辭"的一個新詞的書寫形式。《説文》:"辤,不受也。"

"辤"、"辭"古同音。都是之部邪紐。《廣韻》這兩字都是"似玆切"。

在古書裏,這兩個是既有親屬關係又有區別的詞,在書寫形式上常相通假。以"辭"寫"辤"是歷史關係,以"辤"寫"辭"是通假關係。《世説新語・捷悟》記楊脩解"外孫齏臼"説"齏臼,受辛也,於字爲辤",便是一例。

這個以"不受"爲義的"辤",不但詞義内容與"辭"不同,是兩個概念,而且它還有它自己的書寫形式。很顯然,它和"辭"是既有歷史淵源,又各有義的兩個詞。

在這種情況下,這時的"不受"就不再是"辭"的一種講法了。

也有分化成詞後,還沿用它母體的寫法,而没另造新的書寫形式的。例如:

> 故説詩者,不以文害辭,不以辭害志。以意逆志,是爲得之。如以辭而已矣。《雲漢》之詩曰:"周餘黎民,靡有孑遺。"信斯言也,是周無遺民也。(《孟子・萬章上》)

趙岐注："辭，詩人所歌咏之辭。"這還是"辭"的原意。在詩的語言的基礎上，一轉爲"辭賦"之"辭"，"楚辭"之"辭"，《秋風辭》之"辭"，再轉而爲一種詩體之名。《滄浪詩話》卷二《詩體》所列諸體，其中之一"曰辭"，嚴氏原注云："《選》有漢武《秋風辭》，樂府有《木蘭辭》。""辭"於是成爲一個以一種詩體爲其詞義内容的新詞。在書寫形式上仍舊其母體字形，而没有另製新的形式。

"不受"之"辤"在作品上也常用它的母體字來寫。

這樣，一個"辭"字便成了三個詞共用的書寫形式。三詞各有自己的詞義。一字多詞並不就是一詞多義。

但是，詞和概念並不是一個東西。概念是人在實踐中從觀察事物或現象得到的認識的反映。它概括着事物或現象的本質屬性和某些連帶的偶有屬性。而詞則是在一定的語音形式下緊裹着一個概念，並通過這個概念和事物或現象相聯，從而給它以名稱。詞是一個語言單位，而詞義則是這個單位的詞彙意義。語言是社會現象。因而這個語言單位——詞的詞彙意義又和人的社會生活緊緊聯繫着。

詞義是和一定的語言形式統一起來的概念。在具體應用中，一般的語言詞彙和專門的科學術語，在概念的精密程度和活動狀態上，是不一樣的。作爲一般語言詞彙的詞義，概念是既有相對穩定的基本内容，又有基於這個内容因事活變的機動性質。因此，它在實際語言中並不是隨時都同樣地反映概念的一切屬性，不論本質的或非本質的。因此，把詞義看作無論什麼時候都完全等於概念的全部内容是不符合實際的。

人對客觀事物或現象的認識不是一成不變的，何況客觀事物也各有不同程度的變革。因此詞義也不是不變的。它有時隨着語言内容或語句關係,在原有意義整體或部分的基礎上,活變着它的意思。人們在實踐中,對客觀事物有時從已有的認識的基礎上,發現新的認識,並把它提煉成爲一個新的概念,與此相應,那個作爲新認識基礎的詞義也隨着有所發展。

　　詞和概念的這些關係,形成了詞義的變化和發展。在詞義的變化和發展過程中出現了詞義的加深加密,古今差異,乃至孳生新詞。

　　這裏我們舉"紛"字來作例子。從這個例子上,可以看出一個字所寫的詞是有許多詞義的。去掉雙音節詞和某些有問題的解釋之外,"紛"有以下這些意思。

　　1. 雜亂。如:

　　　　亂也

　　　　亂貌也

　　　　骰亂也

　　　　亂雜也

　　　　雜也,猶雜也

　　2. 盛多。如:

　　　　衆也

　　　　盛也

　　　　盛多貌,盛多之貌

　　3. 紛然下垂的妝飾物。如:

　　　　旄也

　　　　旗旒也

　　　　馬尾韜也

 4. 結恨也。（借作"忿"）

 5. 變也。（借作"份"）

 6. 如綬而狹者。（借作"彪"或"幽"）

 這些意思可以歸成三組：1、2 是一組，3 自己是一組，4、5、6 是一組。第一組有盛多雜亂的意思。第二組是一種飾物。第三組是把它的字形借出來作爲別的詞的書寫形式。

 除第三組所寫的是另一些詞外，按詞的形式和内容的關係，可以把第一、二組分作兩個詞。因爲它們各自概括着一個獨立的概念，反映兩種客觀事物或現象，它們是一對具有同一書寫形式的同音詞，在文字上是"本字"和"假借"。第三組則是詞的書寫形式"通假"。

 從這裏可以看到兩個現象：一字多詞和一詞多義。前者是許多同音詞共同使用一個書寫形式，有的是"本字"，有的是"假借"，有的是"通假"，字同詞異。後者是一個詞可以有不同意思。這兩者是不應該混淆起來的。古-漢語文學語言從漢以後越來越和各個當時口語拉長距離，在以今語解釋古語的需要上，由於書面語言的形式影響，忽視乃至忘却了字和詞的形式與内容的對立統一關係，形成了"字音"、"字義"之説，致使我們過去的學者祇看到它在文字上的同一形式，沒有注意到它們的性質和區別。我們應該對長期的模糊觀念作一澄清，在處理詞彙問題時，要在同一書寫形式中，把一詞多義和一字多詞區別開。

陸 一詞多義的情況及其原因

 一個詞在不同的辭句裏，往往有不同的意思。這一現象，有些人把它叫做"一詞多義"，也有些人把它叫做"詞的多義性"。

後一個提法似乎比較好一些。

"詞的多義性"這個提法，和詞是思想（概念）的語音物化是有矛盾的。在原則上看，一個詞必然是以一個概念爲内容的。它祇有一個意思。詞義不是許多概念的囤積，它就不可能是多義的。如果是許多詞義而有一個共同的語音形式，那將是一些同音詞，而不是一詞多義。在語言詞彙中，有些術語是可以使人誤解的。例如現代漢語"聲樂"一詞就是如此。它是爲了和"器樂"相區别，而不是因爲它是有"聲"之樂而得名的。我們不能因爲器樂也是有聲之樂而不使用這個名字。

"一詞多義"的提法也和"聲樂"的取名相似，不能膠着在字面上。

詞，確是以一個概念爲内容的。但是它的内容是複雜的，多面性的。"多義"是一個詞義的各種活變，並不是多概念。這種活變也可以叫做詞義的靈活性。

詞義的靈活性，大致説來有以下幾種情況：

甲、詞義的多面性和片面性

一個概念是有許多屬性的：本質的或非本質的。這些屬性構成一個詞義的整體。在具體的辭句之中，它隨着作者的思想和語言的結構關係，往往是有所側重的。

譬如"紛"，它的詞義包括着這些内容：雜、亂、盛多。試想，一兩個事物不能是"紛"，"紛"必須是在相當多的事物中纔能有的現象。這些相當多的事物又必須是雜亂無序的。如果秩序井然有條不紊，事物雖多也不能叫"紛"。可見"紛"這一詞祇有一個詞義，它概括着由很多事物形成的雜亂無序的現象。這個詞義的整體具有多面性，它至少是包括着多、雜、亂等等。在具體

的辭句中,雖然使用整個詞義,可是從實際語意來理解,往往是突出一點,顯出一定程度的片面性的。例如:

"紛然雜陳",雜的意思比較突出;

"排難解紛",亂的意思比較突出;

"紛總總其離合兮",盛多的意思比較突出。

無論它們突出哪一面,整個詞義——多、雜、無序的綜合意思並沒有失去作用。這是一類情況。

這類情況可以證明詞的多義性,並不是多概念。

乙、詞義的能動性和延展性

"至"這個詞在作品裏,至少有下面這些意思:

1. 到也

2. 來也

3. 通也

4. 達也

5. 行也

6. 極也

7. 甚也

8. 下也

9. 深也

10. 實也

11. 大也(很)

12. 衆也

13. 得也

14. 善也

15. 成也

16. 盡理

這些意思之間，關係是不一樣的。"到"、"達"，"到"、"來"，"通"、"達"，可歸爲一類；"極"、"盡"，"極"、"甚"可歸一類。其他意思驀然間還看不到它們彼此有什麼關係。

古-漢語文學語言詞彙，當初是以形象的音節表意文字來書寫的。它的書寫形式，一般是反映詞義中足以互相區別的形象特點的。儘管文字並不就是詞，但用形象寫詞法寫成的音節表意文字，卻在一定程度上反映了詞義；那麼，研究詞義就很可以用它作參考。

"至"這個詞，商周時代是用一個表示一支箭落在地面或達到目的物的形狀來寫的，它的形狀是 ∀。

把它的形象和"至"的各種意思聯繫起來，可以推定，它的詞義應該是前兩類意思的統一，是到達終點或到了盡頭的意思。

這裏，我們可以說，在上面 16 個意思中，"到"、"達"，"極"、"盡"這四者原是整個詞義的兩個本質屬性或最爲突出的方面。至於其他各個意思，則是這整個詞義或是其中某一方面的引申延展。

爲什麼一個詞的詞義會發生詞義引申或延展的現象呢？

一方面是詞義概括性中的複雜性，一方面是詞義的靈活性中的適應性。詞義的複雜性原於它所反映的客觀事物或現象在不同角度上可以有不同的認識。譬如：達到終點這一情況，從起訖來說是達到，從全程來說則是盡頭或極點。到達是自彼至此，自彼至此又是"來"的詞義，因此它可以延展出"來"、"極"、"盡"等意思。自彼至此的到達，從另一角度看，也可以說是"通達"，因而也有"通"的意思。血脈不通或不來，說"脈不至"，脈至的特點是跳動，因而它又可以被理解爲"動"。

禽獸來到,説"禽獸至","禽獸至"在一定意義上是禽獸群至,因而有聚集或衆多的意思,可以被理解爲"衆"。到達終點是"極"或"盡",事物的好或壞到了極點,也可以用"至"説,"至"在這種情況下,它又有"很"、"甚"、"大"的意思,從積極一面説,又可理解"好"或"善"。達到終點,有到頭、到家或究極的意思,在這個意思上,又可被理解爲"實"。"非至數也",意思是説:這不是到家的數目,也就等於不是實在的數目。達到終點,若從上至下着想,又可理解爲"深"或"下"達到終點。從行動的意圖來看,是達到目的,這個意思和另一詞"得"的詞義是部分相通的,因而它在一定辭句中也有"得"的意思。一個工作達到了目的,從另一角度來説,也可以説是完成,因而也有時被理解爲"成"。

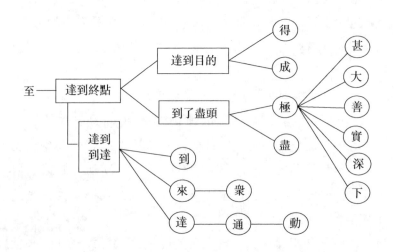

　　没有詞義的複雜性,不可能在它原意的基礎上多方延展;没有詞義的能動性,這些延展也不可能實現。

第二節　詞的本義和變義

詞的多義性給我們帶來一個問題：這些意思哪一個是最根本的？換句話説，也就是探究本義和變義的問題。

不能掌握本義變義的關係，在閲讀古代典籍時，對某些詞在作品中有時作此解釋、有時作彼解釋的現象就不能理解，祇能隨着注解走，説不出一個所以然，因而不能判定它的是非。如果在教書時，心裏就沒有數。沒有方法回答學生的疑問：這個詞爲什麼又會有那樣講法？若是作語言研究，那就更爲重要。因爲本義變義，在詞彙的歷史研究上是不可缺少的一個部分。不知流變，就不可能談到歷史，更説不到發展規律。

漢語史研究，特別是詞彙史的研究，目前還祇是剛剛着手。有些比較更古一些的材料還沒有發現。而已發現的材料，研究得也還不够。這裏所提本義和變義，僅祇是就古代典籍中的書面語言作相對的説明，並不意味着本義就是詞的最原始的意義。

壹　憑什麼推定本義

本義和變義的探求是一個事情的兩方面。在推定本義的同時，變義也相對地被澄清出來了。

推定本義和變義至少要依靠以下五種材料：

一、作品中的辭句。詞的各種意思是它在句子裏與語法意義同時表現出來的詞彙意義。在這一點上，它必然要和使用古-漢語文學語言的作品聯繫起來。離開作品辭句，詞義的各種變化是不存在的。

二、作品中的各家注解。注解是各家讀書的體會。在古今漢語詞彙的本質差別和歷史關係上，他們對某些古詞作了在他們看來是適合於作品辭句意義的解釋。特別是漢魏時代的注解，一般地是從師承關係中掌握了較多的古詞古義。這在研究詞義的變化上，是很寶貴的參考資料。

三、比較詳密的詞典。從作品裏搜集材料，是最好的方法。可是一般人不可能，也沒有必要作這番功夫。關於詞在作品中有哪些不同意思，比較詳密的詞典，例如《經籍籑詁》、《中華大字典》、《辭源》、《辭海》、《辭通》、《聯緜字典》等等，都有記載，而且還注明出處和例句。用它們作線索，就其例句查書對證，可以作初步研究，也可以滿足一般解詞工作的要求。

當然，如果打算作專門的語言問題研究，必須直接從作品裏仔細搜尋，僅僅從詞典着手，那是遠遠不够的。詞義的各種現象以及對這些現象的理解，不能被詞典限制住。相對於實際的書面語言，所有的詞典沒有一部不是得失互見的。

四、書寫形式的參證。古-漢語文學語言是以古代漢語詞彙爲基礎的。儘管它的語音形式和書寫形式隨着時代語言有變化，它的最初寫法——形象的音節表意文字——就一般的詞來說，在一定程度上反映了詞義中主要的形象特點。這種特點對於我們推定本義有很大的參考價值。我們反對以文字代替詞，也反對無視於文字寫詞的態度。

五、歷史上的文物制度。詞義反映了人對客觀事物或現象的認識。古今文物制度在不同程度上是各有變革的，因而詞義也必然要隨着它有所改變。在古-漢語文學語言詞彙裏，有些詞,它所反映的事物後代已經不存在了,例如"耜";有些詞,它所反映的事物已經改變,例如"坐"。

牽涉到文物制度的詞,它的本義變義必須和文物制度的歷史及其實際結合起來纔能達到正確了解。

貳 如何推定本義

推定本義和變義的方法,一般是歷史比較法。先把詞的各種意思都找出來,根據它所在辭句作一遍復查,了解它的實際意思到底是什麼。再把各種不同的意思按照它們之間相關程度分類排隊。在分別排比的同時,也就把它們的關係作了一番綜合考查。在考查中間,文字上的反映,認識上的發展,文物制度上的歷史關係都拿來作參證。這樣,就可以初步地擬定它們之間的先後主次關係,然後再把這個關係的看法和解釋放到作品的辭句中去,檢查它的適應情況,加以調整。之後,可以把它相對地定下來,指明哪一個意思是相對最早的意義,即本義,哪一個或哪幾個是它的變義,哪一個或哪幾個又是變義中的變義。

推尋本義,須要在全面研究詞義的基礎上進行,不應該把它片面化或公式化。因爲由於概念的屬性較多,詞義有它的多面性和應用中的片面性,有它的能動性和延展性。很可能許多意思都祇是本義的一個方面,而不是它的發展。祇有把這些部分的意思綜合起來,纔能看出詞的完整的本義。同時,也祇有了解了它的本義整體,纔能更好地了解這些片面突出的種種用法和意義。

這就是說,有的本義是可以用綜合方法推出來的。例如"繽紛"一詞的詞義有:

1. 多貌、衆多貌
2. 交雜也、雜糅也
3. 舞貌
4. 盛也
5. 亂也
6. 風吹貌
7. 飛貌

合起來，可得出"繽紛"一詞的本義應當是許多飄動着的物體雜亂交加地翩然飛舞的樣子。

有的詞義各個意思之間可以分類排隊，看出主從關係，從而定出哪一個是本義，哪一個是變義的。例如"衣"：

1. 在"衣裳楚楚"、"黻衣繡裳"中，《詩經》是指上衣說的。
2. 在"粲粲衣服"中，《詩經》是指通身衣服說的。
3. 袴、套袴，《說文解字》說它是"脛衣"也。
4. 襪，《玉篇》："脚衣。"（《說文解字》："韤，足衣也。"）
5. 弓套叫做"弓衣"。（《禮記‧檀弓下》注）
6. 劍匣也叫"劍衣"。
7. "移鐺剝芋衣"（李建勛《寄友人山居寄司徒相公》），芋皮也叫做"衣"。
8. "細雨濕鶯衣"（陸游《新泥添燕户》），鳥的羽毛也叫做"衣"。

上衣，衣服，套體物，物體套，果皮，鳥毛，這些意思，誰是本義？從時代說，弓衣、足衣，以前各有專名，一個叫韣，一個叫"襪"。脛衣、足衣、弓衣的解說是後代的語言，時間比較晚。作爲上衣或衣服本來是比較早的。按照古代服飾的形制和商周時代的形象的音節表意文字來看,上衣的意思應該是本義,其他的意思應該是從上衣到護體之物,從護體之物到套體之物,從套體之物到物體之套,從物體之套到物體之皮,到鳥的毛羽。這些個意思不應該是並列的,不能是整個詞義的各個部分。

詞義的變化情況是複雜的。除這兩種一縱一橫的關係之外,也還兼有這兩種情況的。前面舉過的"至"就是屬於這一類型的。這裏再舉一例,例如"臨",有如下意思:

1. 視也
2. 見也
3. 照也
4. 制也
5. 伐也
6. 守也
7. 撫有之也
8. 哭也
9. 居高視下
10. 以尊適卑

把這些意思整理一下,用它最古的書寫形式作參證。可以看出,"視也"、"見也"、"照也",這些意思都是它整個詞義"居高視下"的一個方面。周代青銅器銘文把"臨"寫作𦣞、𦣟,正象一個人俯身注目從上向下看許多東西的樣子。這是橫的一面。

"以尊適卑"、"撫有之也"、"制也"、"伐也"都是從"居高視下"的形勢延展出來的。"哭"是從"以尊適卑"的關係來的。"守"是從"撫有之也"的關係來的。這些,都是從縱的方面發展出來的意思。

第三節　詞義的轉變

　　前面所説的詞義變化，都是以詞的原義（或基本意義）爲中心隨文活用，萬變不離其宗的。變義是在本義的基礎上起作用的。原來的基本意義還在隱然地説明變義的詞義特點。因而無論它在辭句之中突出詞義的哪一部分，也無論從哪一方面作了引申延展，都不意味着一個新詞的出現。

　　這是詞義變化的一般情況。

　　詞義變化的特殊情況是改變了它原有的基本意義，變成了和另一概念統一起來的新詞。它反映了不同於原有詞義所概括的關於客觀事物或現象的認識。這種完全脱開原詞基本意義變成以另一概念爲内容的詞義變化，是詞義的轉變。

　　詞義轉變從而產生新的意義，是人們在反復實踐中，深入或改造客觀事物，在新事物或現象的激發下，從已有認識的發展中推陳出新形成新認識的結果。它是和社會、文化、科學、技術的發展緊緊聯繫着的。

　　詞義轉變是有導致轉變的線索的，可能是新舊事物或現象之間有某些相似的地方，譬如功能、形狀、動作等等，也可能是新舊事物或現象存在着某些現實關係。

　　詞義轉變，一般是有修辭意義的。譬如有相似之點，看它像什麼就叫什麼，這是一種“隱喻”；因爲它和某種現實事物有比較突出的關係，就直接用那個有關事物的名字來叫它，這是一種“換喻”。

　　修辭上的“隱喻”、“換喻”和詞義轉變之間的差別，在於是不是作爲一個概念被固定下來。被固定下來的是詞義轉變，没有被固定下來的是一般修辭現象。

被固定下來的詞義轉變是屬於造詞性質的。

這樣，詞義轉變往往造成一個和它原詞同音或有同一書寫形式的同音詞。有些人把這種性質的同音詞看作一詞多義。那就是説一個詞可以是兩個或多個概念和一個語音形式的統一體，從而違反了一個詞是一個思想（概念）語音物化的原則。忽視詞的歷史關係是不對的，由於歷史關係而忘掉了本質區別也是不合適的。

詞義轉變有三種形式：擴大、縮小和轉移。下面就這三種轉變，按修辭性和造詞性分別各舉一例。

壹　詞義擴大

詞義擴大，從原詞義到新詞義是從種概念到類概念的關係。這個從小到大是從部分到全體的。屬於修辭性的，例如：

秋　"秋"是一年四季中的一個季節。對"年"來説，它是整體的一個部分。一年祇有一個"秋"，因而"三秋"意味着"三年"。這和"庭樹於今三見花"相似，是一種修辭手法。在以部分代整體的言語中，"千秋萬歲"的"秋"，它的詞義就與"年"相當，成爲"歲"的同義詞了。從一個季節轉變爲一年，這是詞義擴大。

這個擴大是一種行文藝術。它並没有動摇"秋"這一詞的季節原義。詞義未變，因此不是造詞性的。

河　漢以前，把黄河叫做"河"。"河"是黄河的本名。《春秋·文公十二年》"晉人秦人戰於河曲"；《列子·湯問》"河曲智叟笑而止之"。這兩個"河曲"的"河"都是黃河由北向南流到山西西南角陡向東折的地區。《後漢書・酈炎傳》"韓信釣河曲",也同樣用了"河曲"。這個"河曲"的"河"按照韓信本人的事迹來看,它是淮水而不是黃河。參看《史記・淮陰侯列傳》可知。這個變化不是把黃河的"河"轉爲淮水的名字,而是把一條河流的名字擴大成爲總稱一切河流的名字,是詞義擴大。

貳　詞義縮小

詞義縮小,詞的原義和變義是以類概念到種概念的關係轉移的,它是從大到小,從整體到部分的。屬於修辭性的,例如:

金　玉

"金聲而玉振之也。金聲也者,始條理也;玉振之也者,終條理也。"(《孟子・萬章下》)

"金"在這裏是指鐘鎛等金屬樂器説的。"玉"是指一種玉石做的樂器——特別指磬説的,金屬的概念大於金屬樂器,玉石概念大於玉製樂器。這種用法是詞義縮小。

這個縮小也是一時行文的活用。"金"、"玉"始終不能以樂器作它的詞義。屬於造詞性的,例如:

禽　古代漢語把田獵中的"擒獲"和擒獲的動物都叫做"禽",因而"禽"有鳥獸的意思,譬如《周易・師》裏的"田有禽"。《白虎通・田獵》:"禽者何? 鳥獸之總名。"它説明了這個意思。可是後來把它從總名稱中縮小範圍,使它祇承擔一部分,和獸對立起來,彼此分工,變成鳥的另一名字。《爾雅・釋鳥》"二足而羽謂之禽,四足而毛謂之獸",正標誌這種劃分。

鳥獸總名概括所有脊椎動物。鳥類的通稱,則專指脊椎動物中的兩翼兩足而身生羽毛的動物。這是從類概念到種概念的縮小。

這個縮小被固定下來,成爲一詞,因而它是有造詞作用的。

叁 詞義轉移

詞義轉移,原詞詞義和轉成詞義彼此没有種類從屬關係,它們一般是等立並列的,誰也不包括誰。它們有的是有共通的從屬關係,共屬於高於它們的概念的;有的祇是在詞義內容上有某一或某些相近或相同關係。屬於修辭性的,例如:

衣 在古代,一般是穿衣着裳的,衣是上身,裳是下身。衣和裳是兩種不同的衣着。可是,《禮記·曲禮上》"毋踐履,毋踏席,摳衣趨隅"的"衣",却是指"裳"。說脫鞋時不要踩了別人的鞋,入席時不要錯了次序,兩手提着衣角慢慢地從席的下角上來。把"衣"當作"裳"來用是詞義轉移。

這種轉移,不能改變"衣"的詞義,也祇是一種行文活用。屬於造詞性的,例如:

樹 古代漢語把樹木叫做"木"。把栽樹的工作叫做"樹",最初寫作"_屮"。後來由於樹木的工作,把被樹的樹木也叫做"樹"。於是"樹"這一詞,轉化爲"木"的同義詞。《左傳·昭公二年》:"宴于季氏,有嘉樹焉。宣子譽之。武子曰:'宿敢不封殖此樹。'"就是用的樹木的意思。《孟子·滕文公上》"樹藝五穀",則用的是栽植的意思。

字 原是孳生的意思。《周易·屯》:"女子貞不字,十年乃字。"《山海經·中山經》:"黄棘,黄華而員葉,其實如蘭,服之不字。"《説文解字》："字，乳也。从子在宀下，子亦聲。"人及鳥獸生子曰乳。字的詞義原是生子。

　　《説文解字序》："言語異聲，文字異形。"又："倉頡之初作書，蓋依類象形，故謂之文，其後形聲相益，即謂之字。字者言孳乳而浸多也。"轉指文字的意思，這是詞義轉移。

第五章　古代漢語造詞法

第一節　古代漢語造詞法在古-漢語文學
　　　　語言中的地位、性質及其某些特點

　　漢語造詞法，在古今漢語中，是有它們的本質差別的。漢語
造詞法的舊質特點一般是用一個根詞作基礎，從一個詞孳生一
個詞，是獨成的。標誌新質特點的一般是以詞組、短句或附綴等
辦法，由二詞或數詞構成一詞，是合成的。用前一種造詞法造出
來的詞，單音節的多，雙音節的少。反之，用後一種造詞法造出
來的詞，則是雙音節或多音節的比較多。現代漢語是以後一種
造詞法爲其詞彙特點的本質，而前一種則是古代漢語詞彙特點
的本質所在。

　　古-漢語文學語言詞彙是以古代漢語詞彙爲基礎的。雖然
歷代作家在寫作時都隨時吸取了各自的當代新詞，但是反映新
質特點的詞在比重上終究佔比較小的數目。因此，研究古-漢語
文學語言詞彙，在造詞法上不能不側重舊質造詞方法。至於反
映新質特點的造詞法，因爲我們在這以前已經學習了現代漢語，
這裏不重述了。

　　造詞法是在一定語言基礎上創造新詞的方法。它說明一個

詞是在什麼樣的認識基礎上，使用什麼樣的語言材料，運用什麼樣的方法創造出來的。

造詞本身就是一種語言行爲，它的活動結果，必然産生新詞。新詞出現必然有它的結構形式。詞的形式結構是由它的造詞活動内容、方法派生的。有同一結構形式的詞，在詞的素材和方法上可以是不相同的。例如"天河"和"手巾"，在形式上都是修飾被修飾的主從關係，在實際上是兩種不同的造詞，光就形式的結構關係是講不出來它們之間的區別的。何況古代漢語造詞法造出來的詞單音節詞多，例如"江"、"論"等等，它們是不可能用什麼主從、並列等等形式關係來加以説明的。

造詞法可以説明爲什麼我們的詞彙會有這樣或那樣的結構形式，可是結構形式却不能自己説明它爲什麼會出現這種形式。除某些偶然情況外，可以説在爲新事物命名時，人們很少意識到什麼主從或並列。相反地，怎麼"叫"纔能恰當地表現概括和反映新事物、新認識的詞義，這纔是問題的關鍵。

造詞法不僅僅是一種語言現象。它和客觀事物複雜性、變化性有密切的關係。它是和人們在反復實踐中從客觀事物得到的認識分不開的。客觀事物的特點，新事物和舊事物在認識裏的相近關係，舊認識從實踐中的提煉，由渾淪到分析，由粗到精的孳生分化，這都是和造詞方法有密切關係的。

造詞法是一種社會現象。它的活動是和社會上事物的出現、變化或消失等現象緊緊相關的。客觀事物的複雜多變，直接影響人的認識和語言。

一個事物是有許多特點、屬性和跟其他事物的關係的。

因而,反映客觀存在的概念,在屬性上是多種多樣多方面的。造詞活動是以概念爲基礎的。但是從它哪一點或哪一方面出發,使用什麼東西作材料,用什麼方法把它説出來,這些是有一定的必然性和偶然性的。客觀存在、語言特點、文化水平、社會環境以及當前情況等等因素和作用是具有必然性的。至於在這些必然的條件下如何聯想、如何選材、如何造形,又是有一定程度的選擇餘地的,因而它又是有一定程度的偶然性的。

古代漢語造詞法,在語言形式上,主要是依仗兩種方法:一、直接使用根詞原形的;二、改變根詞部分語音的——改變音素或聲調。

在思想、材料和方法上,古代漢語造詞法有以下幾種:

一、新認識的事物,如果在音響上有它突出的特點,起名造詞時,往往是"依聲託事",以它的特點音響作爲它的名字。這種造詞法是摹聲法。

二、新認識的事物,如果在某一方面和已有的認識有相應的關係,往往就以新舊之間的某一關係爲線索,使用舊詞説明新認識特點,這種"述而不作"的造詞方法是擬義法。(這些名字有的是暫定的。)

在擬義法裏又有兩種方法:

一種是"取譬相成",即看它像什麼就叫什麼,這是比擬法。

另一種是從它的性質、作用、形勢或關係加以敘述的,即"以事爲名",這是借喻法。

三、新認識是從舊事物發展出來的,在原有詞義的基礎上提煉出新的詞義,從而產生新詞,即"推陳出新",這是變義法。

變義法裏也可以分作兩種：

一種是"青出於藍"的孳生法；

一種是"化整爲零"的分化法。

這幾種方法，除"依聲託事"的摹聲法和"取譬相成"的比擬法外，其餘各種方法都在不同程度上，分別或對比地，從形式上採取了音變法作爲輔助手段和定形工具。

第二、第三兩種造詞法合起來和摹聲法相對，叫述義法。

作爲古-漢語文學語言詞彙的基本部分，反映漢語詞彙舊質特點的古代漢語造詞法，它的體系大致如下：

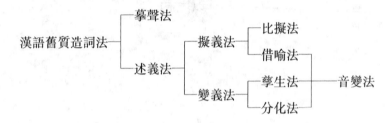

第二節　摹聲造詞法

> 却因養得能言鴨，
>
> 驚破王孫金彈丸。

相傳陸龜蒙住在笠澤的時候，有個內養從長安出使杭州，舟從陸家房下過，用彈弓打死陸家一隻綠頭鴨。龜蒙急忙從家裏跑出來，大聲喊道："這隻綠頭鴨有異能，會説話，我是打算把它獻給天子的。現在咱們拿這隻死鴨到衙門去。"內養從小就生長在宮禁裏，不懂這事的真假，信以爲真，賠了好多金帛。事情完了，他問龜蒙説："這隻鴨會説什麼？"龜蒙説："它常常自己喊自

己的名字!"(胡仔《苕溪漁隱叢話》)

　　這個故事一方面嘲笑了封建貴族子弟的愚昧無知,一方面也反映了一個事實:有的物名是以它足以區別於其他物類的聲響來作爲名字的。"鴨"之所以叫做"鴨",就祇因爲它的叫聲是鴨——鴨——鴨。所謂"常常自呼其名"就是説:"鴨鳴呷呷。"

　　漢嘉城西北山麓有一石洞,泉出其間,時聞洞中泉滴聲,良久一滴,清如金石。黃魯直題詩曰:

　　　　古人題作東丁水,
　　　　自古東丁直到今。

　　從人們感覺到的物體發聲特點,通過當時的語音體系,使之語音化,用作物體的名字,這種方法,是摹聲法。

　　在古代漢語詞彙裏,有些詞是使用這種方法造成的。其中有些詞由於古今漢語語音變易,到現代,一時覺不到它的摹聲作用。如果把它和古漢語語音結合起來,還可以得到一點仿佛的迹象。例如:

　　　　子擊磬於衛。有荷蕢而過孔氏之門者,曰:"有心哉! 擊磬乎?"既而曰:"鄙哉! 硜硜乎? ……"(《論語·憲問》)

　　"硜"現代説 kēng,和"磬"(qìng)不同音。按"硜"和"磬"是同一詞的不同寫法(見《説文解字》)。磬聲是硜硜然的,"磬"這種樂器應當是以它這種聲響特點得名的。《釋名·釋樂器》:"磬,磬也,其聲磬磬然堅致也。""磬"也和磬同音。磬、磬、硜,古音同屬溪母耕韻。它的音節可能是[khieŋ]。

　　摹聲造詞,我在《漢語詞彙》第八章裏舉了一些例,本書不再重述。這裏補充一類純然摹聲的現象。它和一般的摹聲造詞不同，祇標記聲音，而不是因聲及物的。在作品中常常遇到這種詞。它既有詞彙意義（那種聲響就是它的詞義），又有語法意義，是辭句中不可或缺的成分，毫無疑問也是一種摹聲造詞。例如：

> 文惠君曰："嘻！善哉！技蓋至此乎！"（《莊子·養生主》）

> 鴟得腐鼠，鵷鶵過之，仰而視之曰："嚇！今子欲以子之梁國而嚇我邪！"（《莊子·秋水》）

> 鼓瑟希，鏗爾。（《論語·先進》）

> 適有孤鶴，橫江東來，翅如車輪，玄裳縞衣，戛然長鳴，掠予舟而西也。（蘇軾《後赤壁賦》）

"嘻"是驚異讚嘆聲，"嚇"是發怒之聲。這都是單音節的。

"鏗爾"、"戛然"是在單音節摹聲詞上加以語尾形態的，變成雙音節詞。

其他雙音節的，如：

> （周）昌爲人吃，又盛怒，曰："臣口不能言，然臣期——期——知其不可。陛下雖欲廢太子，臣期——期——不奉詔。"（《史記·張蒼列傳》）

"期期知其不可"中的"期期"並不是一個概念，祇是口吃的語聲。

> 初淅瀝以瀟颯，忽奔騰而砰湃。如波濤夜驚，風雨驟至。其觸於物也，鏦鏦錚錚，金鐵皆鳴。（歐陽修《秋聲賦》）

"淅瀝"是雨聲，"瀟颯"是風聲，"砰湃"是波濤洶湧聲，"鏦鏦"、"錚錚"却是金屬物體的撞擊聲。

嗚呼! 噫嘻! 我知之矣。疇昔之夜,飛鳴而過我者,非子也
耶?(蘇軾《後赤壁賦》)

"嗚呼"、"噫嘻"是驚呼和慨嘆的聲音。再如:

女則牙牙學語。(《司空表聖文集·障車文》)
笑吃吃不絶。(《飛燕外傳》)
五門嚘嚘,但聞豚聲。(趙岐《三輔決録》)
馬蹄特特荊門道。(温庭筠《常林歡歌》)
而獨不聞之翏翏乎?(《莊子·齊物論》)
雷填填兮雨冥冥。(《九歌·山鬼》)
伐木丁丁。(《詩·小雅·伐木》)

"牙牙"是小孩兒學話聲,"吃吃"是歡笑聲,"嚘嚘"是猪叫
聲,"特特"是馬蹄聲,"翏翏"是長風聲,"填填"是雷響聲,"丁丁"
是伐木聲,諸如此類摹聲詞是很多的。

第三節　擬義造詞法

這種造詞法是利用以前已有的詞彙,就新概念内容,按它突
出的形象或性質、作用、形勢、關係,借詞説明,指出特點,同時就
以這説明之詞的音節形式作這個新詞的形式。

適用這種造詞法的根詞和新詞之間,必有一個共同之點作
爲"以舊明新"的橋梁。從新詞的命名來説是借彼明此的一種造
詞,從舊詞來説則是詞義轉化的極致。

在這種造詞法裏,又可分作兩種:一種是看它像什麽就
叫做什麽,即"取譬相成"的比擬法;另一種是借用别的詞以

說它的形象或性質、作用、形勢或關係，即"鈎玄提要"的借喻法。

壹 比擬法

比擬造詞法是以新舊認識反映的新舊事物之間的相似點爲基礎的，把它們從聯想的繩索上聯繫起來，從而得到以已知說新知，看它像什麽就叫什麽的造詞法。例如：

> 弩……其柄曰臂，似人臂也。鈎弦者曰牙，似齒牙也。牙外曰郭，爲牙之規郭也。下曰懸刀，其形然也。合名之曰機，言如機之巧也，亦言如門户之樞機，開闔有節也。（《釋名·釋兵》）

像臂叫臂，像牙叫牙，像郭叫郭，像懸刀就叫懸刀，是從形象上比擬的。這就是像什麽就叫什麽的比擬造詞法。再如：

> 七月流火，九月授衣。（《詩·豳風·七月》）
> 冬，十二月，螽。季孫問諸仲尼，仲尼曰："丘聞之，火伏而後蟄者畢。今火猶西流，司歷過也。"（《左傳·哀公十二年》）

這裏的"火"和常用詞彙中說明燃燒現象的"火"是不同的。它是一顆星的名字。它是二十八宿"心宿"中的一個大星，又名"心"，也叫做"辰"，東北方言叫做"辰兒"（cher）。

這顆星是夏天傍晚南天主要星座的中心。在以這個星爲主的季節裏，天氣是炎熱的，星的顏色是紅的。兩下聯繫起來，使人覺得它好像一團紅紅的熱火似的，它給人帶來了炎熱，因而把它叫做"火"。

作爲一個星的名字，它已經和它依以成詞的母體——表示

燃燒之"火"——大不相同了，是一個獨立的詞。

"火"的比擬也比較複雜。它除星體的形色條件之外，把當時的氣候也連類在內。但是，形象還是它的主要線索。

劉熙《釋名》一書，有些條目是在説明這種造詞法的。例如：

"珥"，氣在日兩旁之名也，"珥"，耳也，言似人耳之在兩旁也。

日月虧曰"食"，稍稍侵虧，如蟲食草木葉也。

"弦"，月半之名也。其形一旁曲一旁直若弓施弦也。

水草交曰"湄"。"湄"，眉也，臨水如眉臨目也。

"楣"，眉也，近前各兩，若面之有眉也。

"朳"，枝也，似木之枝格也。

"脛"，莖也，直而長似物莖也。

"綾"，凌也，其文望之如冰凌之理也。

"釵"，叉也，象叉之形，因名之也。

"錔"……其板曰"葉"，象木葉也。

"刀"……其本曰"環"，形似環也。

"甲"，似物有孚甲以自御也……亦曰鎧。

又如《墨子·備城門》：

皆積索石蒺藜。

"蒺藜"也叫做"茨草"。先秦時代叫做"齊（薺）"或"茨"。這種草"布地蔓生，細葉，有三角，刺人"。因爲它有刺刺人，人不踐，還有個別名叫"止行"。

一種可以防止敵人人馬前進的防禦武器，三角四刺，形如蒺藜，就把它叫做"蒺藜"。

雙音節詞也有用比擬法造成的。

貳　借喻法

一個事物是具有各種各樣的形式、性質、作用和關係的。這些因素，在不同的認識中，是可以分別隸屬於不同概念的。這就使一個事物通過實踐、認識、形成概念而語音物化成詞時，必然會有某些點是要和別的詞在詞義上相似或相同的。

有些詞在詞義中是彼此具有相似相同之點的，這就爲反映新事物、新認識而製造新詞時，準備了容易被群衆了解接受的語言基礎——以詞成詞的根詞。一個反映客觀事物的新認識，在形成概念造成新詞時，爲了表現詞義特點，爲了便於被人們了解，一般是借用詞彙中某一與此特點有關的詞作爲造詞的基礎的，用它作爲誘發和喻解新詞的線索。

在造詞時，爲了詞義突出和便於了解，借用已有詞彙中足以說明新詞詞義的特殊屬性，以舊明新，從而造成新詞的，是借喻法。

借舊明新的借喻法,隨着概念的特點和當時造詞的客觀情況的不同,要求說明的特點是不一樣的。一般說來,有的從性質上作區別,有的是從作用上說明,有的是從形勢或關係上予以描述的。

第一,從性質方面,選用舊詞以說明新認識特點,從而造成新詞的,例如:

縑　比絹緻密,不漏水。它的命名是在它"其絲細緻數兼於絹"的兼的特點上得名的。

鋒　兵刃的尖端叫做鋒。劉熙說因爲它像蜂刺那樣毒利。按《荀子・議兵》"宛鉅鐵鈍,慘如蠆蠆",用蠆蠆來說明兵刃的鋒利,鋒可能是就這個性質得名的。

清　是"去濁遠穢"透出青色。

頌　是形容,是敘說其成功的形容。

粉　分也,研米使分散也。

不僅單音節如此,雙音節詞也是一樣的,例如:

黃昏　這個雙音節詞是用"恍惚"或"荒忽"作根詞,以薄暮時的昏黃性質來入手選材構詞的。

第二,從作用方面着想,利用已有詞彙選材命名的,例如:

鑷　是從它可以"攝"取東西的作用命名的。

帔　是從披在肩上的"披"得名的。

被　也是從被覆的作用得名的。

寢　寢室的寢是從寢臥的"寢"來的。

囷　是從屯聚的作用來的。

硯　是從研磨作用來的。

鏵　是從剗地作用來的。

以上是單音節的。雙音節的,例如:

睥睨(埤堄、陴睨) 我國古城在女牆上開小孔,作爲射箭的箭眼,守城人用它來窺望城下,睥睨非常。就它開箭眼以窺望城下的作用選材構詞,造成一個新詞"睥睨"。

第三,從形勢或關係方面,利用舊詞説明新認識所反映的事物特點,從而造成新詞的,例如:

澗 山夾水叫做澗。澗,是用"間"來説明這種水在兩山之間的特點。

房 早先是指在正寢兩邊的小房間説的。因爲它的位置是在正寢的兩旁,因叫做房。房是在"旁"的形勢關係上得名的。

頰 是從它在兩旁挾持的特點上得名的。

梳 木梳的"梳"是在它和"篦"(比)相對,從它的齒兒稀疏的形狀特點得名的。

篦 篦子,古時也寫作"比",它是從齒兒密,一個個緊緊相比的形狀得名的。

以上是單音節詞例。雙音節的,例如:

參差 《楚辭·九歌·湘君》"望夫君兮未來,吹參差兮誰思"中"參差"是洞簫。我國古時的簫是"編管爲之"的。按音律以次排管,管筒長短不齊,把它叫作"參差"是就它的形勢命名的。

第四節 變義造詞法

這種造詞法也是從舊知到新知,從舊詞到新詞的。它是人們從反復實踐中把認識向深向精進一步發展的結果。

事物,在不同程度上,都是比較複雜的。它們的出現是先後不齊的。而且都是在不斷發展的。人們對事物的認識，隨着生產能力和鬥爭經驗，一般是從籠統到分析，從粗略到精細的。不僅從實踐中接觸和了解事物有先後，而且事物的先後出現也不斷地豐富和提高人們的認識。

某些比較古老一些的詞，它們祇反映了切合於當時認識的比較籠統的概念。後來得到發展和分化，變成幾個新的概念，造成幾個新詞；或者是從它提煉出一個新的認識，反映一個新表現，在原有概念基礎上，孳生概念，從而產生新詞。

這種造詞法也是從舊詞產生新詞的。但是，它和前一節所說的擬義法是不大相同的。前一個，一般是當初就沒有成過詞，在造詞時祇得借別的詞來給自己作幫助，是靠別的詞起來的。至於這一種方法，它自己原來已經是一個詞，祇是詞義比較新詞是渾濁籠統而已。在造詞時，就古代漢語來說，一般是不需要別的詞來作幫助的。它是使用一種"推陳出新"的方法。這種方法是從概念的分化或孳生到詞義的改變引起的，可以叫做變義法。

"推陳出新"的變義法大體可分兩種：一種是孳生，一種是分化。

孳生法是從舊詞中孳生新義從而產生新詞的。新詞出現之後，一般不影響原詞的存在。它可以和它的母體同時並存於詞彙之中。

分化法一般是"化整為零"，從詞義的分化出發，把原詞分化成兩個或好幾個新詞。分化之後，被分化詞，一般作為一個分化部分而存在了。

壹 孳生法

孳生的變義造詞法，它是從舊認識中産生新認識的結果。

這種新認識的來路是不一樣的。有的是在原來的詞義裏蘊毓了發展因素的。在一定條件下，主要是生産勞動和社會實踐的發展和需要，得到萌生、壯大，終至從原詞的胚胎中獨立出來成爲新詞。也有的是在原詞的詞義裏根本就没有這個因素，换句話説，詞義所反映的客觀事物裏就没有這個成分。但是由於社會關係和認識上的發展，某些各不相關的東西，是可以發生聯繫的。這就促使它也成了詞義發展中的一個因素。在一定的社會條件事物關係和語言環境下，這個因素得到滋長，也一樣孳生新詞。

孳生造詞是無限的。孳生出來的新詞，是不止一代的。若把孳乳較多的詞按其發展的歷史關係排列起來，是可以找出譜系源流的。例如：

歲 《左傳·襄公三十年》記載了這樣一件事：

晉悼夫人食輿人之城杞者。絳縣人或年長矣，無子而往，與於食。有與疑年。使之年。曰："臣小人也，不知紀年。臣生之歲，正月，甲子朔。四百有四十五甲子矣。其季於今三之一也。"吏走問諸朝。師曠曰："魯叔仲惠伯會郤成子于承匡之歲也。是歲也，狄伐魯。叔孫莊叔於是乎敗狄于鹹，獲長狄僑如及虺也、豹也，而皆以名其子，七十三年矣。"

在這段記載中，"年"和"歲"的詞義是相同的。它們的詞義和我們現時所習用的一樣。

在這同一年中，還有一段記載也用了"歲"。但是它和"年"

並不同義：

> 於是歲在降婁，降婁中而旦。裨竈指之，曰："猶可以終歲。
> 歲不及此次也已！"及其亡也，歲在娵訾之口，其明年，乃及降婁。
> (《左傳‧襄公三十年》)

這個"歲"是指歲星——金、木、水、火、土五星中的木星。

歲星和年歲是人從實踐中得到的兩種不同的認識。它們已經分別地鞏固下來，是兩個不同的詞。

"歲"這個字所寫的兩個詞哪一個在先呢？

歲星的"歲"是最初的。

歲星的運行周期差不多是十二年一周天，古人把周天分作十二"次"，歲星基本上是每年換一個位次，因此可以用"歲在××"或"歲次××"來紀年。王羲之《蘭亭集序》"永和九年，歲在癸丑"正是沿用這個慣例。

從歲星紀年，使歲和時間單位發生關係。在這個關係上，從"歲"的詞義中孳生出"年"的意思。這個發展不是一般的詞義延展，它從歲星的基礎中脫離出來，和歲星的詞義同時分別存在，在作年歲用時，歲星的原意不但不是作為了解詞義的基礎緊緊地跟上去，而是早已被人淡忘了。

"歲"作為年歲説，是一種變義造詞。再如：

漢　這個字是四個詞共用的書寫形式。這四個詞的詞義是：漢水、漢朝、漢族、漢子。例如：

> 南有喬木，不可休思。漢有游女，不可求思。漢之廣矣，不可泳思。江之永矣，不可方思。(《詩‧周南‧漢廣》)
> 自雲先世避秦時亂，率妻子邑人來此絕境，不復出焉。遂與

外人間隔。問：“今是何世？”乃不知有漢，無論魏晉。（陶淵明《桃花源記》）

夫求西學而不由其文字語言，則終費時而無效。乃以數月之力，雜採英人馬孫摩栗思等之説，至於析辭而止，旁行斜上，釋以漢文，廣爲設譬，顏曰《英文漢詁》。（嚴復《英文漢詁敍》）

顯祖謂（楊）愔曰：“何慮無人作官職，若用此漢何爲？”（《北齊書·魏蘭根傳》）

（典御丞李集强諫不屈，）帝大笑曰：“天下有如此痴漢！”（《北史·齊文宣紀》）

它爲什麽能這樣呢？

是由於詞義孳乳轉變而形成的變義造詞。

“漢”原來是一條水的名字。“漢之廣矣”的“漢”就是這條水。秦末，楚漢相爭之際，項羽自立爲西楚霸王，封劉邦爲漢王，王巴蜀、漢中四十一縣，都南鄭。“漢”遂通過地區名稱，成爲劉家天下的名字——漢朝。後來因爲和其他民族接觸，“漢”又從朝代名稱轉變爲種族名稱。在北方民族統治下，稱漢族男子爲“漢”的基礎上，這個種族名稱又轉化爲一般男子的通稱。

這一層層的轉變，是各自概括着一個新的認識的。不但漢水和男子沒有關係，就是漢水和漢代在概念的本質屬性上也是沒有必然關係的。

它們應該是一次再次的造詞，不應該是一個詞義的引申延展。

貳　分化法

分化造詞是和孳生造詞不同的。用孳乳法造出來的新詞，在詞義上，和舊詞各自反映了彼此不曾包含的事物。舊詞是形成新詞的基礎，但是新詞並不是當初就裹在舊詞中間的一般成分。分化造詞就不是這樣的。新詞和舊詞都在不同範圍、不同程度上反映了同一事物，袛是在認識上有精粗分合不同。舊詞袛反映了它的整體，而新詞則是從整體中分析出來的組成部分或條件，這種從已知到新知的滋長新生是認識的深入，是它從渾淪到分析、從粗到精的發展。例如，《論語》裏有這樣兩段話：

> 子貢曰："有美玉於斯，韞櫝而藏諸？求善賈而沽諸？"子曰："沽之哉！沽之哉！我待賈者也！"(《論語・子罕》)
>
> 沽酒、市脯，不食。(《論語・鄉黨》)

《子罕》篇的"沽"字，漢石經都寫作"賈"。從現代漢語來解釋，兩篇裏的"沽"詞義是不一樣的。前一篇是賣，而後一篇則是買的意思。《鄉黨》篇裏的"沽"，因爲和買酒相關，有寫作"酤"的。實際上詞原是一個，也是兼有買、賣兩方的意思(見《說文》、《廣雅》)。這是需要注意的一點。

另一點，如：

> 當其有者，半賈而賣；亡者，取倍稱之息。於是有賣田宅、鬻子孫以償債者矣。而商賈大者積貯倍息，小者坐列販賣。(晁錯《論貴粟疏》)

"賈"用了兩次。前一用法和《子罕》篇相同，都相當於後來的"價"。後一者則和"商"同義，是做生意的人。

"賈"和"沽"古同音，同在魚韻。

《廣韻》：

　　　　賈　　公户切［見姥合一］（商賈）
　　　　沽　　公户切［見姥合一］（屠沽）
　　　　　　　古胡切［見模合一］（酤酒）
　　　　　　　古暮切［見暮合一］（賣也）

　　另外，和“賈”同音的還有“估計”的“估”。
　　至於“價”則是：

　　　　古訝切［見禡開二］（價數）

　　綜合這些情況，可以看出“賈”和“沽”同音，在所引材料上，
它們原是一個詞的不同寫法。這個詞的詞義當如段玉裁所説，
是指做生意的整個事情説的。構成買賣一事必須有買賣雙方的
行爲，因此，它是包括賣和買兩種相反相成的事情的。這個詞
義，是比較渾淪的。

　　它在買賣兩方雖然没有分開，但是，在另一方面却有所分
析，那就是進行交易時商人對貨物的估價活動。按上面的材料
看，“價”的書寫形式出現較晚。“價”的認識在我國當是在春秋
之後纔明確下來的。

　　“賈”是買入賣出的商業活動，其中原來就包括着物物交易
和估價行爲。商業的興盛和商人的剥削，使人們在原來渾淪未
分的認識中，新認識出估價和價值的區別，從而由一個舊詞中，
分化兩個新詞：一、做生意和對商品估價這個行爲是“賈”；
二、通過“賈”人行賈定出的價值叫“價”。

　　這是一個分化。分化必然要求區別。用改變韻調的辦法分
出兩個詞來。

　　後來，由於“買”、“賣”的分化和“商賈”一詞的形成，“賈”作

爲一個古詞而存在於古-漢語文學語言詞彙之中,並借助於文字的反作用,使它的詞義縮小。"估價"的一面,用"估"來寫。"買"用"沽"來寫。這樣,又分化出兩個同音詞來。

它們的關係是:

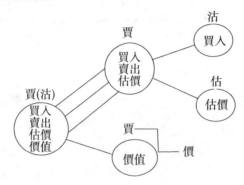

再如:

> 同心之言,其臭如蘭。(《周易・繫辭上》)
>
> 口之於味也,目之於色也,耳之於聲也,鼻之於臭也。(《孟子・盡心下》)
>
> 色惡不食,臭惡不食。(《論語・鄉黨》)

這些"臭"都是氣味的意思。無論好的氣味或壞的氣味都叫"臭"。爲了和好氣味作區別,用"惡"(《禮記・大學》"如惡惡臭")來說明。或者加具體的氣體名字,像"其臭羶"、"其臭焦"、"其臭香"、"其臭腥"(《禮記・月令》)。

> 人有大臭者,其親戚兄弟妻妾知識無能與居者,自苦而居海上。海上人有說其臭者,晝夜隨之而弗能去。(《呂氏春秋・遇合》)

這個"臭"已經是惡臭的意思。下面的詞義也是這樣:

是其所美者，爲神奇；其所惡者，爲臭腐。（《莊子·知北遊》）

王謂鄭袖曰："夫新人見寡人，則掩其鼻，何也？……"鄭袖曰："其似惡聞君王之臭也。"（《戰國策·楚策四》）

可見"臭"這個詞，當初是指着物體發散出來的氣味説的，它的詞義包括着好聞的和難聞的，無論香臭都叫做"臭"。看來它的詞義是渾淪的。

後來分化了，好聞的氣味叫做"香"，難聞的叫做"臭"。腐臭的"臭"分化出來之後，另用"殠"或"嗅"來寫。《論衡·譴告篇》："屈原疾楚之嗅泞，故稱香潔之辭。"正是"香"、"臭"相對。

這種分化，因爲有一部分被另一個詞分擔去了，原詞衹承擔了一個部分。這樣，按新舊詞的關係來説，形成片面的縮小形式。和"買""賣"、"授""受"兩個對立面同時並存，和"賈""價""估""沽"等各屬性分別獨立的分化造詞是不完全一樣的。可以説是一種分化變例。

第五節　音變造詞法

音變造詞不是和前面幾種造詞方法並列的，那幾種方法是從詞的内容來考察造成新詞的思想、材料和方法的，它説明爲什麼會把那些反映事物的認識叫出那樣的名字。音變造詞則是從詞的語音形式上來考察，研究配合那些命名方法都有哪些語音形式上的造形辦法。

造詞的語言形式是被它的内容決定的。在古代漢語造詞法裏，詞的造形方法衹有兩類：一種是不改變據以成詞的根詞形式；一種是在根詞的音節基礎上部分地改造語音——或變更音素或變更聲調。這兩類方法和前面所說的幾種造詞法不是以類相應的。它們之間的關係大體是這樣：

一、摹聲法和比擬法一般不用音變方法。

二、借喻法有時是使用音變方法的。

三、孳生法和分化法，比較前兩者，使用音變方法是比較多的。不同造詞可以使用同一音變方法，換句話説，同一音變方法也可以適用於不同造詞。

在後兩種造詞法裏，有時也不使用音變方法，就用詞根原來的形式直接成詞。

古代漢語的音變造詞是比較複雜的，直到目前爲止，有些詞彙現象是否存在還沒有一致的認識。譬如：古代漢語詞彙有沒有複輔音，"耇老"原來就是一個雙音節詞呢，還是它的雙音節是從單音節詞"考"［khau］演變而來的？有些詞彙現象，譬如音繫和音值，各家研究各有一套，雖然大家不懷疑它的存在，可是並沒有完全一致的結論。

這裏，暫時先把《廣韻》所記語音作爲考慮問題的參考，因爲它並不是和古代漢語詞彙同時的東西，還不能直接地反映秦以前的詞彙形式現象。

下面從改變輔音、改變調類、改變輔音和調類、改變韻部和調類、改變輔音或韻部和調類五個方面各舉幾個例子作爲參考。

壹　從古韻書看音變造詞

一、改變輔音

朝　這個字寫兩個詞：

(1) 陟遙切[知宵開三]早也
(2) 直遙切[澄宵開三]朝廷

這兩個詞的韻和調都沒有改變,是在輔音上有清濁的分別。發展爲現代漢語,(1)音變爲 zhāo,(2)變爲 cháo。在形式差別上由清濁變成送不送氣。而濁聲又影響聲調,由平聲中分出陽平。因此,在聲和調兩方面都有了區別。例如:

> 惲,宰相子,少顯朝廷,一朝晻昧,語言見廢。(《漢書·楊惲傳》)

兩個"朝",前一個讀 cháo,而後一個讀 zhāo。"一朝"是一旦的意思。再如:

> 王曰:"此鳥不飛則已,一飛沖天;不鳴則已,一鳴驚人。"於是乃朝諸縣令長七十二人。賞一人,誅一人。奮兵而出,諸侯振驚。(《史記·滑稽列傳》)

這個"朝"讀 cháo。

見　這個字也寫兩個詞:

(1) 古電切[見霰開四]視也
(2) 胡甸切[匣霰開四]露也

韻和調都不變,祇輔音有清濁的區別。濁音的"見"後來用"現"來寫。發展到現代漢語,這兩個詞,一個讀 jiàn,一個讀 xiàn。也還是祇變輔音的。在作品中,例如:

> 事不目見耳聞,而臆斷其有無,可乎?(蘇軾《石鐘山記》)
> 見漁人,乃大驚。(陶潛《桃花源記》)
> 百年之間,見侯五,餘皆坐法。(《史記·高祖功臣侯者年表序》)

南望馬耳、常山，出没隱見，若近若遠。（蘇軾《超然臺記》）

當淮陰破齊而欲自王，高祖發怒，見於詞色。（蘇軾《留侯論》）

前兩個是"見"jiàn，後三個則是"現"xiàn。

校　這個字也寫兩個詞：

(1) 古孝切［見校開二］檢校，考校

(2) 胡教切［匣效開三］校尉，官名

它們兩個的區别也祇是輔音的清濁。發展到現代漢語，(1)變作 jiào，(2)變作 xiào。

稍加校正，繕寫進呈。（蘇軾《乞校正陸贄奏議進御札子》）

游於鄉之校，衆口囂囂。或謂子産：毀鄉校則止……既鄉校不毀，而鄭國以理。（韓愈《子産不毀鄉校頌》）

前一例讀 jiào，後一例讀 xiào。

二、改變調類

舍　這個字寫兩個詞：

(1) 書冶切［審馬開三］止息

(2) 始夜切［審禡開三］屋也

輔音和元音都相同，祇是調類不同，一個是上聲，一個是去聲。發展爲現代漢語，也還保持這個區别，一個讀 shě，一個讀 shè。在作品中，例如：

夫僕與李陵，俱居門下，素非能相善也。趣舍異路。未嘗銜杯酒，接殷勤之餘歡。（司馬遷《報任少卿書》）

舍之上舍。(《戰國策·齊策》)

舍南舍北皆春水。(杜甫《客至》)

前兩個"舍"是休止的意思,後三個"舍"則爲房舍的意思。

道(導) 這個字也寫了兩個詞:

(1) 徒晧切[定晧開一]路也,理也

(2) 徒到切[定号開一]引也

輔音和元音都不變,也僅僅改變了調類,一個是上聲,一個是去聲。發展爲現代漢語,則(1)讀 dào,(2)讀 dǎo。並且第二個詞已有另一寫法,寫作"導"。調類的變化,顛倒了一個"個兒"。在作品裏,例如:

供給之人,各執其物,夾道而疾馳。(韓愈《送李愿歸盤谷序》)

故善者因之,其次利道之。(《史記·貨殖列傳》)

重 這個字寫了三個詞:

(1) 直容切[澄鍾合三]復也

(2) 直隴切[澄腫合三]多也,厚也——輕重

(3) 柱用切[澄用合三]更爲也

這三個詞的語音區別,也僅僅是改變了調類:(1)平,(2)上,(3)去。發展爲現代漢語,却歸成兩個詞。(2)讀 zhòng,(1)和(3)讀 chóng。除詞類區別之外,又添了輔音上的差別——送氣和不送氣。在作品中,例如:

晏平仲嬰者,萊之夷維人也。事齊靈公、莊公、景公,以節儉力行重於齊。既相齊,食不重肉,妾不衣帛。(《史記·晏

嬰列傳》)

　　人固有一死,或重於泰山,或輕於鴻毛,用之所趣異也。(司馬遷《報任少卿書》)

　　越明年,政通人和,百廢俱興,乃重修岳陽樓。增其舊制,刻唐賢今人詩賦於其上。(范仲淹《岳陽樓記》)

三、改變輔音和調類

長　這個字寫了好幾個詞:

(1) 知丈切[知養開三]大也
(2) 直良切[澄陽開三]久也,遠也,常也,永也
(3) 直亮切[澄漾開三]多也

(1)是清輔音,(2)、(3)是濁輔音;(1)是上聲,(2)是平聲,(3)是去聲。發展爲現代漢語,(1)讀 zhǎng,(2)讀 cháng,(3)讀 zhàng。在作品中,例如:

　　故吾不害其長而已,非有能碩茂之也。(柳宗元《種樹郭橐駝傳》)

　　願乘長風破萬里浪。(《南史·宗愨傳》)

　　劃然長嘯,草木震動。山鳴谷應,風起水涌。(蘇軾《後赤壁賦》)

　　是故無貴無賤,無長無少,道之所存,師之所存也。(韓愈《師説》)

　　滕侯、薛侯來朝,爭長。(《左傳·隱公十一年》)

　　(王)恭作人,無長物。(《世説新語·德行》)

傳　這個字寫了三個詞:

（1）知戀切［知線合三］郵馬

（2）直攣切［澄仙合三］轉也

（3）直戀切［澄線合三］訓也

輔音，（1）是清的，（2）、（3）却是濁的。調類，（2）是平聲，（1）、（3）是去聲。發展爲現代漢語，（1）、（3）都讀 zhuàn，（2）讀成 chuán。在作品中，例如：

（田）橫懼，乘傳詣雒陽。（《漢書·高帝紀》）

師者，所以傳道受業解惑也。（韓愈《師説》）

其傳曰："伯夷、叔齊，孤竹君之二子也。"（《史記·伯夷列傳》）

降 這個字寫了兩個詞：

（1）古巷切［見絳開二］下也，歸也，落也

（2）下江切［匣江開二］降伏

改變輔音的發音方法，舌根塞聲變舌根擦聲。韻，不變音素而變聲調，一去一平。發展爲現代漢語，（1）讀 jiàng，（2）讀 xiáng。在作品中，例如：

李陵既生降，穨其家聲。（司馬遷《報任少卿書》）

霜露既降，木葉盡脱。（蘇軾《後赤壁賦》）

四、改變韻部和調類

數 這個字寫了三個詞：

（1）所矩切［山麌合二］計也

（2）色句切［山遇合二］算數

(3) 所角切[山覺合二]頻數

輔音不變。(1)、(2)的因素不變而聲調相異:(1)上,(2)去;(3)與(1)、(2)的韻調都不相同:(1)、(2)在遇攝,而(3)在宕攝入聲。發展爲現代漢語,(1)讀 shǔ,(2)讀 shù,(3)讀 shuò。在作品中,例如:

> 其石之突怒偃蹇,負土而出,爭爲奇狀者,殆不可數。(柳宗元《鈷鉧潭西小丘記》)
> 春秋文成數萬,其指數千。萬物之散聚,皆在春秋。春秋之中,弑君三十六,亡國五十二,諸侯奔走,不得保其社稷者,不可勝數。(《史記·太史公自序》)
> 數使諸侯,未嘗屈辱。(《史記·滑稽列傳》)

五、改變輔音或韻部和調類

樂 這個字寫了三個詞:

(1) 盧各切[來鐸開一]喜樂

(2) 五角切[疑覺開二]音樂

(3) 五教切[疑效開二]好也

(1)和(2)輔音不同,韻攝相同,而等不同。(2)和(3)輔音相同而韻、調都不相同。發展成現代漢語,(1)讀 lè,(2)讀 yuè,(3)讀 yào。在作品中,例如:

> 是進亦憂,退亦憂,然則何時而樂耶? 其必曰:先天下之憂而憂,後天下之樂而樂歟?(范仲淹《岳陽樓記》)
> 樂,樂所以立,故長於和。(《史記·太史公自序》)
> 夫水,智者樂也。(柳宗元《愚溪詩序》)

屏 這個字寫了三個詞:

(1) 薄經切[並青開四]屏風

(2) 必郢切[非静開四]蔽也

(3) 畀政切[幫勁開四]摒除也(摒)

(1)和(2)、(3)輔音有清濁之變,而(2)、(3)輔音又有輕重之分。韻的音素三者基本相同,而(2)、(3)完全相同,但有調的差異。發展爲現代漢語,(1)讀 píng,(2)讀 bǐng,(3)讀 bìng。在作品中,例如:

屏而家居俟代者,與焉。(錢公輔《義田記》)

價人維藩,大師維垣,大邦維屏,大宗維翰。(《詩·大雅·板》)

王背屏而立,夫人向屏。(《國語·吳語》)

夫無極,楚之讒人也。民莫不知。去朝吳,出蔡侯朱,喪太子建,殺連尹奢,屏王之耳目。(《左傳·昭公二十七年》)

屏左右而相搏。(《穀梁傳·僖公元年》)

子曰:"尊五美,屏四惡,斯可以從政矣。"(《論語·堯曰》)

貳 去聲在造詞上的作用

古代漢語詞彙,從《廣韻》所記音節來看,在音變造詞上,去聲的作用是比較突出的。這個作用是表現在去聲和平聲或上聲的分詞關係上。

去聲在音變造詞上的作用,有很多一直到現在還在保存着,也有許多到現在一般地不大分別了。

以下就平聲和去聲,上聲和去聲兩項分別各舉幾個例子。

一、平聲和去聲的分詞作用

1. 現在還在應用的。《廣韻》平、去分詞，有許多直到目前還在應用。例如：

間　間　《廣韻》用平、去兩類分詞：

(1) 古閑切［見山開二］隙也，又中間

(2) 古莧切［見襉開二］隔也

發展爲現代漢語用 jiān 讀前一詞，陰平；用 jiàn 讀第二詞，去聲。在作品中，例如：

　　　　精悍之色，猶見於眉間。（蘇軾《方山子傳》）

　　　　遂與外人間隔。（陶淵明《桃花源記》）

空　《廣韻》用平、去作區別：

(1) 苦紅切［溪東開一］空虛

(2) 苦貢切［溪送開一］空缺

發展爲現代漢語，前一詞讀 kōng，後一詞讀 kòng，一平一去。例如：

　　　　而或長煙一空，皓月千里。（范仲淹《岳陽樓記》）

　　　　簞瓢屢空，晏如也。（陶淵明《五柳先生傳》）

2. 現在不用或不被一般人熟悉的。例如：

張　《廣韻》用平、去作區別：

(1) 陟良切［知陽開三］張施也

(2) 知亮切［知漾開三］帷帳

近代漢語中,前一詞讀 zhāng,陰平;後一詞讀 zhàng,去聲。
也還是用平、去作區别的。一般人没有這個分别。例如:

> 張英風於海甸,馳妙譽於浙右。(孔稚珪《北山移文》)
> 風情張日,霜氣横秋。(孔稚珪《北山移文》)

勞 《廣韻》用平、去兩聲分詞:

(1) 魯刀切[來豪開一]勤也
(2) 郎到切[來号開一]勞慰

近代漢語中,"勤勞"的"勞"讀 láo,"犒勞"的"勞"讀 lào。還
用平、去作區别。普通話審音會規定不取去聲,兩個詞都説 láo。
例如:

> 《書》曰:"滿招損,謙受益。"憂勞可以興國,逸豫可以亡身,自
> 然之理也。(《新五代史·伶官傳序》)
> 田家作苦,歲時伏臘,烹羊炰羔,斗酒自勞。(楊惲《報孫會
> 宗書》)

和 《廣韻》用平、去區别:

(1) 户戈切[匣戈合一]《爾雅》云:笙之小者謂之和。和,順也,諧
    也。不堅不柔也。
(2) 胡卧切[匣過合一]聲相應

現代漢語也還用平、去相别。前一詞讀 hé,陽平;後一詞讀
hè,去聲。例如:

> 孟子曰:"天時不如地利,地利不如人和。"(《孟子·公孫
> 丑下》)
> 客有吹洞簫者,依歌而和之。(蘇軾《前赤壁賦》)

聞　《廣韻》用平、去分詞：

(1) 無分切［微文合三］《説文》曰：“知聲也。”

(2) 亡運切［微問合三］名達。《詩》曰：“令聞令望。”

現代漢語中，“聞聽”的“聞”讀 wén，“名譽”、“名聲”的“聞”讀 wèn。也是用平、去兩聲來作分別。審音會規定不用去聲。例如：

> 或問諫議大夫陽城於愈，可以爲有道之士乎哉？學廣而聞多，不求聞於人也。（韓愈《争臣論》）
>
> 況草野之無聞者歟？（張溥《五人墓碑記》）

二、上聲和去聲的分詞作用

1. 現在還有應用的。例如：

枕　《廣韻》用上、去分詞：

(1) 章荏切［照寢開三］枕蓆

(2) 之任切［照沁開三］枕頭也（“曲肱枕之”）

現代漢語中，前一詞讀 zhěn，後一詞讀 zhèn。審音會規定不用去聲。例如：

> 身不安枕蓆，口不甘厚味。（《吕氏春秋·順民》）
>
> 吾枕戈待旦，志梟逆虜。（《晉書·劉琨傳》）

兩　《廣韻》用上、去作區別：

(1) 良獎切［來養開三］再也

(2) 力讓切［來漾開三］車數（輛）

現代漢語前一詞讀 liǎng，後一詞寫作"輛"，讀 liàng。也是用上、去來作分別的。例如：

> 或曰：謂其環兩山之間，故曰盤。（韓愈《送李愿歸盤谷序》）
> 於時公卿設供張，祖道都門外，車數百兩。（韓愈《送楊少尹序》）

2. 現在基本不用的。例如：

養 《廣韻》用上、去分詞：

(1) 餘兩切［喻養開四］育也
(2) 餘亮切［喻漾開四］供養

現代漢語把"養育"的"養"讀 yǎng，上聲；"供養"的"養"讀 yàng，去聲。審音會規定不用去聲。例如：

> 凡戰之道，未戰養其財，將戰養其力，既戰養其氣，既勝養其心。（蘇洵《心術》）
> 自吾爲汝家婦，不及事吾姑。然知汝父之能養也。（歐陽修《瀧岡阡表》）

語 《廣韻》用上、去分詞：

(1) 魚巨切［疑語開三］論也
(2) 牛倨切［疑御開三］説也，告也

現代漢語中，"言語"的"語"讀 yǔ，上聲；"告語"的"語"讀 yù，去聲。審音會規定不用去聲。例如：

> 至以"上下相孚，才德稱位"語不才，則不才有深感焉。（宗臣《報劉一丈書》）
> 語曰："將順其美，匡救其惡。"故上下能相親也。（《史記·晏

嬰列傳》)

遠 《廣韻》用上、去分詞：

(1) 雲阮切[于阮合三]遙遠也
(2) 于願切[于願合三]離也

現代漢語中，“遠近”的“遠”讀 yuǎn，“離開”的“遠”讀 yuàn，去聲。審音會規定不用去聲。例如：

> 遠吞山光，平挹江瀨。（王禹偁《黃岡竹樓記》）
> 親賢臣，遠小人，此先漢所以興隆也。（諸葛亮《出師表》）

引 《廣韻》用上、去作“又讀”來分詞：

(1) 余忍切[喻軫開四]長也，開弓也
(2) 羊晉切[喻震開四]劉鑒《經史動静字音》：“引，上聲曳也；曳車之緋曰引，去聲。”

這兩個詞現代已經没有分別了，都讀作 yǐn。例如：

> 服牛乘馬，引重致遠，以利天下。（《易•繫辭上》）
> 既而學琴於友人孫道滋，受宫聲數引。久而樂之，不知其疾之在其體也。（歐陽修《送楊寘序》）

去 《廣韻》用上、去兩聲分詞：

(1) 羌舉切[溪語開三]除也
(2) 丘倨切[溪御開三]離也

現代漢語不分，祇讀一個去聲的 qù。例如：

> 求其所以爲舜者，責於己曰：彼人也，予人也，彼能是而我乃不能是！早夜以思，去其不如舜者，就其如舜者。（韓愈《原毁》）

彼汲汲於名者，猶汲汲於利也，其間相去何遠哉！（司馬光《諫院題名記》）

叁　濁輔音在造詞中的演變

漢語語音發展，到《中原音韻》時代濁輔音已經有了系統變化，如"並"入"幫"、"定"入"透"、"群"入"溪"等等，和現代北京音大致相同。因此，隨着濁輔音的消失，古代漢語用濁輔音作造詞條件的一些詞，在形式上，也隨着先後作了改造。

它們的改造方法是多種多樣的。下邊我們就《廣韻》中已經分化出來的音變造詞，按輔音性質可分全是濁輔音的和清濁並用的兩類，各舉幾個例子。

一、濁輔音以調類分詞的演變

在《廣韻》所記的音變造詞材料中，有的濁輔音詞當時是以聲調分詞的。由於濁輔音在演變中轉爲清聲，使這類詞發生相應變化。有的依然以調分詞，有的合併成一個同音同字詞，有的用送氣和不送氣分化爲兩個音節各異的詞。

1. 依然以調類分詞的。這類詞在輔音上雖有改變，調類却是基本沒變。例如：

號　《廣韻》用平、去來區別：

(1) 胡刀切[匣豪開一]大呼也，又哭也
(2) 胡到切[匣号開一]号令，又召也，呼也。同"号"

現代漢語中，也還是用平、去來作區別的，前一詞讀 háo，後一詞讀 hào。例如：

　　若夫霪雨霏霏，連月不開，陰風怒號，濁浪排空。（范仲淹《岳陽樓記》）

　　號爲卿子冠軍。（《史記·項羽本紀》）

雨

　　(1) 王矩切[于麌合三]《元命包》曰："陰陽和爲雨。"
　　(2) 王遇切[于遇合三]《詩》曰："雨雪其雱。"

　　發展到現代，在讀書音上，還是一上一去以調類分詞的，讀 yǔ 和 yù。例如：

　　　　是歲之春，雨麥於岐山之陽，其占爲有年。既而彌月不雨，民方以爲憂。越三月乙卯，乃雨，甲子又雨，民以爲未足。丁卯大雨，三日乃止。（蘇軾《喜雨亭記》）

　　2. 演變成一個同音同形詞的。這種詞以前是依靠調類作區別的。輔音從濁變清之後，在一定時期內還保持聲調特點。傳到而今，連聲調的區別也廢除了。例如：

樹　《廣韻》是用聲調類作區別的：

　　(1) 常句切[禪遇合三]木總名也，立也
　　(2) 臣庾切[禪麌合三]扶樹……扶持培植

　　輔音不變，都是濁音。韻，不變音素而變調類。發展到現代漢語，則變成了同音詞，都説成 shù，無上、去的聲調分別。例如：

　　　　梁之上有丘焉，生竹樹。（柳宗元《鈷鉧潭西小丘記》）
　　　　一年之計莫如樹穀，十年之計莫如樹木，終身之計莫如樹人。一樹一穫者穀也，一樹十穫者木也，一樹百穫者人也。（《管子·權修》）

3. 調類分詞和混爲同音的兩線發展。有的詞《廣韻》時代在已經分化之後又有分化。到濁音演變成清音之後，又按最初分化系統分別兩線發展。有的還用調類分詞，有的就混爲同音。例如：

行 《廣韻》已分作四個詞：

(1) 胡郎切［匣唐開一］伍也，列也

(2) 下浪切［匣宕開一］次第

(3) 戶庚切［匣庚開二］步行也

(4) 下更切［匣映開二］言、事

發展到現在，(1)、(2)合而爲一，不用去聲分別，都讀作 háng。(3)、(4)兩詞没有合，(3)讀作 xíng，(4)讀作 xìng。例如：

> 漢天子我丈人行。(《漢書·蘇武傳》)
> 事無大小，悉以咨之，然後施行。
> 將軍向寵，性行淑均，曉暢軍事。
> 事無大小，悉以咨之，必能使行陣和穆，優劣得所也。(諸葛亮《出師表》)

4. 轉化成送氣和不送氣的。有些濁輔音詞，在《廣韻》所記，當時是用調類分詞的。後來濁音變成清音，兩個濁輔音詞改成一個送氣一個不送氣的。

送氣造詞並不都是由清濁造詞的音變轉化的。兩個濁輔音詞的這類演變就是例證。

騎 《廣韻》用調分詞，一平、一去：

(1) 渠羈切［群支開三］跨馬也

(2) 奇寄切［群寘開三］騎乘

現代漢語第一個詞讀 qí,陽平;第二個詞讀 jì,去聲。也還是平、去分詞,可是輔音也變了。例如:

　　公昔騎龍白雲鄉。(蘇軾《潮州韓文公廟碑》)

　　余在岐下,見方山子從兩騎,挾二矢,游西山。鵲起於前,使騎逐而射之。(蘇軾《方山子傳》)

重

(1) 直容切[澄鍾合三]復也

(2) 直隴切[澄腫合三](輕重)多也,厚也,善也,慎也

(3) 柱用切[澄用合三]更爲也

輔音不變,韻的音素不變而聲調改變,分在平、上、去三聲。發展爲現代漢語,歸爲兩詞。(1)和(3)讀作 chóng,(2)讀作 zhòng,濁音輔音分化爲送氣和不送氣的清輔音。

　　5. 分化爲兩個清輔音的。也有兩個濁輔音詞變成兩個清輔音詞的。例如:

盛 《廣韻》:

(1) 是征切[禪清開三]盛受也

(2) 承正切[禪勁開三]多也

現在把第一詞讀作 chéng,陽平;第二詞讀作 shèng,去聲。調基本上還是平、去,輔音有了改變。例如:

　　其後用兵,則遣從事,以一少牢告廟。請其矢,盛以錦囊,負而前驅。及凱旋而納之。(《新五代史·伶官傳序》)

　　惲家方隆盛時,乘朱輪者十人。(楊惲《報孫會宗書》)

二、清濁輔音分詞的演變

《廣韻》用清濁輔音分詞的,在語音發展演變中,隨着濁輔音的消失,變成好幾種分詞形式。其中,有演變爲用送氣和不送氣來分詞的,有演變爲用聲調分詞的。

1. 演變爲用送氣和不送氣分詞的。在《廣韻》時代用輔音清、濁作爲造詞方法的,後來轉化爲送氣不送氣的。例如:

長　這個字寫三個詞。《廣韻》:

(1) 直良切[澄陽開三]久也,遠也
(2) 知丈切[知養開三]大也
(3) 直亮切[澄漾開三]多也

(1)、(3)是濁輔音,(2)是清輔音。(1)平聲,(2)上聲,(3)去聲。發展爲現代漢語,(1)讀作 cháng,(2)讀作 zhǎng,(3)讀作 zhàng。輔音從清濁差別轉變爲送氣與否。調類除濁平變陽平外,可以說没有改變。例如:

　　劃然長嘯,草木震動,山鳴谷應,風起水涌。(蘇軾《後赤壁賦》)
　　群賢畢至,少長咸集。(王羲之《蘭亭集序》)
　　求木之長者,必固其根本,欲流之遠者,必浚其泉源。(魏徵《諫太宗十思疏》)

傳　這個字也寫三個詞:

(1) 知戀切[知線合三]郵馬
(2) 直攣切[澄仙合三]轉也
(3) 直戀切[澄線合三]傳也

後來,發展成 zhuàn(1、3)和 chuán(2)。第一詞和第三詞清濁合在一起,都不送氣,第二詞濁輔音和第三詞濁輔音用送氣和不送氣分詞。在作品中,如:

> (田)橫懼,乘傳詣雒陽。(《漢書·高帝紀》)
> 師者,所以傳道受業解惑也。(韓愈《師説》)
> 既見其著書,欲觀其行事,故次其傳。(《史記·晏嬰列傳》)

比 《廣韻》:

(1) 卑履切[非旨開四]校也,並也

(2) 必至切[非至開四]近也,併也

(3) 房脂切[奉脂開四]和也,並也

(4) 毗至切[奉至開四]近也,阿黨也

(5) 毗必切[奉質開四]比次

發展到現代,合併成爲 bǐ、bì 二音。(1)、(3)二詞讀作 bǐ,其餘讀作 bì。例如:

> 比其小大,與其粗良,而賢罰之。(《周禮·天官·内宰》)
> 交親而不比。(《荀子·不苟》)
> 五家爲伍……又曰比,相親比也。(《釋名·釋州國》)
> 人籟則比竹是已。(《莊子·齊物論》)
> 閒者,數年比不登。(劉桓《議佐百姓詔》)

2. 演變爲用聲調分詞的。《廣韻》用清濁輔音分詞的,也有發展爲另一種形式的——用聲調分詞。例如:

父 原用清濁音分化爲兩個詞:清音的是"男子美稱",而濁音指"家長"。

《廣韻》:

(1) 方矩切[非虞合三]尼父、尚父,皆男子之美稱

(2) 扶雨切[奉虞合三]家長率教者

它們都在上聲"虞"韻。發展爲現代漢語,前一個讀作 fǔ,還是上聲;後一個讀作 fù,變成去聲。例如:

　　四人者,廬陵蕭君圭君玉,長樂王回深父,余弟安國平父,安上純父。(王安石《遊襃禪山記》)

　　今僕不幸,蚤失父母,無兄弟之親,獨身孤立。(司馬遷《報任少卿書》)

第六章　古-漢語文學語言中的
典故、成語和固定詞組

第一節　典故和成語的關係及區別

在古-漢語文學語言裏，典故有兩個意思：一個是依以行事的典例故實——已成的制度或事例；一個是作者在寫作上所援引的古代作品或載記中的故事。一般是通用後一個意思，專指作品辭句有出處的故事説的。

成語則是就口頭語言或書面語言所引用的現成話説的。這類現成的辭句，或者是大衆創造的，或者是前代作家或當代作家創造的。

典故和成語看來好像很容易區別似的。實際上並不那樣簡單。何況在典故、成語之外，還有它們和諺語、格言等等的糾纏。

爲了弄清它們的關係和區別，這裏先考查一些具體例子，或者有些方便的地方。例如：

1.1　搬起石頭打自己脚

1.2　死者復生，生者不愧

2.1　三個臭皮匠，合成一個諸葛亮

2.2　前事之不忘，後事之師也

3.1 取經

3.2 頂缸

4.1 趙老送燈臺,一去不回來

4.2 若要此洞開,除非諸葛來

5.1 鐵杵磨成針,工到自然成

5.2 心堅石也穿

6. 取之不盡,用之不竭

7. 先天下之憂而憂,後天下之樂而樂

8. 推敲

9. 司馬昭之心,路人皆知也

10. 不入虎穴,焉得虎子

這些語例是有不同的來路和性質的。其中,1、2、3、4、5諸例是從口語來的,6、7、8、9、10諸例是從作家作品來的。而1、2、6、7是一般成語,3和8是典故,4、5、9、10是典故性的成語。2、5、7、10是格言,2、7是一般的格言,5、10是典故性的格言。

換句話説:

1是群衆口語中的現成話,是一種成語,其中包括經驗總結性的諺語。

2是群衆口語中,對生活有指導意義的現成話。它反映一定社會的鬥爭經驗或真理,是口語中的格言。

3是從民間故事傳説中提煉出來的,足以概括故事特點的詞組(有的後來發展爲現代漢語),是口語中的典故。

4是民間故事傳説中的有名的辭句,是口語中具有典故性的成語。

5是民間故事傳説中,對生活有指導意義的辭句,是口語裏典故性成語中的格言。

　　6是作家在作品中創造的辭句，是書面語言中的成語。

　　7是作家創作的，對生活有指導意義的辭句，是書面語言中的格言。

　　8是從作品或載記中提煉出來的、概括故事特點的詞語（有的發展爲現代漢語詞），是書面格言中的典故。

　　9是從作品或載記中提煉出來的、概括或表現故事特點的辭句，是書面語言中典故性的成語。

　　10是作品中具有指導意義的辭句，是書面語言典故性成語裏的格言。

　　在1至5例之中，每例又各有兩條。它們的第2條，都是諺語。

　　1.2是《史記·趙世家》中肥義的引諺；

　　2.2是《史記·秦始皇本紀贊》中賈生所引的野諺；

　　3.2是明代金陵人爲猪婆龍癩頭黿所作的諺語，見《儼山堂外集》；

　　4.2是《滇黔紀游》所記望城坡南關於諸葛洞傳説的諺語；

　　5.2是《野客叢書》所引的“世言”。“世言”也就是諺語。《一切經音義》卷十二引《説文》：“諺，傳言也。”謂傳世常言也。

　　從這些例子可以看出，諺語就是成語中的口語部分。它並不是和成語對立的另一種東西。諺語裏有一部分是格言性的，因而也不能和格言完全對立。諺語也有典故性的，因此也不能把它和典故完全對立起來。

　　綜合前面所舉的十項語例，可以看出成語、典故、諺語、格言這些從不同角度立名的術語，它們既有些分別，又有些糾纏。如果用圖來表示，這些錯綜複雜的關係大致是這樣：

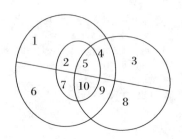

（圖中數目字是例句次序的號數）

從這些關係中，可以看出：

1、2、4、5、6、7、9、10 八種都是成語。就引用者來説，它們都是現成的辭句。這樣，諺語、格言都是成語的一個部分。它們不能和成語對立。想找出諺語、格言和成語的截然區別是困難的。祇能説它們和另一些成語有區別，不能説它們不是成語。

3 和 8 是典故，它們和一般成語有區別。但是 4、5、9、10 既是典故又是成語。在典故性的成語或成語性的典故上，典故和成語又沒有截然的界線。

這種錯綜複雜的關係，也可以用表格的形式分解出來。譬如：

			語例順序號數目						
			口頭語言			古-漢語文學語言			
詞組	典故	典故詞組		3				8	
辭句		典故辭句			4	5			9	10
	成語	民間諺語	1	2	4	5			9	10
		文章辭句					6	7	9	10
	格　言			2		5	7		10

這些錯綜關係，從不同角度可以有不同的説法。

從成語方面着眼，單純的成語是：

第1例，民間口語中的成語。

第6例，作家創作中的成語。

複雜的成語是：

第2例，格言性諺語——民間口語中的格言性成語。

第7例，格言性文學語言成語——作家創作的格言性成語。

第4例，典故性諺語——民間口語中的典故性成語。

第9例，典故性文學語言成語——作家創作的典故性成語。

第5例，格言性有典故的成語。

第10例，格言性有典故的文學語言成語。

從典故方面着眼，單純的典故是：

第3例，民間口語典故詞組。

第8例，文學語言典故詞組。

複雜的典故是：

第4例，民間諺語典故。

第9例，文學語言成語典故。

第5例，格言性諺語典故。

第10例，格言性文學語言成語典故。

從格言方面着眼：

第2例，民間諺語格言。

第7例，文學語言格言。

第5例，典故性民間諺語格言。

第10例，典故性文學語言格言。

從諺語方面着眼，單純的諺語是：

第 1 例,衹是一般的諺語。

複雜的諺語是:

第 2 例,格言性的諺語。

第 4 例,典故性的諺語。

第 5 例,有典故的格言性諺語。

其中,衹有格言不能單獨存在。它必須是成語,然後纔能成爲格言。因此,就其大類來說,成語和典故是主要的。舉成語和典故,可以概括諺語和格言。反之,諺語和格言却不能概括所有的成語和典故。最重要的一點,是不要忘記它們都不是在一個分類標準下劃分出來的。

在具體的條件下,這些術語都必須根據說話的主要思想來選用,可以明確指出它是諺語、成語、典故或格言。

民間諺語和文章成語,就其總體,是可以相對分開的。但是,在具體的個別語例上它們是可以轉化的。

民間諺語被作者引用成爲文章的一部分成語(來自民間口語的諺語),是很常見的。例如:

李夢陽《山西按察司僉事賈公志銘》引諺論培養,寫道:

諺曰:"穀要自長。"言蒔之者人,成之者己也。

作家寫作的載記和作品,有些辭句,由於它的影響比較大,爲廣大群衆所接受,傳世習用,成爲諺語。例如:

一年之計莫如樹穀,十年之計莫如樹木,終身之計莫如樹人。

(《管子·權修》)

這是作品中的文學語言,還不是諺語。可是,後魏時代,賈思勰在《齊民要術》自序中,把前兩句引作諺語。他寫道:

　　……樊重欲作器物，先種梓漆，時人嗤之。然積以歲月，皆得其用。向之笑者，咸求假焉。此種殖之不可已也。諺曰："一年之計莫如樹穀，十年之計莫如樹木。"此之謂也。

這是從作品上截取下來的。

　　至於在宋代已經成爲諺語的"狐假虎威"，則是從《戰國策》和《新序》的文學語言中提煉出來的。例如洪邁《容齋五筆》：

　　諺有"狐假虎威"之語，稚子來扣其義。因示以《戰國策》、《新序》所載。《戰國策》云："楚宣王問群臣曰：'吾聞北方之畏昭奚恤也，果誠何如？'群臣莫對。江乙對曰：虎求百獸而食之，得狐。狐曰：'子無敢食我矣，天帝使我長百獸。今子食我，是逆天帝命也。子以我爲不信，吾爲子先行，子隨我後，觀百獸之見我而敢不走乎？'虎以爲然，故遂與之行。獸見之皆走。虎不知獸畏己而走也，以爲畏狐也。今王之地，方五千里，帶甲百萬，而專屬之昭奚恤，故北方之畏奚恤也，其實畏王之甲兵也。猶百獸之畏虎也。"《新序》並同。而其後云："故人臣而見畏者，是見君之威也。君不用則威亡矣。"俗諺蓋本諸此。

　　也有些文章成語轉成諺語之後，由於作品不很流行，幾乎使人忘掉它的來路。例如歐陽修《集古録跋尾》：

　　右靈澈詩，云"相逢盡道休官去，林下何曾見一人"。世俗相傳以爲俚諺，慶曆中……許元爲江淮發運使，因修江岸，得斯石於池陽江水中，始知爲靈澈詩也。

第二節　成語、典故和固定詞組

壹　它們的關係和區別

在古-漢語文學語言裏，成語和固定詞組之間的關係和區別問題也是存在着的。有些人把所謂"狹義的"成語叫做固定詞組，或"一種現成的固定詞組"。他們認爲"把一般的'習慣語'和通常說的'諺語'、'格言'都包括在内，甚至把典故性的合成詞……也都包括在内"的是"廣義的"成語。

這個問題，在一定程度上是和成語、諺語、格言、典故之間的關係和區別一樣，並不是互相排斥不能同時俱是的。它們是從不同的觀察角度和不同的分類標準下分別定名的。想在不同的分類標準下分割出它們之間的嚴格界限，是有一定困難的。

事實上，有一部分成語是固定詞組，而固定詞組裏也確有一部分成語。成語無論怎麽狹義，也不能失去它"現成話"的性質。如果不是現成話也不能成其爲成語。固定詞組無論它怎麽現成，也不能失去它在語言結構中，以一個組織整體充當一個相當於詞的成分作用。在詞、句的性質上，它們有足以互相區別的地方；在來源或語言結構上，又有彼此相同的地方。

這裏，我們也還用圖形來表示，它們之間的關係和區別大體如下圖所示：

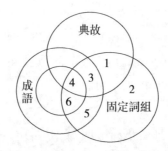

這就是說，在成語、典故和固定詞組之間是既有區別，又有重疊的。爲了便於說明，我們且從固定詞組立脚，把它們分作固定詞組和非固定詞組兩類，然後從固定詞組裏爬梳它們之間的糾葛。

固定詞組可分成兩種：一種是作爲事物名稱的詞組，一種是説明事物形態、性狀等等的詞組。前者是非成語的，是"名詞兒"而不是辭句；後者是成語的，是一種辭句性的詞組，在句子裏雖屬一個成分，然而並不是一個"詞兒"。

一、非成語性的固定詞組有典故性的和非典故性的。

1. 典故性的固定詞組——圖中之"1"。例如：

> 壟斷　　　　　下車
>
> 林下風　　　　娘子軍
>
> 《比竹餘音》　　《霓裳羽衣舞》

2. 非典故性的固定詞組——圖中之"2"。例如：

> 倚聲　　　　　致仕
>
> 韓非子　　　　三統曆
>
> 驃騎將軍　　　《河岳英靈集》

二、成語性的固定詞組同樣也有典故性和非典故性兩種差別。

1. 典故性的成語固定詞組

a. 一般的——圖中之"3"。例如：

> 胸有成竹
>
> 雙管齊下

b. 格言的——圖中之"4"。例如：

> 老馬識途
>
> 聞過則喜

2. 非典故性的成語固定詞組

a. 一般的——圖中之"5"。例如：

> 救死扶傷
> 排山倒海

b. 格言的——圖中之"6"。例如：

> 舍生取義
> 教學相長

如果從成語方面出發，那麼，上述成語性的固定詞組也可以說是詞組性的成語，和辭句性的成語相對。

詞組性成語或成語性的固定詞組，在形式上，就其總體來說，四音節化是它們一般的突出特點，而三音節、五音節都比較少。

貳 成語、典故、固定詞組和造詞

成語、典故和固定詞組的提煉、運用是和人的認識相關的。有些當初是可以用詞組關係來表現的概念，隨着認識的深入和提高，得到更高的概括，形成一個詞。因此，有些成語、典故和固定詞組在提煉、運用和運用、提煉的過程中，逐漸地完成了一個造詞活動。

成語、典故、固定詞組的走向詞，是和漢語詞彙特點分不開的。古-漢語文學語言詞彙的基礎，從現代説來，是以標識古代漢語詞彙特點的單音節詞爲主的。而現代漢語詞彙則是以標識新質特點的雙音節詞爲主的。漢語詞彙本身的力量，使成語、典故、固定詞組，必須雙音節化，纔有更多的成詞可能。三音節以上的，一般是很少成詞的。

有許多古-漢語文學語言的成語、典故和固定詞組，特別是固定詞組，是和現代漢語詞彙有密切關係的。有些是可以直用現代漢語詞來理解，有些還是要把它還原爲古-漢語文學語言，其關係纔能了然無誤。例如：

> 爲將軍久暴露於外，故召將軍，且休計事。（《戰國策·燕策二》）

"將軍"可用現代語言來理解，而"暴露"就不同於現代漢語。

現代漢語詞彙特點是雙音節詞多，而古-漢語文學語言則是以先秦語言詞彙爲基礎，單音節詞多。這個現象反映漢語古今造詞法兩種本質特點的一部分，古-漢語文學語言裏的成語、典故和固定詞組，特別是固定詞組是這兩種造詞法發展、過渡的橋梁。

成語、典故和固定詞組的提煉使用，是和人的認識相應的。有許多概念，在它還沒有形成之前，往往是幾個概念組成的判斷。在語言上使用與之相應的辭句就可以表達出來。以後在實踐中，由於認識的加深加密，逐漸得到更高的概括，形成一個新的認識，從而形成一個新的概念。這樣，使這個概念物化的新詞也相應地被創造出來。例如，"將軍"原是"將——軍"，統率軍隊的意思，還不成詞。

第三節　成語、典故和固定詞組的提煉

群衆或群衆中的作者，從實踐中不斷地豐富和提高自己的認識。除應用已經掌握的語言詞彙外，也常用當時已有的語言基礎，把新的認識，用恰當的語音形式，物化成詞，從而豐富并發

展語言詞彙。在比較複雜的認識上，往往運用已有語言詞彙和語法關係創造新的辭句。其中，有些辭句比較富於概括力，當它們被群衆接受時，引用成爲常被運用的現成話或比較固定的詞組關係。

這些現成話或詞組關係，都不是孤立單創的，一般是從群衆語言或作家作品語言中截取下來的。

從實際語言裏截取現成話或比較固定的一組詞，這個工作本身就是一種提煉過程。因爲所截取的部分一般具有群衆性，富於概括力，表達能力比較强，在實踐中受過檢驗和審察。從創造、選取到應用，是一系列的群衆語言工作。

古－漢語文學語言，歷史長，積蓄多，用它寫成的作品是非常豐富的。由於古今四方作家作品的影響，和由於口語和書面語言的互相豐富，群衆語言巨匠的隨時創造、揀選、加工，成語、典故、固定詞組是層出不窮的。有的已經被肯定下來，發展爲現代漢語；有的在應用中被淘汰出去，成爲冷僻的東西。有的形式已經固定，有的可以隨時活用。

壹 選 材

成語、典故和固定詞組的提煉，從出處看，截句選材的方法大體可以分作兩類：

一、截取下來直接使用的；

二、截取後給予加工的。

加工方法有減、增、改三種。

改有三樣：有的換詞，有的顚倒語序，有的用歇後語式。

下面用一些語例，説明一般成語、典故、固定詞組從具體作品裏截取提煉的情況。

一、截取後直接使用的

從有關辭句上截取下來,不加更動直接使用的成語或典故,在古漢語文學語言中,是很多的。例如:

不齒

降霍叔於庶人,三年不齒。(《僞古文尚書・蔡仲之命》)

莫逆

相視而笑,莫逆於心。(《莊子・大宗師》)

紀綱

秦伯送衛於晉三千人,實紀綱之僕。(《左傳・僖公二十四年》)

什襲

宋之愚人得燕石於梧臺之東,歸而藏之,以爲寶。周客聞而觀焉,主人端冕玄服以發寶,華匱十重,緹巾什襲。(《太平御覽・地部》引《闕子》)

惡作劇

(唐)建中初,士人韋生移家汝州,中路逢一僧……日將銜山,僧指路謂曰:"此數里是貧道蘭若,郎君豈不能左顧乎?"士人許之……行十餘里,不至……韋生疑之,素善彈,乃密於靴中取弓卸彈……乃彈之,正中其腦。僧初不覺。凡五發中之,僧始捫中處,徐曰:"郎君莫惡作劇。"(段成式《酉陽雜俎・盜俠》)

東道主

若舍鄭以爲東道主,行李之往來,供其乏困,君亦無所害。(《左傳・僖公三十年》)

葭莩之親

群臣非有葭莩之親。(《漢書・中山靖王傳》)

奇貨可居

　　秦安國君中男名子楚……爲秦質子於趙。秦數攻趙,趙不甚禮子楚。……呂不韋賈邯鄲,見而憐之曰:此奇貨可居。(《史記·呂不韋傳》)

司空見慣

　　劉尚書禹錫罷和州……集賢學士李紳罷鎮在京,慕劉名,嘗邀至第中,厚設飲饌。酒酣,命妙妓歌以送之。劉於座上賦詩曰:"高髻雲鬟宮樣妝,春風一曲杜韋娘。司空見慣渾閒事,斷盡江南刺史腸。"(孟棨《本事詩·情感》)

畏首畏尾

　　古人有言曰:畏首畏尾,身其餘幾?(《左傳·文公十七年》)

五體投地

　　太子五體投地,稽首佛足。(《佛般泥洹經》卷下)

畫虎不成反類狗

　　援書兄子曰:效季良不得,陷爲天下輕薄子,所謂畫虎不成反類狗也。(《後漢書·馬援傳》)

糟糠之妻不下堂

　　湖陽公主新寡。帝與共論朝臣,微觀其意。主曰:"宋公威容德器,群臣莫及。"帝曰:"方且圖之。"後弘被引見。帝令公主坐屏風後。因謂弘曰:"諺云:'貴易交,富易妻。'人情乎?"弘曰:"臣聞貧賤之交不可忘,糟糠之妻不下堂!"帝顧謂主曰:"事不諧矣!"(《後漢書·宋弘傳》)

二、截取後給予加工的

有些成語或典故,在古-漢語文學語言中,是在從有關辭句截取的同時,給予一定的加工的。

加工方法有減、增、改三種：

（一）減

在截取時，對原句有所提煉，不是把截取部分全部照搬，而是只抽主要的詞或詞組用以組成新成語的。

1. 略去一個詞的，例如：

狡兔三窟

馮諼（謂孟嘗君）曰：“狡兔有三窟，僅得免其死耳！”（《戰國策·齊策四》）

投鼠忌器

里諺曰：“欲投鼠而忌器。”此善喻也。鼠近於器，尚憚不投，恐傷其器，況於貴臣之近主乎？（《漢書·賈誼傳》）

輕諾寡信

輕諾必寡信，多易必多難。（《老子》第六十三章）

兩小無猜

同居長干里，兩小無嫌猜。（李白《長干行》）

2. 略去兩個或幾個詞的，例如：

鑿枘

圜鑿而方枘兮，吾固知其鉏鋙而難入。（宋玉《九辯》）

逋逃藪

昔武王數紂之罪，以告諸侯曰：“紂爲天下逋逃主，萃淵藪。”（《左傳·昭公七年》，僞《武成》襲此）

望穿秋水

望穿了盈盈秋水。（《西廂記》）

骨重神寒天廟器，一雙瞳人剪秋水。（李賀《唐兒歌》）

牛衣對泣

章疾病，無被，臥牛衣中，與妻決，涕泣。……後章仕宦，歷位及爲京兆，欲上封事，妻又止之曰："人當知足，獨不念牛衣中涕泣時邪？"(《漢書·王章傳》)

汗牛充棟

其爲書，處則充棟宇，出則汗馬牛。(柳宗元《陸文通墓表》)

葉公好龍

葉公子高好龍，鈎以寫龍，鑿以寫龍，屋室雕文以寫龍。於是天龍聞而下之，窺頭於牖，拖尾於堂。葉公見之，棄而還走，失其魂魄，五色無主。是葉公非好龍也，好夫似龍而非龍者也。(劉向《新序·雜事五》)

（二）增

成語或典故，有些是在提煉中，給予增詞的。增詞一般是語法上的要求。若不增詞，則失掉所要意義。增詞而成的成語或典故，往往是在減字的基礎上構成的。例如：

望洋興歎

順流而東行，至於北海，東面而視，不見水端，於是焉河伯始旋其面目，望洋向若而歎，曰……今我睹子之難窮也。(《莊子·秋水》)

瓜李之嫌

君子防未然，不處嫌疑間。瓜田不納履，李下不正冠。(《樂府·古辭·君子行》)

（三）改

甲、換詞

有些成語或典故，在辭句上，是在引用中被改造了的。有的意義有些變化,有的没有。

有意義變化的,例如:

仰人鼻息

孤客窮軍,仰我鼻息。譬如嬰兒在股掌之上,絕其乳哺,立可餓殺。(《後漢書·袁紹傳》)

咄嗟可辦

崇爲客作豆粥,咄嗟便辦。(《晉書·石崇傳》)

在基本意義上没有變化的,例如:

策馬應不求聞達之科

唐有德音,搜訪懷才抱器不求聞達者。有人於昭應,逢一書人,奔馳入京。問求何事? 答曰:"將應不求聞達科。"(《太平廣記》卷二六二引趙璘《因話録》)

乙、倒用

有些成語或典故,在提煉時,所選的詞或詞組在次序上照原來辭句來說,是顛倒使用的。這種成語或典故,也是在減詞的基礎上改組的。例如:

果腹

適莽蒼者,三湌而反,腹猶果然。(《莊子·逍遥遊》)

信宿

有客宿宿,有客信信。(《詩·周頌·有客》)——依之擬爲"信宿"。

杵臼交

時公沙穆來遊太學,無資糧,乃變服客傭,爲祐賃舂。祐與語,大驚。遂共定交於杵臼之間。(《後漢書·吳祐傳》)

羊狠狼貪

(宋義)因下令軍中曰："猛如虎,很如羊,貪如狼,彊不可使者,皆斬之"。(《史記·項羽本紀》)

羊狠狼貪,以口覆城。(韓愈《鄆州谿堂詩》)

天衣無縫

(太原郭翰)當盛暑,乘月臥庭中。……仰視空中,見有人冉冉而下,直至翰前,乃一少女也。……笑曰:吾天上織女也。……徐視其衣,並無縫。翰問之,謂翰曰:天衣本非針線爲也。(牛嶠《靈怪録·郭翰》)

丙、歇後式

有些成語或典故,在提取時,省略了一個必要部分,往往以條件代替了它所説明的主要部分。這種形式有歇後語的性質。若把它和不省略的用法來比,又有簡化性質。例如:

物色 在古-漢語文學語言中是當作訪求來用的。它是從"以物色訪之"中提取出來的。原來的出處是:

帝思其賢,乃令以物色訪之。(《後漢書·嚴光傳》)

月旦 它是當作評議人物的議論來用的。提出"月旦評"中的"月旦"來概括這一思想。也是出於《後漢書》:

(許)劭與(從兄)靖俱有高名,好共覈論鄉黨人物。每月輒更其品題。故汝南俗有"月旦評"焉。(《後漢書·許劭傳》)

不毛

故五月渡瀘,深入不毛。(諸葛亮《出師表》)

"不毛"是"不毛之地"的簡縮。在他的前代,《公羊傳》有:

錫之不毛之地。(《公羊傳·宣公十二年》)

這句話是當時"不毛"的出處。

高足　"高足"是"高足弟子"的簡化：

> 鄭玄在馬融門下，三年不得相見，高足弟子傳授而已。(《世
> 説新語‧文學》)

掃地　"威信掃地"、"信仰掃地"的"掃地"是一落千丈摧毀無餘的意思。它一般是從《漢書‧魏豹田儋韓王信傳贊》"秦滅六國，而上古遺烈埽地盡矣"中"掃地盡矣"來的。"掃地"説明"盡"的情況，在應用中略去了"盡"。

貳　提　煉

選材和提煉是形成成語、典故、固定詞組同一事情的兩個方面。選材中有提煉，提煉離不了選材。分別敘述，不等於它們沒有一體關係。

成語、典故和固定詞組是在具體語言中形成和被肯定下來的。因此，選材、提煉又必從應用中着想。從應用中看提煉，大體上可分作以下五種情況：

1. 直接使用原意的。例如：

舍生取義　　兩小無猜
惡作劇　　　莫須有

2. 擴大原意的。例如：

五體投地　原是佛教徒禮拜的一種形式：用兩手兩膝和頭投地作禮，是最高的敬禮。後來用這個成語表示心服口服，完全拜服的崇敬之意。

望梅止渴

> 魏武行役,失汲道。軍皆渴。乃令曰:"前有大梅林,饒子甘酸,可以解渴。"士卒聞之,口皆出水。乘此得及前源。(《世説新語·假譎》)

原義祇是想望梅林,借詞的第二信號作用,引出口水,借以止渴。後來擴大語意,成爲虚望而不能得實的比喻。

杵臼交　原意是地主和傭工在杵臼之間建立了交情,後又稱交友不嫌貧賤。

3. 轉移語意的。例如:

滿城風雨

> 秋來景物,件件是佳句,恨爲俗氣所蔽翳。昨日閑卧,聞攪林風雨聲,遂起題壁曰"滿城風雨近重陽"。忽催租人至,遂敗意。止此一句奉寄。(宋潘大臨《寄謝無逸書》)

原意自是指滿城的秋風秋雨,後來轉移它的語意,從風雨轉到輿論,把一件事情發生之後引起衆口喧騰説成"滿城風雨"。

爲虎作倀　原是就倀鬼爲老虎魅人説的。後來從鬼轉到人事,把助惡爲虐叫作"爲虎作倀"。

4. 縮小語意的。例如:

司空見慣　"司空見慣渾閒事",提取"司空見慣"實際上祇用"見慣"部分。

天衣無縫　實際祇取"無縫"的語意。

瓜田李下　瓜李之嫌

> 君子防未然,不處嫌疑間。瓜田不納履,李下不正冠。嫂叔

不親授,長幼不比肩。(《樂府・古辭・君子行》)

"瓜田李下"原是用具體的事例,説明誤會嫌疑之事,後來用它表示所處的嫌疑地位。

"瓜田李下"、"瓜李之嫌"都是從這首古辭中提煉出來的。在應用上,起初是泛指一般可能引起嫌疑誤會的地位説的。例如:"瓜李之嫌,何以戶曉。"(《舊唐書・柳公權傳》)後來,縮小了它的意義範圍,專指男女交際上容易引起嫌疑誤會的地位。例如:"卿速退,瓜李之嫌可畏也!"(《聊齋志異・青梅》)

5. 語音替代——歇後式的成語。例如:

月旦　通過"月旦評",用"月旦"代"評"。

物色　通過"物色訪之",用"物色"代替"訪之"。

紀綱　通過"紀綱之僕",用"紀綱"代替"僕"。

第四節　成語、固定詞組的活用

在古-漢語文學語言的成語裏,有些詞組性的成語,結構固定不變,變就會失掉它的意義。這類成語,也可以説是成語性的固定詞組,看作固定詞組的一部分。其中,四音節的較多,三音節的較少。例如:

誨人不倦	風馬牛
心悦誠服	惡作劇
葉公好龍	座右銘
甚囂塵上	莫須有

但是,這種類型的"固定詞組"僅僅是其中的一部分。除這

一類型之外,有些結構並不固定,是可以有所改變的。

1. 由於語言的影響而改變的

古今漢語在詞彙上的差別和當時使用頻率較高的常用詞彙的優勢,往往使一些成語中的"固定詞組"發生變化。例如:

信口開合　　信口開河

那妮子一尺水翻騰做一丈波,怎當他只留支剌信口開合。

《元曲·争報恩》

由於受到另一成語"口若懸河"的影響,"河"、"合"同音,遂把"開合"變成了"開河"。

這是一種改變,而不是固定。

這類"固定詞組"的改變,不是個別的。它是古今語言變化到有了相當距離的時代,不僅是字誤,意義也有改變,一種比較自然的改變。

現在這種勢力還在不斷增長着。例如:

莫名其妙　　莫明其妙

既往不咎　　既往不究

按部就班　　按步就班

在堅持出處、固定不變的"正字法"的觀點下,這些成語是有錯誤的。但是,在語言的發展觀點上,這種群衆性的改變,在一定的條件和程度上,有些是可以肯定下來的。有什麼理由祇許古人"信口開河",而不許現代群衆"莫明其妙"呢?

由此看來,"固定詞組"在成語中,它的"固定"不是絕對的。

2. 由於修辭上的需要而改變的

成語中的"固定詞組"的可變性還表現在作者的活用上。有些詞在成語結構中是可以依作者的思想感情活用的。

其中,有以同義詞隨意換用的。例如:

振聾發聵　　振聾啓聵
惟命是聽　　惟命是從
義憤填膺　　義憤填胸

有以近義詞隨意換用的。例如:

一脈相通　　一脈相連
出其不意　　出敵不意
無可奈何　　無可如何
萬古長春　　萬古長青
氣勢洶洶　　聲勢洶洶　　　其勢洶洶

有以非同義詞隨意換用的。例如:

無的放矢　　有的放矢
百廢待舉　　百端待舉
除舊布新　　除舊更新
膽大包身　　膽大包天
當頭棒喝　　當頭一棒
休戚相關　　休戚與共
駕輕就熟　　輕車熟路

除換用之外,有些所謂"固定詞組"在結構上還是可以顛倒的。例如:

衣食豐足　　豐衣足食
海晏河清　　河清海晏
奇貨可居　　居爲奇貨

有些所謂"固定詞組"是可以伸縮自如的。例如：

見笑大方	見笑於大方之家		
星火燎原	星星之火可以燎原		
畫蛇添足	蛇足		
完璧歸趙	歸趙	璧還	完璧

有些所謂"固定詞組"是可以分合自如的。例如：

壟斷居奇	壟斷	居奇
鶉衣百結	鶉衣	百結
洞房花燭	洞房	花燭
怨天尤人	不怨天	不尤人

不僅在組織上並不完全固定，就是在應用上，語意也並不固定。例如：

梁上君子 原是指着小偷兒説的，可以轉變語意用來説明上不着天下不着地的人。

畏首畏尾 在一般情況下，是擴大語意，説明怕前怕後的疑懼情況。在具體的作品上，它可以實用頭和尾巴的本義。例如：

董曰："我不畏首而畏尾。"女又笑曰："尾於何有？君誤矣！"
《聊齋志異·董生》

第五節　掌握典故、成語、固定
詞組的幾點注意事項

古-漢語文學語言的成語、典故、固定詞組是非常豐富的。其中,有些經過長期使用和提煉,已經成爲現代漢語的一個部分。例如："矛盾"、"門外漢"、"臥薪嘗膽"、"生死人而肉白骨"等等。但是,也有一部分不大好理解,或對不很熟悉用古-漢語文學語言寫成的作品的人是根本不能理解的。

當然,這個理解問題是因人而異的。有的可能多些,有的就比較少些。這取決於三個條件:一個是現時的語言基礎。在現代漢語中有一定基礎的比較容易理解;反之,就比較難以懂得。另一個是個人的語言環境,常接觸什麼人,常聽到什麼樣的辭句;熏陶漸染,往往使各個人的語言修養不同。至於第三,則是個人的語言修養。在同樣條件下,由於個人對古-漢語文學語言的努力和對古代篇章載籍熟悉的情況各異而有所不同。

因此,想找出哪些成語、典故、固定詞組是好懂的,哪些是比較困難的,是很難作出非常清楚確切的界定的。

這裏,祇就不熟悉古-漢語文學語言的人設想一些初學的意見,作爲參考。

壹 結合讀書,運用工具書,掌握出處

結合讀書,運用工具書,掌握成語、典故、固定詞組的出處,對初學古-漢語文學語言的人來講,當是十分重要的。一個成語,一個典故,在作品上隨着內容、體制以及作家當時的思想感情的語言藝術往往是有許多變化的。在變化中間,有的是固定詞組,有的不是。如果是按着各種變化,逐一研索,不但過於繁瑣,而且有些也無法查考。不如從根本上來,抓着它們的出處,研究它們的活用,可以得到以簡馭繁的效果。

如何掌握它們的出處和變化?

　　這也是因人而異的。若就初學的一般情況來説，最低限度是參考有關注解和查工具書。如果有條件，要從原書找到它們的出處。切實地掌握了成語、典故、固定詞組的來源，結合具體作品，不拘它如何活變應用，都能得到比較合適的安排和理解。

　　且以蒲松齡的《聊齋志異》爲例，它的成語、典故、固定詞組是比較多的。在語言藝術上，有很多類型。這裏祇就它們和現代漢語關係的遠近略舉幾個例子：

　　　　異日，謂生曰：“市上蕎價廉，此奇貨可居。”從之，收蕎四十餘石。人咸非笑之。未幾，大旱，禾豆盡枯，惟蕎可種，售種，息十倍。（《酒友》）

　　　　先是，嫗獨居，女忽自至。告訴孤苦。問其小字，則名嫦娥。嫗愛而留之，實將奇貨居之也。（《嫦娥》）

　　　　宣德間，宮中尚促織之戲，歲徵民間。此物故非西産。有華陰令欲媚上官，以一頭進，試使鬥而才，因責常供。令以責之里正。市中游俠兒，得佳者籠養之，昂其直，居爲奇貨。（《促織》）

　　　　但有悍伯，每以我爲奇貨，恐不久諧。（《黎氏》）

　　“奇貨可居”、“奇貨居之”、“居爲奇貨”、“居奇”這些用法中，“居奇”已成爲現代漢語詞（見《漢語拼音詞彙》），“奇貨可居”已成爲現代成語（見北京大學編《漢語成語小詞典》），有這些基礎，“奇貨居之”、“居爲奇貨”就比較好理解一些。這是一種情況。再如：

　　　　一夜，夫妻少有反脣，曉妝猶含盛怒。（《邵女》）

　　　　中州境有道士（知鳥語）……邑令聞其奇。招之，延爲客。時群鴨過，因問之。對曰：“明公內室，必相爭也。鴨云：‘罷罷！偏向他！偏向他！’”令大服。蓋妻妾反脣，令適被喧聒而出也。（《鳥語》）

又將年餘，段中風不起，諸佺益肆。牛馬什物，競自取去。連
(段妻)詬斥之，則反脣相稽。(《段氏》)

這裏邊"反脣相稽"雖已成爲現代成語，還比較好理解一些，
但是"反脣"並沒成爲現代漢語詞，就不大好懂。這又是一種
情況。

賈顧皂帽人曰："束靈非他，屈臨寒舍。"二人乃入。賈重揖皂
帽人，且囑青眼。(《酒狂》)

主人與客弈，陸睨之，指點輒勝。趙由是益優寵之。諸僚僕
見其得主人青顧，咸相戲索，俾作筵。(《陸押官》)

先是，邑有某太史，少與生共筆硯。十七歲擢翰林。時秦藩
貪暴而賂，朝士無有言者。公抗疏劾其惡，以越俎免。藩陞是省
中丞，日伺公隙。公少有英稱，曾邀叛王青盼。因購得舊所往來
札，脅公。公懼，自經。夫人亦投環死。(《黃九郎》)

大商遺幼子，纔五歲。家既貧，往往自投叔所，數日不歸。送
之歸，則涕不止。二商婦頗不加青眼。二商曰："渠父母不義，其
子何罪?"因市蒸餅數枚，自送之。(《二商》)

女慘然曰："我以人不齒數故，遂與母偕隱。今又返而依人，
誰不加白眼? 如欲復還，當與大兄分炊。不然，行乳藥求死耳!"
(《阿纖》)

"青顧"、"青盼"、"青眼"這些詞組都沒有進入現代漢語。
"白眼"雖被現代接收(收入《漢語拼音詞彙》)，但在一些不熟悉
它的出處的人來説，是不容易用它來理解"青眼"、"青顧"及至於
"青睞"、"青及"、"垂青"等等的。這又是一種情況。再如:

胡知主人有女，求爲姻好，屢示意，主人僞不解。一日，胡假
而去。次日，有客來謁。……既坐，自達，始知爲胡氏作冰。

《胡氏》)

　　封拒曰："妾非毛遂,乃曹邱生。十一娘願締永好,請倩冰也。"生愕然不信。封乃以釵示生。(《封三娘》)

　　娘子如有意,當寄語委冰焉。(《胭脂》)

　　趙戲之曰："君倘垂意,當作冰斧。"(《鴉頭》)

　　梅曰："小姐聞公子而賢之也,妾故窺其意以爲言。冰人往,我兩人袒焉,計合允遂。"(《青梅》)

　　公子曰："妹年已二十矣! 長而不嫁,人其謂我何?"對曰："若然,但惟兄命。……"公子曰："諾。"不數日,冰媒相屬。(《素秋》)

　　"作冰"、"倩冰"、"委冰"都用"冰"作賓語。"冰"是什麼意思? 用現代漢語是不能理解的。"冰人"、"冰媒"也都沒有成爲現代漢語詞。這就比前面幾種情況要複雜一些,因爲它們在現代語言裏沒有一點可以作爲理解基礎的因素。

　　典故、成語、固定詞組在作品中的活用,工具書是不能一一列舉的。依靠工具書來讀書,若不發揮它的性能給予充分運用的能力,有時是"死於句下",束手無策的。研究工具書,發掘它的潛力,是很重要的功夫!

貳　注意和現代漢語的區別

　　古-漢語文學語言中,有些成語、典故、固定詞組是和現代漢語一樣的。例如"梗概"、"吻合"、"瓜葛"、"惡作劇"、"助紂爲虐"、"貧無立錐之地"等等,也就是說它們是可以按現代漢語來理解的。

　　但是,古-漢語文學語言的成語、典故、固定詞組,經過群衆選擇、提煉,發展爲現代漢語的,祇是其中的某些部分。也有一些在古-漢語文學語言裏一般也很少使用，或雖然常用，可是並沒有發展成現代漢語。這一類成語、典故、固定詞組，在閱讀用古-漢語文學語言寫成的篇章載記時，是需要注意的。

一般說來，比較冷僻的還不容易忽略，它的問題祇在查書。知道在哪裏找，找到後就可以按它在篇章辭句中的組織關係，得到適當的處理。容易忽略的往往是和現代漢語有相同形式或近似之處的。例如：

甘心　在現代漢語有情願的意思。但是在古-漢語文學語言裏，它作爲一個有出處的詞組來使用，常是當作欲殺之而後快的意思。如：

> 佟曰：“盜坐名相索，必將甘心焉。君無他骨肉，宜囑後事於妻子。我啓戶，爲君鷖厮僕。”（《佟客》）

> 主人驚曰：“何罵父？”答曰：“彼是我何父？初與結義爲客侶，不圖包藏禍心，隱我血貲，悍不還。今願得而甘心！何父之有？”（《柳氏子》）

> 遂有僚僕郭安者，見其榻上空閒，因就寢焉。又一僕李禄，與僮有夙怨，久將甘心。是夜，操刀入，捫之，以爲僮也，竟殺之。（《郭安》）

> 周元亮先生分守是道。慮囚至吳，若有所思。因問：“吳某殺人，有何確據？”范以扇對。先生熟視扇，便問：“王晟何人？”並云不知。又將爰書細閱一過，立命脫其械。自監移之倉。范力爭。怒曰：“而欲妄殺一人便了却耶？抑將得仇人而甘心耶？”（《詩讞》）

這些句子裏的“甘心”是“稱心”、“快意”的意思，如果用現代漢語來理解，就很難正確。再如：

一諾千金　這個典故性的詞組是大家比較熟悉的。在閱讀下面這類辭句時：

> 余婢實價購之。今被誣控。此事君親見之。惟借季路一言，無它說也。(《李伯言》)

> 生恐其不信，要之曰："實告翁，僕故家徒四壁耳。恐後日不如所望，中道之棄，人所難堪。即無姻好，亦不敢不守季路之諾。即何妨質言之也！"(《薛慰娘》)

對"季路一言"，特別是對"季路之諾"，很容易使人想到季布的一諾，從而用"一諾千金"的故事作爲依據，據之說明之意。

按這種理解是不對的。季路和季布自是兩人。

"季路一言"、"季路之諾"是來自於《左傳·哀公十四年》：

> 小邾射以句繹來奔。曰："使季路要我，吾無盟矣！"使子路。子路辭。季康子使冉有謂之曰："千乘之國，不信其盟，而信子之言，子何辱焉？"對曰："魯有事于小邾，不敢問故，死其城下可也！彼不臣而濟其言，是義之也。由弗能。"

季路的諾言使人信任，和季布的一諾千金在人的姓名上、在辭句的內容上都有很相近的地方。這是由於相近容易發生混誤的例子。

叁　放在具體作品中來理解

古-漢語文學語言中的成語、典故、固定詞組，無論從哪一標準定名，都不能獨立地處理，必須把它們放在具體的辭句組織裏，就上下文關係，從整體來認定。試看：

(1) 婢子今貴，不怨冰人矣！（《鳳仙》）

(2) 日頻來，時相遇，並不假以詞色。稍游戲之，則冷語冰人。（《俠女》）

(1) 文登周生，與成生少共筆硯，遂訂爲杵臼交。（《成仙》）

(2) 生察其異，跪而挽之，曰：“誠恐宋人餂我。今實布腹心，僕之臥薪嘗膽者，固有日矣。但憐此褓中物，恐墜宗祧。君義士，能爲我杵臼否？”（《紅玉》）

(1) 見一小車，朱茀綉幰，青衣數輩，款段以從。内一婢，乘小駟，容色絶美。（《瞳人語》）

(2) 是宜稍寬笞撲，折其已受之刑；姑降青衣，開彼自新之路。（《胭脂》）

在這三組語例裏，第一組兩句各有“冰人”。但是它們雖然書寫形式相同，語言組織可並不一樣。“不怨冰人”的“冰人”是賓語，是一個典故性的固定詞組，和“媒人”一詞同義。而“冷語冰人”本身就是一個成語性的固定詞組，在它的整體組織中，“冰人”是一個動賓結構，“冰”是動詞。前一句是在文中説媒的關係上提出“冰人”，後一例則是就她凛然難犯的態度使用了“冷語冰人”。如果祇注意“冰人”和“媒人”同義，而把“冷語冰人”理解爲冷冷地説給“冰人”，那就錯了。

第二組中的“杵臼”在兩個語例裏也不一樣。前一例的“杵臼交”是一個典故，後一例的“杵臼”又是一個典故。“杵臼”是《趙氏孤兒》中的人物，見《史記·趙世家》。“杵臼交”則是公沙穆遊太學，因爲没資糧變服客傭，吴祐和他定交的故事，見《後漢書》。如果把“杵臼交”理解爲像“杵臼”那樣的交情就錯了。按它們在辭句中的組織關係，從上下文意，可以分出：前一語例是封建社會中，不分富貴貧賤，主要是不嫌貧賤的友情。後一語例則是講託孤寄子之事，顯然是用了程嬰、杵臼的故事。

　　第三組，"姑降青衣"、"青衣數輩"中的兩個"青衣"是不一樣的。按它們所在辭句的地位和上下文關係，"青衣數輩"中的"青衣"是指婢女——用人説的。古時賤者服青衣。而"姑降青衣"的"青衣"則是和"文宗下學，生以誤講降爲青"（《江城》）中"降爲青"的"青"同義。"青"指"青生"，是科舉時代生員之別名。明季、清初，生員名目有青生、社生。

　　這和從作品定詞是同一道理。

附錄一　詞在文言作品語言中的辯證關係

一、閱讀文言作品的主要矛盾和矛盾的主要方面

我們閱讀文言作品時，會遇到許多問題。有的是作品思想問題，有的是作品史實問題，有的是和作品有關的文物制度問題，有的是作品的語言文字問題等等。總之是作家的作品和讀者理解的矛盾。

在這些問題中，一般說來，語言（包括它的書寫形式文字）矛盾是主要的。作品是以思想爲內容，以語言爲形式的。想要了解內容，必須通過它的語言形式。作者的思想以及和形成這個思想有關的事物，不論是具體史實或有關的文物制度等等，作爲思想材料的東西，都是以語言形式反映和存在於書面語言之中的。沒有那樣的內容，不會用那樣的語言；不了解那個語言，也無從理解作品的內容。不用說，就是讀者已經掌握了不少的史實和文物制度知識，如果得不到作品語言的許可和通過，不管他主觀上有什麼設想，那些知識是一點也用不上的。看起來，在閱讀文言作品的各種矛盾中，語言矛盾是主要的，是起決定作用的，其他矛盾則是服從於語言的，是助成語言理解的，是次要的。

“讀古書必須先過語言關”,這個經驗之談是符合客觀實際的。

構成“語言關”的是作品的語言詞彙,包括它的書寫形式——文字、語法和讀者的語言的古今差異。“差異就是矛盾”。在這些矛盾中,哪個是主要的?

對已經掌握古-漢語語法的讀者説來,古今詞彙的差異是主要的。

事實就是這樣。試看:

《詩·豳風·七月》“八月剥棗”的“剥棗”,毛亨説是“剥,擊也”,理解爲打棗或撲棗;王安石曾經把它看作剥皮的“剥”,説是“剥其皮而進之”。兩家解釋大不相同。這個紛争,用語法是解決不了的,因爲打棗也好,剥棗皮也好,都一樣是動賓關係。

同理,《史記·屈原列傳》“故憂愁幽思而作《離騷》。離騷者,猶離憂也”中,“離騷”是什麽意思? 古今學者,紛紜聚訟。班固認爲“離,猶遭也;騷,憂也”,王逸説“離,別也;騷,愁也”。我們衹能説“遭憂”之説是把離騷看作動賓結構,而“離愁”之解,則是主從結構,却不能根據這個結構來判定班、王兩家的是非。

“剥棗”、“離騷”必須確定它們都是哪個詞,當什麽講,之後,語法關係纔能定下來。

不僅個別辭句是這樣,就是大到作品通篇問題,也是這樣,譬如《楚辭·哀郢》。同一篇《哀郢》作品,可是讀者的理解至少有兩派。有人認爲是白起破郢之後的作品,有人認爲是寫在破郢之前。爲什麽會有這樣的差異? 從形式上可以説是後代學者之間的矛盾,張三反對李四,而李四也反對張三。實質上,則是張三、李四在讀作品時,由於古今語言矛盾,在一些關鍵性的詞上,解決得不一樣。但是,有一點相同,無論哪個解釋都必須先在詞的問題上求"通"，詞通不過，他將無法自完其說。例如：

"何百姓之震愆"，甲說"百姓"就是老百姓，人民；乙說是百官族姓。

"方仲春而東遷"，甲說"遷"是遷徙，乙說是遷謫。

"遵江夏以流亡"，甲說"流亡"是逃難，乙說是流放。

"哀故都之日遠"，甲說"故都"是已破的郢都，"故"有些像"故宮"的故；乙說是古舊、古老、歷史悠久的郢都，"故"有些像"故鄉"的故。

"孰兩東門之可蕪"，甲說兩是兩個，乙說兩是再次。

像這一類的問題，都是集中在幾個詞的理解上，無論持破郢之前說或破郢之後說，他們都必須在詞的面前得到許可和通過，然後纔能從作品上自完其說，有關屈原時代的歷史材料纔能起參證的作用。否則，作品和材料兩無關係。可見主要矛盾是詞。

再看，兩者的理解儘管相反，可是在"百姓"、"東遷"、"流亡"、"故都"的語法結構上卻是基本相同的。祇是"兩東門"的"兩"雙方有不同看法：甲認爲是數詞，用作定語而限定東門；乙認爲是動詞作謂語，而以"東門之可蕪"爲其賓語。可是這個語法上的不同看法是在詞的理解上（主要是詞義的理解上）纔跟着認定的。

因此，我們說在閱讀文言作品的語言矛盾中，詞的矛盾是主要的，語法和其他有關問題的矛盾是次要的，服從的。

在文言作品語言和讀者語言矛盾的兩方面中，作品語言——文言是矛盾主要的方面。它給人造成困難，使人不易了解，成爲一道"語言關"。在這個主要的方面裏，規定文言作品語言困難性質的是取得支配地位的文言詞彙和語法，而詞彙是主要的關鍵。

二、現行詞彙學在解決閱讀文言作品矛盾時的重大缺點

詞彙學和語法學一樣，在幫助我們閱讀古書、理解文言作品上，是很有用的。我們應該把它們學好。但是，它們的作用一般是後手的，在關鍵性的疑難問題面前，往往是無能爲力的。祇有等到斬將搴旗之後，雄關已破，它們纔能指手畫腳地出來說：這是詞彙的某種現象，這個現象反映什麼規律。

事實就是這樣。我們不能直接用什麼造詞法、同義詞、本義、變義，乃至詞在書寫形式上的本字、借字等等有關詞彙的理論或知識，去排難解紛地確定一個詞在具體的文言作品中的意義、地位和作用。

如前所舉，《詩·豳風·七月》的"剝棗"，《史記·屈原列傳》的"離騷"，《楚辭·哀郢》的"百姓"、"東遷"、"流亡"、"故都"、"兩東門"等等的不同理解，各家都不是根據詞彙及其書寫形式方面的理論或知識，用本義、變義、古義、今義，或本字、借字等等來就作品定詞而立論成說的。同理，我們處理這些不同的意見，也並不是先從那些解釋入手，更不是用它們作判定是非的準則的。

所有現行的詞彙理論和知識，包括它的書寫形式的理論和知識，用前面的例子來說，祇是在已經認定"兩東門之可蕪"的"兩"是再次還是兩個之後，纔能就文論事，說"兩"在這句話裏用的是本義或變義；祇有在已經明確"何百姓之震愆"的"百姓"是人民群衆或百官族姓之後，纔能根據本文辭句，指出它在這裏用的是古義或今義；祇有在確定"八月剝棗"的"剝棗"是剝棗皮還是撲棗之後，纔能從作品語言情況說"剝"是本字或假借。

　　無庸諱言，我們現有的漢語詞彙學，特別是文言詞彙部分，理論、知識雖然已經作出一定成績，而且起了相應作用，但是，在指導閱讀文言作品的實踐上，却沒有找到並提出一個突破作品語言難關的東西。一般是消極的事後的現象說明，祇能表白或說明某個詞的定詁，在語言材料上所得到的許可或可能。它們在性質上是輔佐的，在程序上是後手的；因而不能起排難解紛的直接作用，在解決閱讀文言作品的主要矛盾上是必須有所待而後行的。

　　問題不是這個初步困難和詞的作用無關，相反的，第一雄關恰好是詞。現行詞彙學理論和知識之所以不能直接解決得了，是和這門學科的研究目的和方法分不開的。我們從閱讀方面要求詞彙學不僅能給我們提供解釋現象的理論和知識，更重要的是在具體的文言作品中突破詞的難關的理論和方法。

　　我們所已知的詞彙研究，一般是祇以詞爲中心，從具體的成篇的語言中，挖取和詞相關的條條和塊塊，把它們置於一般的大的聯繫之外，“一個一個地、彼此獨立地被研究的”，或者是只就詞論詞，尋找它們的性質、構造和歷史，至多是詞和詞的相對關係（同音、同義、反義等等），就是缺少一個重要部分——詞在具體語言中的性質、地位、關係和作用，從而脫離了閱讀的語言實踐，在具體作品語言疑難問題面前，沒有解決問題的辦法和能力。

三、詞是辯證地存在於作品語言之中的

　　文言作品有許多矛盾，在它的語言上也存在着内容和形式、現象和本質、部分和整體、語法和詞彙等等矛盾，而歸根到底，最

主要的是詞在語言中的矛盾。所有這些矛盾都是和作品語言的詞發生關係的；沒有詞，這一切立即失去它的物質基礎。

文言作品的語言矛盾，是一開始就存在着的。

儘管作家頭腦中積蓄了許多詞，但當它們沒有被起用到具體的語言組織活動之前，彼此沒有共處的條件，各不相干，是既不聯結也不矛盾的。祇有當它們隨着作者文思的需要，作爲思想産生和存在的語言材料時，詞和詞纏在一定條件下，應選而出，彼此對待，矛盾統一地共處於語言辭句之中。

我們知道，在沒有成句之前，“八”、“月”、“剥”、“棗”四個詞，是各自潛在，誰也不碰誰的。它們不在一起共事，自然也就沒有什麽差異或矛盾。可是，一旦進入句子組織，就立即發生關係。在詞義上，它們各自相互對立，從而發生矛盾。每個詞，在詞義上互相排斥。這是一個方面。同時，在另一方面，它們又都是共同地處在一個條件之下，爲了表現一個思想過程，却彼此互相聯繫，互相依賴，互相制約，互相作用，從而體現了人們在思維時所據以構思的語言材料及其相互關係和所産生的作用。這樣，“八”和“月”，“剥”和“棗”，“八月”和“剥棗”，互相聯繫，互相依賴，互相制約，互相作用，完成了一個思維過程，説明了一件事情。可見四個詞在一個條件下，既是互相矛盾，又是彼此統一的。沒有這種在一定條件下的統一，這些互相矛盾着的詞就不能共居於一個句子之中，它們是相反相成的。

不僅詞在句子裏是這樣，句子作爲一個思想單位，又和跟它相應的句子在一定條件下發生對立統一的辯證關係。“八月剥棗”和“十月穫稻”内容不同，互相對立，可是在同一條件下，彼此又緊相聯繫，以小秋收和大秋收統一起來，進一步又和“爲此春酒，以介眉壽"對立統一。

在一篇作品中，各個句子互相矛盾，各有彼此不同的思想；同時又互相依存，彼此共處於一個條件之下。在比較複雜的作品中，詞與詞，詞與句，句與句，詞與篇，往往是既有相鄰的對立統一，又有稍遠或較遠的遞相矛盾，互相依存。

因此，詞不僅是詞與詞、詞與句在一個句子裏有辯證關係，就是在通篇作品裏，和其他相應詞句，也是一樣。

沒有詞的矛盾關係，句子不能存在，全篇作品是不會有的。

詞在作品語言裏的對立統一，是在一定條件下成立的。

這個條件，就作品語言來説，通篇是一個總的，各段、各句又在這總的條件下，有它們自己的條件，以從屬於通篇。

作者根據自己的思想，以一定條件起用和驅使語言詞彙，依思想內容和語言習慣，使它們對立統一起來，綴句成篇。因而篇章詞句也以其辯證關係反映了它們的共處條件。

這樣，從讀者來説，作品語言的各級條件不是抽象的，而是以語言物質存在於作品之中的。得不到作品語言的許可和參加，任何主觀想像都是不能成功的。詞、句、篇章在一定條件下互相排斥、互相制約，因而它們互相制約的辯證關係也反映了共存的條件，爲讀者認定語言條件提供主要的物質基礎。

詞和詞的對立統一，是隨一定條件而有所不同的。例如"鐵"和"馬"兩個詞，被起用到作品裏，是互相矛盾的。"鐵"非"馬"，"馬"又非"鐵"。但是在一定條件下，它們却統一起來，表達了作者所要的思想單位。

　　　玉人夢裏歸家，風弄虛檐鐵馬。（馬致遠《天净沙》）
　　　夜闌卧聽風吹雨，鐵馬冰河入夢來。（陸游《十一月四日風雨

大作》）

“鐵”和“馬”在這兩句裏的對立統一關係是不相同的。這是從各句中詞與詞、詞組與詞的互相依賴、互相制約的關係所反映的共同條件上看得出來的。前一句以“虛檐”爲主要的條件特點，而後句則以“冰河”爲主要的依存關係；“風”雖是兩句共有，却是次要的。

這就是爲什麼兩句“鐵馬”都是作爲一組矛盾出現，而語言的作用不同：前句祇是一個詞，後句必是詞組。

作品語言的矛盾也是會有轉化的。

文言作品是已經寫定了的書面語言，除由於文字發展或傳寫筆誤之外，它本身是不會發生語言變化的。

作品雖不會自己發生語言變化，可是一代代讀者的語言却隨着語言發展而有所不同。這樣，作者語言和讀者語言相對地發生差異。讀者以今度古，往往會使作品語言被誤解，從而發生由讀者造成的作品語言轉化，違反了作品語言本來的矛盾關係，發生錯誤的理解。

詞義是多面性的，它的書寫形式有時也會反作用於詞。作者和讀者社會地位不同，思想不同，生活遭遇不同。在作品語言詞彙的許可下，也往往由於讀者的主觀思想，改變了作品語言矛盾，使它轉化，附合讀者的主觀條件。這樣，也違反了原作語言矛盾關係，發生錯誤的理解。

作品語言受讀者語言影響而發生轉化，並不在受歪曲的詞的多少（當然，越多越容易轉化改變），而在是否落在關鍵性的詞上。少，若是關鍵性的，也會使作品語言矛盾發生轉化，從而引起作品思想發生質變。

例如，《詩·豳風·七月》：“女心傷悲，殆及公子同歸。”“公子"一詞,有人用同習見的公子哥兒的公子。從男性來理解,而"歸"又許可它這樣作,因爲它有歸家的一面意義。於是這兩句形成一個新的對立統一,被理解爲"姑娘們心裏發愁,怕被公子帶了走",甚至有時候被認作被掠奪"初夜權"等等。

也有人說古代男公子女公子都叫"公子"。在這個想法之下,因爲"歸"古代有女子出嫁的意思,也得到許可,把這兩個句子看作另一種矛盾關係。認爲詩的意思是:采桑女子心裏悲傷,怕的是和她的主人——女公子一同出嫁作陪房(妾滕)。

可見,關鍵性的詞,有一個被讀者誤解,就會發生很大變化。但是,這種情況影響一般是局部的,不致波及全篇。

如果有較多的詞,被讀者依自己的思想和語言,改變作品語言的詞、句矛盾關係。這樣就使得全篇發生了質變。

例如前面已經提過的《哀郢》,主張它是屈原作於白起破郢之後的人,把"百姓"、"東遷"、"流亡"、"故都"、"兩東門"等詞、詞組和篇中其他的詞和詞組,及至通體的篇章對立統一起來,越看越是郢都淪陷、人民逃亡的情況。主張它是白起破郢以前所作的人,在另一種條件和理解下處理這些詞和詞組在句中篇中的矛盾統一關係,却越看越不是郢都被破的情況。

同一作品,放在不同的讀者面前,會得到不同理解。這種語言矛盾轉化,是由於語言詞彙自己在語言發展累積中具備了被轉化的内部因素,通過外因而產生的結果。從讀者來說,是讀者主觀上有和語言現象相應的設想,而語言上又給與許可和通過。

四、在作品語言中詞的辯證關係的内因

人是用語言材料進行思維的。一個詞,當它還沒有進入語

言,或者還没有作爲思維的語言材料時,它是潛在於頭腦之中的。潛在的,没有被起用的詞,彼此是不發生任何關係的。

詞從潛在狀態中,應思維的需要,被起用出來,進入語言,組成辭句,彼此對立統一,發生辯證關係和作用。這是有它自己的内在因素的。

詞的進入語言也正是這樣,詞被起用的根本原因是詞義。

詞以詞義被起用,客觀上是思維的需要,主觀上還是因爲詞的内容正是思維所憑藉的思想材料——從實踐獲得的反映客觀存在的表象或概念。詞是表象或概念的語音物化。思維在運用詞義,而詞義必須在詞的物質上纔能存在。

詞義有比較簡單的。比較簡單的詞義一般是以感性認識爲基礎,以表象爲其内容的,馬、棗、手等等是其例。有比較複雜的。這類詞義一般是以理性認識爲基礎,以概念爲内容的,直、美、少等等是其例。

詞義是有發展變化的。人的認識不是一成不變的,反映認識的詞義是逐漸豐富和複雜的。以詞爲基本意義單位而組織的語言,乃至於在作品中的詞的書寫形式,也往往作用於詞義,使它發生一定變化。這樣,就使詞義在漫長的語言歷史過程中,常常越來越豐富,越來越複雜,而且又是有變化的。有的由表象上升爲概念,從感性認識進爲理性認識;有的概念又隨着認識的加深,或進入較高的範疇,或分化爲兩個或幾個新的概念。

當然還有另外的一些情況。譬如,由於客觀事物在社會發展中的失用或消失,致使反映它的詞的使用頻率下降,甚至已然"作古"。在這種情況下,有些詞義不但没有得到發展和豐富,反而衰滅,祇剩下一部分殘存詞義。

　　詞被起用到具體語言裏，作家的創作和藝術加工，使人獲得新的認識，從而反作用於原有詞義，增加新的内容。

　　從作品語言特點來説，詞的書寫形式有時反作於詞，使它産生新義。

　　凡此種種，都是詞義比較複雜的原因或條件。因而一般的詞，詞義往往是比較豐富和複雜的。

　　無論表象或概念，都是概括的抽象的。儘管兩者深淺精粗有所不同，可是他們都各有不同的本質的或偶有的屬性。這些屬性不是並列的，它們是以構成詞義所概括的表象或概念的本質特點屬性爲主導的。

　　詞義的屬性較多，在語言生活中，往往隨着思想活動的需要，在一定條件下，突出其中的某一方面：它可能是本質的，也可能是非本質的。被突出的一方面又是和詞義本質屬性的主導方面緊緊相關的。這就使它和近義詞在一定條件下相近相似，而又有它獨特的意味和色彩。

　　詞義基於認識，而認識是有變化的。詞義中佔主導地位的本質屬性並不是固定不變的。隨着認識上的發展，語言生活上的習慣和作品語言的影響，往往有某一非本質的屬性使用頻率較高或特高，從而使詞義内容性質發生發化，原來非本質的轉化爲佔主導地位的屬性，逐漸使本質的變而爲非本質的，屬於次要的、從屬的地位，形成一個認識上新的概括。

　　詞義的深入發展，發展中每一具體詞義各種屬性的聯繫、分化或延展，以其本質屬性爲中心，使詞義具有可被多方應用的多面性。

　　詞義雖然具有多面應用性質，可是在一定條件下並不是各面齊發的。它祇能以和作者的文思相應的一面被起用進入作品語言。例如：

"陽"的詞義是以人在實踐中接觸太陽光照現象，通過感覺和知覺所獲得的關於陽光的表象爲基礎的。是一個經過概括和抽象的感性認識。在這個詞義之中包括好多方面的屬性：太陽、陽光、光亮、溫熱、光照面、陽光照射之處等等，而以陽光照射爲其主導方面。

具有這樣內容的詞義，"陽"在作家寫作時，按作品思想的需要，是在一定條件下，以其相應的一面，和有關詞、句一面矛盾，一面聯繫，互相依賴，互相制約，而被起用進入語言的。例如：

湛湛露斯，匪陽不晞。（《詩·小雅·湛露》）

"陽"是以詞的基本意義"陽光"被起用入句，而與"晞"、"露"等詞互相依存的。（毛傳：陽，日也；晞，干也。）

春日載陽，有鳴倉庚。（《詩·豳風·七月》）

"陽"是以詞義的"溫熱"一面被起用入句，而與"春日"相依存的。

我朱孔陽，爲公子裳。（《詩·豳風·七月》）

"陽"是以詞義的"光亮"一面入句，而與"朱"相依存的。

殷其靁，在南山之陽。（《詩·召南·殷其靁》）
子之昌兮，遭我乎猱之陽兮。（《詩·齊風·還》）
居岐之陽，在渭之將。（《詩·大雅·皇矣》）
我送舅氏，曰至渭陽。（《詩·秦風·渭陽》）
侵鎬及方，至于涇陽。（《詩·小雅·六月》）

> 在洽之陽，在渭之涘。（《詩·大雅·大明》）
>
> 既景迺岡，相其陰陽。（《詩·大雅·公劉》）

“陽”在這些句子裏，都是以“陽光照射之處”被起用入詩的。在句子中，它們和“南山”、“猇”、“岐”等山名，和“渭”、“涇”、“洽”等水名或“山”、“崗”相依存。

> 梧桐生矣，于彼朝陽。（《詩·大雅·卷阿》）
>
> 度其夕陽，豳居允荒。（《詩·大雅·公劉》）

“陽”在這兩句詩裏，也是以“陽光照射之處”被起用的。一個是朝日照射的陽面，一個是夕日照射的陽面。前者朝東，後者朝西。因此，《爾雅·釋山》是説：“山西曰夕陽，山東曰朝陽。”《卷阿》的“陽”和“朝”、“于彼”、“梧桐”相依存；而《公劉》的“陽”則和“夕”、“度”、“豳居”等相依存。

詞義的多面性，各個面是互相矛盾的。以“陽”爲例，在它詞義的各面中，太陽不同於光亮，光亮不同於溫暖，溫暖不同於照射……就是詞義各面的矛盾。這些矛盾，從認識上説，在一定程度上也是表象或概念概括抽象出來的各種屬性間矛盾的反映。詞義矛盾着的諸方面，在構成一個認識的條件之下，互相聯繫，互相依賴，互相作用，互相制約，完成一個統一的有關陽光的表象。

詞義的主導方面是以矛盾的主要方面爲定的。當太陽光照居於主導方面時，“陽”的基本意義是陽光照射。作爲語言材料，無論在思維、在語言，都是以它爲基礎而起用，以其一個方面進行思維或構句的。

當人的認識隨着客觀事物的發展和生產勞動、社會實踐的不斷提高和深入,由於生活和鬥爭的需要,已有詞的基本意義跟着認識上的變化,使原來的矛盾發生轉化。當時非主要方面的某一因素變成主要方面,致使詞的基本意義發生質變,變成另一內容。譬如,在陽光這個感性認識基礎上,形成以陽光爲主的基本意義的"陽"。以後又隨着生産和生活上的需要,轉化成以陽光照射處爲主的基本意義,而陽光和其他方面則降爲次要的。在這情況下,从卓的"陽"字遂成爲常用的書寫形式。

隨着社會經濟、文化發展,又在陽光照物産生一明一暗相反相成的對立統一關係上,對客觀事物作了更高的概括和抽象,上升爲理性認識,從而形成了賅括萬事萬物的"陰"、"陽"兩個概念。在詞義上,相應地發生質變。當初居於主導方面的"陽光"一義,轉而與光亮、温暖等等成爲非主要方面。這樣,使"陽"又增加了一個在一定條件下被起用的因素。

還以《詩經》爲例:

> 曰歸曰歸,歲亦陽止。(《詩·小雅·采薇》)
> 日月陽止,女心傷止,征夫遑止。(《詩·小雅·杕杜》)

"陽"是陰陽之意轉爲月名的。《爾雅·釋天》"十月爲陽",郭注云:"純陰用事,嫌於無陽,故以名云。"郝懿行引《詩緯》"陽生酉仲,陰生戌仲",説"十月中兼有陰陽"。"陽"以陽月之意入句,和"歲"、"日月"相依存。

以陽光爲基本意義的"陽",在以比喻的作用,從陽光所射的照射面被起用入句,成爲明面,而有假装的意思。這樣,"陽"以語言上的作用又在原來詞義的多面上增加一面。

"陽"以表面之意入句。

　　紂殺王子比干，而箕子被髮陽狂。（《大戴禮・保傅》）

　　儋陽爲縛其奴，從少年之廷，欲謁殺奴。見狄令，因擊殺令。
（《漢書・田儋傳》）

　　"陽"以僞裝之意入句，與"見狄令"擊殺相依存，與"紂殺比
干"相依存。

　　"陽"的詞義的這種用法，由"照射面"、"明面"進而成爲"僞"
的同義，和它依以成立的基本意義"陽光"，已經失掉了共處的條
件，從而分化出另一新的概念，成爲另一個詞，與此相應，別造一
個"佯"字來寫它。

　　從上面這些例子可以看出："陽"這一個詞在具體的語言裏
是一詞一義的，這一義正和辭句中其他的詞互相對立，互相依
存，在對立統一的關係中發揮它的積極作用。同時，它又正是整
個詞義的一個方面。

　　若是把這個詞在不同條件下被起用的意義提煉出來，則見
所有這些意義又都是一體相關的。

　　詞義具有多面性，在一定條件下有從一面被起用的可能，這
是詞被起用的內因。

　　詞義的多面性，有時因爲詞所反映的客觀事物已經失用或
消失，人們祇能從文獻中了解它的一面或某些方面的內容。在
這種情況下，閱讀古作品，很容易被這部分殘存詞義所迷惑，以
部分代全體，發生理解上的錯誤。

　　詞，從作者說，是由於它的內因而被起用進入作品語言的；
從讀者說，這類錯誤的理解，也還是詞的內因在起作用的。

　　項王曰："壯士！賜之卮酒！"則與斗卮酒。噲拜謝，起，立而

飲之。項王曰：“賜之彘肩。”則與一生彘肩。……項王曰：“壯士！能復飲乎？”樊噲曰：“臣死且不避，卮酒安足辭！……”(《史記·項羽本紀》)

“斗卮酒”，有人説：“卮受四升，不得云‘斗卮酒’也。……上云‘賜之卮酒’，下云‘卮酒安足辭’，此非泛言可知。上文‘項伯見張良，沛公奉卮酒爲壽’，《魏其侯傳》‘竇嬰引卮酒進上’，與此一例；‘斗’蓋衍字。《漢書·樊噲傳》曰：‘賜之卮酒。’‘賜’即‘與’也，而無‘斗’字。”(李笠《史記訂補》)

在文獻上，一般説，卮的容量是四升，衹能容下四升的容器，怎麼能够裝下一斗之多的酒？這樣，懷疑“斗卮酒”的斗不能和卮酒並存之説，應該是合理的。

事實上，這個看法是受了殘存詞義的欺騙，以詞義的一面代替全面，失去作品語言的原意。

《説文》“卮，……一名觛”；“觛，小觶也”；“觶，饗飲酒角也，……觶受四升”。卮、觛、觶，應劭、郭璞都説它們三個名字實際上説的是一個東西。考傳世古觶大小不一，有的連蓋通高三寸一分，有的通高六寸四分。卮有大小，通名爲卮；猶如而今碗有大小，通名爲碗。“賜之卮酒”，衹是泛説，像現代漢語“給他一碗酒”一樣，並沒有規定給他什麼樣大小的一碗酒。“賜之卮酒”，“則與斗卮酒”，正像説“給他一碗酒”，卻給他一大海碗酒一樣。段玉裁説：“斗卮酒者，卮之大者也，與下文彘肩言‘生’意同。”

項王命令他的部下給樊噲一卮酒，下面就給他一大卮(容量一斗)酒；命令給他一個彘肩，就給他一個生的。“斗卮酒”和“生彘肩”是互相依賴，互相制約的。這幾句話，一方面寫項羽對樊噲的安撫，一方面寫他部下對樊噲的捉弄，一方面又寫樊噲的勇烈豪氣。如果拘泥於一厄四升之說，删掉"斗"字，不但"生彘肩"的"生"字在作品語言中失掉互相依存的依據，而且使作品的内容也大爲減色。

詞在作品語言裏，是以它的書面形式——文字被寫下來的。文字是以詞的書寫形式而存在於作品之中的。文字問題的本質是詞的問題。由於寫詞法上的假借，由於詞的分化而孳生的古今字，由於作品傳寫中的譌誤，往往引起讀者的錯誤理解。這類誤解，是作品語言詞彙多於口語詞彙的一個内因在起作用。

在下文"形式和内容"部分再説。

五、作品語言以外的任何考證都是外因，它必須通過詞的内因纔起作用

詞義的多面性，就作品和讀者來説，它會給讀者提供多方聯繫的可能。它可以使讀者找到符合作者原意的、詞在作品語言中對立統一關係和它們共處的條件。也可以使讀者想出一個和作者思想不同的共處條件及在這條件下詞的對立統一。

讀者可以援引許多史實或有關的文物制度等等材料，來證明他個人的理解。支持讀者論點的材料，無論是不是符合於作品語言原意，它們都必須得到詞的許可纔能通過。否則，多麽重大的史實和材料，因爲詞在這個意義上没有共處條件，不能構成對立統一關係，史實、材料都没有作證資格。

這樣，材料是外因，作品語言中的詞義及其可能發生的聯繫是内因。從讀者對作品的理解來説，也是作品語言中詞的内因通過外因而起作用的。

洪邁《容齋續筆》卷十五：

> 王荆公《詩新經》"八月剥棗"解云："剥者剥其皮而進之，所以養老也。"

> 毛公本注云："剥，擊也。"陸德明音普卜反。公皆不用。後從蔣山郊步至民家。問其翁安在？曰："去撲棗。"始悟前非。即具奏乞除去十三字。故今本無之。

蔣山民家"去撲棗"這句話，使這位"拗相公"言下頓悟，放棄他"剥其皮而進之"的剥棗之説。驟然看來，好像作品以外的客觀材料是解決問題的關鍵，是外因起了作用。實際上，如果在王安石時代没有"撲棗"和"剥棗"語音相近的事實（《集韻》入聲覺韻：剥，北角切；撲，匹角切。——王氏無古音知識），而《詩經》"剥棗"之句和"穫稻"一句没有互相依存關係，蔣山民家的話，無論如何是觸動不了他的《詩新經》的。由此可見，客觀材料固然重要，可是它必須通過詞的内因纔能起作用。

同理，如前所述，《哀郢》一篇讀者在理解上的分歧是很大的。他們都引了一些記載中的史實來支持自己的論點。這個現象，也正是因爲作品語言中有些詞或詞與詞在一定條件下構成的詞組，從詞義的某一方面來看，是可以和記載中的某一或某些史實挂上鈎的。

如果"百姓"詞義裏没有人民群衆——老百姓的一面，"東遷"的"遷"没有遷徙的一面，"故都"的"故"没有古老的一面，"流亡"没有流離、逃亡的一面，以及其他詞在詞義多面性中没有能够和以白起破郢爲條件，而對立統一於《哀郢》語言之中的可能，則頃襄王二十一年（前278）的史實是不可能爲理解《哀郢》的證據的。

如果"百姓"在詞義裏没有百官族姓的一面,"東遷"的"遷"没有遷謫的一面,"故都"的"故"没有古老的一面,"流亡"没有放逐的一面,没有其他詞在詞義的多面性中能和屈原被放逐這一條件相應的一面,則這些詞也不可能在以"屈原在放流中反對子蘭"的條件下,對立統一起來,使《史記·屈原列傳》"楚人既咎子蘭,以勸懷王入秦而不反也。屈平既嫉之,雖放流,睠顧楚國,繫心懷王,不忘欲反,冀幸君之一悟,俗之一改也"成爲支持讀者的證據。

從以上的例子,不難看出,事實證明也好,載記證據也好,如果作品語言在詞這一方面没有可以和它們關聯的因素,它們是不可能被讀者援引作爲自己理解的參證的。

六、詞在作品語言中的幾個辯證關係

（一）部分和整體

我們閱讀和理解用文言寫成的作品時,遇到的問題或者難點,絕大多數是屬於詞或句的。詞是句子裏的一個成分,它對句來說是部分和全體;詞、句對整個作品來說,也還是部分和全體的關係。這個關係,正是詞在作品語言中,以一定條件對立統一的結果。

我們讀書從詞句到篇章得到初步理解,然後又從篇章整體的思想感情反過來復審句子和詞的理解。所說的閱讀和理解中的疑難問題,一般是在這個工作中間,從語言的部分與整體關係上,發生或發現的現象。疑點或難點往往是一個或幾個詞,失掉了在同一條件下,和别的詞、句乃至通篇語言互相聯結、互相貫通、互相滲透、互相依賴的關係，因而不能和其他詞句共處於同篇之中。

在部分和整體的辯證關係上，詞與詞、詞與句、句與句在一定條件下的對立統一，就通篇作品語言來説，並不是平均分配的。有直接的，有間接的；有集中的，有分散的；有重要的、起決定性作用的，有不重要的、没有重大影響的。彼此遞相聯結，遞相制約。

部分和整體的關係，是錯綜複雜的。

（1）有的問題在一節裏可以解決。例如：

> 且許子何不爲陶冶，舍皆取諸其宫中而用之？何爲紛紛然與百工交易？何許子之不憚煩？（《孟子·滕文公上》）

"舍皆取諸其宫中而用之"的"舍"，就它寫詞的可能，無論它是"舍"或"捨"，在詞義各方面中，都没有哪一面，可以和句中相關的詞或詞組取得在一定條件下共處的可能。因此有許多注家説"舍字不好懂"。趙岐説："舍者，止也。止不肯皆自取之其宫宅中而用之。"他這個解釋和這一節上下句取不到聯繫。章太炎認爲"舍"是"何物"之意，"今通言曰'甚麽'，'舍'之切音也"，"舍皆取諸其宫中而用之，猶言何物皆取諸其宫中而用之也"。按"甚麽"之詞發生較晚，戰國書面語言未見以"舍"爲何物者（章氏引《左傳》"小白餘敢貪天子之命無下拜"，其證既孤且弱，不足以成其説），詞的本質不能許可。

從《孟子》這一節一連串反問句子的依存關係，和詞的書寫形式來看，我認爲"舍"原本應該是"害"。"害"（祭部）古與"曷"（月部）同音（祭、月兩部諧聲多相通）。而古音祭、盍兩部字又往往以音變相通。如盍在祭部，而《說文》盍从益聲；瀎，古音在去部，而古金文假以爲廢，廢在祭部；枼在盍部，而古金文以之爲世。故《爾雅・釋言》：“曷，盍也。”《玉篇》云：“盍，何不也。”曷與害同音，故害亦或爲曷，爲盍。

王念孫曰：“《爾雅》曰‘曷，盍也’，郭說曰：‘盍，何不也。’《書・湯誓》曰‘時日曷喪’，《詩・有杕之杜》‘中心好之，曷飲食之’，曷古謂何不也。說者並訓爲何，失之。”（《經傳釋詞》卷四）按《孟子・梁惠王上》引《湯誓》“時日何喪”句，寫作“時日害喪”，以害爲曷。

在古金文“害”字寫作“𤰶”（毛公鼎）、“𡴀”（師害簋），形與“舍”的金文“𠣪”（矢方彝）、“𠔌”（散盤）極爲相近，從而造成“害”誤抄爲“舍”。

這樣，“舍”的問題是在詞的許可下，就部分和整體的關係得到一個解決，使它能在本句和本節各句取得在一定條件下共處的對立統一。

（2）有的問題在一章裏可以解決。例如《詩・豳風・七月》：

> 九月築場圃，十月納禾稼。
> 黍、稷、重、穋，禾、麻、菽、麥。
> 嗟我農夫！
> 我稼既同，上入執宮功。
> 晝爾于茅，宵爾索綯。
> 亟其乘屋，其始播百穀。

這一章詩，有的教科書是這樣注解的：
“同”，集中，指農民把收打下的穀物集中送入公家的穀倉。

"上入",到公家去。"執",指服役。"宮",室,這裏指統治者的住宅。"功",事。這句是説爲統治者服家内勞役。

"爾",代詞,你,這裏不一定有所指。"于",往。"茅",草名,這裏用如動詞,指採取茅。

"亟",急。"乘",升,登。"乘屋",指登上屋頂去修屋頂(這裏是指修理自己的住屋)。

"其始",指歲始,即春初。

照這種看法,則這段詩意是:"農民把收打下的穀物集中送入公家的穀倉。"然後"到公家去""爲統治者服家内勞役"。白天去"採取茅"草,夜裏絞繩子。趕緊"登上屋頂去修理屋頂","修理自己的住屋","春初"播種百穀。

按詞的對立統一關係來看,這種理解,有些詞句是不能在一定條件下共處,失掉互相間的聯結與控制,因而句子多不相應。譬如:

"我稼既同"的"同"是集中,它是和開頭四句,特別是後三句"納禾稼"的關係最密。集中的是包括黍、稷、重、穋、禾、麻、菽、麥在内的禾稼,而不是在場圃打下來的顆粒。

"亟其乘屋,其始播百穀"其間没有互相聯結的關係,語意過於飛躍。或者有人説,《詩》就是這個樣子的。

但是,依詞在語言中的辯證關係來考察,"播百穀"的"播",既有播種的播散之義,又有播揚的播散之義。這樣,"十月納禾稼"、"我稼既同"和"其始播百穀"三句,是可以在收打莊稼的條件下,互相地對立統一起來,互相聯結,互相貫通,説明收打莊稼的先後程序。

"乘屋"的"乘",在詞義上,除習用的升、登等義之外,還有一個意義是覆蓋（《説文》"乘，覆也"）。在收打莊稼的條件下，覆蓋的"乘"是可以和本句乃至全章對立統一起來的。這就可以使"上入執宮功"以下五句，作爲修繕倉房之事，和全章詞句貫通起來。可以説，"上入執宮功"是進到領主家去修倉房；"晝爾于茅，宵爾索綯"是"執宮功"修繕倉房的勞動内容；"亟其乘屋"是趕緊苦房，上與"于茅"、"索綯"相應，下句和"其始播百穀"相應——修繕完倉房，好開始揚場，當然也和"我稼既同"、"納禾稼"相應。

全章的詩意是：九月築場院，十月往場院拉進莊稼。它們是黍、稷、重、穋、禾、麻、菽、麥。我們的莊稼已經拉齊（都集中在場院）之後，進到裏面（領主家）操起修築倉房的工作：白天弄茅草，晚上搓繩子，趕緊把倉房苦好，好開始打場，揚場。

可見，詞在作品語言裏，在一個條件下，和全章的詞、句互相聯結、互相貫通，互相滲透，互相制約。其緊密程度是牽一發動全身的。部分和整體是互爲條件互相作用的。

（3）有的問題在全篇裏可以解決。

《哀郢》的詞的辯證關係是貫通在全篇的。

我們不僅要看到"百姓"、"民離散"、"東遷"、"故都"、"流亡"等一部分詞的對立統一，還要看到它們和"楫齊揚以容與兮"、"焉洋洋而爲客"、"忽翱翔之焉薄"的"容與"、"洋洋"、"翱翔"等從容行路的統一，還要看到它和作者自己所哀的中心"哀見君而不再得"、"哀故都之日遠"的統一，還要看到和他所譴責的事情"外承歡之汋約兮"及"憎愠惀之修美兮"兩節的統一，更要看到"亂辭"特别是其中"信非吾罪而棄逐兮"等句和它們的對立統一。

各章各節可以有它自己的一定條件，使詞、句既矛盾又互相依存，但是這個條件又必從屬於通篇總的條件之下。《哀郢》作於破郢之後的説法，從全篇詞、句的部分與整體的關係上看，是有很多地方不相應的。因爲在破郢逃亡的條件下，有些詞句是勉强共處，實際是不能共處的。

部分和整體關係，如前面所説，並不是各個部分均等地、勢均力敵地起作用，而是輕重大小有所差別的。

閱讀文言作品，在關鍵性、起決定作用的部分的問題上，處理得不好，會使作品語言通過讀者的主觀誤解發生矛盾轉化，看朱成碧，失去原作的本意。善於掌握和處理作品語言部分與整體關係，是閱讀文言作品的重要功夫。

當然，在詞義非關鍵性的部分的問題上，雖然無傷於通篇大局，也是不可等閒視之的。例如《詩・豳風・七月》：

三之日于耜。

一之日于貉。

晝爾于茅。

有的教科書注解"三之日于耜"説：于，爲，這裏指修理。耜，農具，是犁的一種。

注解"一之日於貉"説：于，動詞詞頭。貉，像狐狸的一種獸，這裏用如動詞，指獵取貉。

注解"晝爾于茅"説：于，往。茅，草名，這裏用如動詞，指採取茅。

"于耜"、"于貉"、"于茅"的耜、貉、茅三者都是名詞，而句中又都没有動詞。它們的語言結構是一樣的。而耜、貉、茅又同樣是被處理之物，在内容上也没有左右文意的特別勢力。這三組帶"于"的詞組不應該有差別待遇。如果說"貉"、"茅"用如動詞，爲什麼"于耜"的耜不能用如動詞，而"于"却等於"爲"指修理，成爲動詞？又，"貉"、"茅"一樣用如動詞，爲什麼它們前面的"於"却有不同的作用：一個是動詞詞頭，而另一個反倒成爲動詞"往"？

"于耜"、"于貉"、"于茅"三個"于"在同類結構裏出現了三種不同解釋。無論從語言的形式和内容，或部分和整體等關係上看，找不出支持它的理由，不能不使人感到迷惑，雖然它對通篇大局還没有什麼重大影響。

這類問題總是要處理的，不然，它給人的影響將是文言作品的語言理解是可以"以意爲之"的。

語法學家對"於"的性質和用法雖然尚有不同看法，但總是有個全局考慮，有體系可說，不是忽東忽西漂泊無定的。

"于"落在具體詞句上是部分，落在所有同一類型的句子上是整體。解決部分問題，要通觀全局。

在《詩經》裏，句中無動詞而"于"在名詞之前，則"于"爲動詞詞頭，表示從事之意，使受其影響的名詞成爲動詞而有從事某事的意義和作用。

《小雅·鴻雁》"之子于垣，百堵皆作"，句中無動詞，而名詞"垣"在"于"後，性質和"于耜"、"于貉"、"于茅"相同，毛傳說："徵民起屋舍，築牆壁，百堵皆同時而起。"也正是把"于垣"看作動詞，纔解爲"築牆壁"的。

我們若把"于耜"理解爲從事弄耜的工作——修理耜（但"于"不等於修理），把"于貉"理解爲從事弄貉的工作，獵取貉，把"于茅"理解爲從事弄茅的工作，整治茅草，會比對同樣情況給以不同解釋好一些。

2. 現象和本質

詞在作品語言中,彼此對立統一,在一定條件下,互相聯結,互相制約,以表達作者的思想。但是作爲表達思想的基本意義單位,詞既通過它的性能、作用,依一定的辯證關係顯現作者的思想本質,同時又是相對的,不能直接就是那一思想的本質。誠如馬克思所説,"如果現象形態和事物的本質是直接合而爲一的,一切科學就都成爲多餘的了"(《資本論》第三卷,第959頁)。本質和現象之間是有着貫串事物全體的東西和局部之間的差別的。它們是對立的統一。局部的東西祇能片面地表現貫串全體的東西。因此,我們觀察和探索事物,不能停留或滿足於一些局部現象及其個別的某些外部聯繫,便認爲它就是本質了。

我們必須注意的是,在現象裏也包含着許多假象。

假象歪曲地反映着本質,它給我們一種和事物的本質完全相反的印象,從而掩蓋了本質的真象。

作品語言是已經寫完了的書面語言。它在所有讀者面前是一樣的。它的某些現象也是客觀地擺在讀者面前的。但是,詞義是具有多面性的,它的關係和作用是多面的複雜的。讀者各有自己的思想情況和語言修養,由於思想、方法的不一致,對同一現象的觀察也就各有其着眼之處。有人得到反映本質的現象,有人卻"別具隻眼",偏偏從另一方面聯繫,得到的祇是一個假象。我們可以説,閱讀文言作品在某些現象的認識上是和讀者的主觀看法分不開的。

同一作品語言,有人從它得到真象,有人得到假象,也並不是完全任意的。我們知道,即或它使讀者產生假象,也必須通過語言内部某些因素，纔能形成和出現。事實上，假象的東西是本質的一個規定，本質的一個方面，本質的一個環節。本質上沒有一定的因素，它是不會出現假象的。

閱讀文言作品，在語言形式上（包括詞的書寫形式）要通過現象看本質，就必須揭露假象，澄清混亂。

王安石《遊褒禪山記》最後一段：

> 四人者，廬陵蕭君圭君玉，長樂王回深父，余弟安國平父，安上純父。

有的教科書説："蕭君圭、君玉，是兩個人。"

這個理解，看來和王安石弟兄之名"安石"、"安國"、"安上"是一致的。弟兄命名，確有共犯一字風俗。封建家族有的還編成韻語，一連排它幾十輩子。

然而，這衹是弟兄命名的一部分現象，却不是命名的本質。我們知道六朝時，劉道規字道則，顏延之字延年。劉道規、道則不是弟兄，顏延之、延年也不是兩人。

安石、安國、安上，這個現象衹反映命名習俗的部分，也是本質的一種反映，可是它並不是貫串全部命名法則。

注者根據表面現象，把君圭、君玉定爲兩人，使讀者在此發生了困惑：一則，按這個理解就不是"四人者"，而是蕭氏弟兄君圭、君玉兩人加上王回和作者的兩個弟弟——安國、安上，一共"五人"。這樣，就和句首"四人"之數不符，和第一段"余與四人擁火以入"抵觸，失去互相依賴、互相制約的關係。二則，和本段題名規律不符，王回、深父，安國、平父，安上、純父，都是一名一字，而蕭君弟兄却都是有名無字。這樣，注者不僅迷惑於假象之中,而且更違反了部分和整體的辯證關係。

我們在前面提過《離騷》的篇名有不同的解釋。除説過的兩家之外,還有許多看法。例如,游國恩先生説:"(《離騷》)乃是楚國當時一種曲名。按《大招》云'楚勞商只',王逸曰:'曲名也.'按'勞商'與'離騷'爲雙聲字,古音'勞'在'宵'部,'商'在'陽'部,'離'在'歌'部,'騷'在'幽'部,'宵'、'歌'、'陽'、'幽',並以旁紐通轉。故'勞'即'離','商'即'騷',然則'勞商'與'離騷',原來是一物而異其名罷了。"(《楚辭概論》第三篇第四章)

一物而異名的判决,首先必須肯定它們是一物。"離騷"和"勞商"之所以被看成爲一物,説者雖然没提正面理由,大概因爲"離騷"是一個作品標題,而詩辭標題有些是用曲名的。在這一點上,和王逸注"勞商"爲曲名之説可能相應。此外,可能再没有什麼理由了。我們看,僅僅就這一點點瓜葛,怎麼能説它們就是一物? 怎麼能説它們是一物而異名?

在語言詞彙中,同音詞很多,而它們在書寫形式上的通假,也是很常見的現象。説"離騷"就是"勞商",也並不是毫無道理的。因爲語音相近一事本身就已經反映了一部分事實,而曲名和"辭"的篇目又有相似之處。問題是,這些僅僅是"離騷"的局部現象和"勞商"相合,而不是它們的本質相同。"離騷"和"勞商"的關係祇是一個假象。

我們看《離騷》最後的高潮是"託言遠逝","靈氛既告余以吉占兮,歷吉日乎吾將行","何離心之可同兮,吾將遠逝以自疏"。這是"離"。但是,作者眷懷祖國,不忍離去。在設想遭道崑崙,發軔天津,行流沙,遵赤水,路不周以左轉,指西海以爲期之後,"陟升皇之赫戲兮,忽臨睨夫舊鄉,僕夫悲余馬懷兮,蜷局顧而不行”。這是從“離”而生的“騷”，是憂然幽思。至於“亂曰：已矣哉！國無人莫我知兮，又何懷乎故都！既莫足與爲美政兮，吾將從彭咸之所居！”這對題目意義點得就更加清楚。看起來，説“離騷”是離愁還是比説它是遭憂、勞商更合適一些的。《楚辭》篇目有意而和作品内容相應，《離騷》也不例外。

　　從《離騷》作品的内容和《楚辭》篇目命名的一般習慣，從“離”、“騷”兩詞的詞義可能，以它們和全篇的依存關係，可以推測來看“離騷”命名的本質。“勞商”之説所看到的假借衹是一種假象而已。

　　《楚辭·九歌》句中用“兮”，這個現象引起很多的遐想。以《東皇太一》爲例，他們把“兮”字當成“萬應散”式的虛詞，什麼病都治。

吉日兮良辰　＝　吉日［之］良辰

穆將愉兮上皇　＝　穆將愉［夫］上皇

撫長劍兮玉珥　＝　撫長劍［之］玉珥

璆鏘鳴兮琳琅　＝　璆鏘鳴［而］琳琅

瑤席兮玉瑱　＝　瑤席［與］玉瑱

盍將把兮瓊芳　＝　盍將把［夫］瓊芳

蕙肴蒸兮蘭藉　＝　蕙肴蒸［而］蘭藉

奠桂酒兮椒漿　＝　奠桂酒［與］椒漿

揚枹兮拊鼓　＝　揚枹［以］拊鼓

疏緩節兮安歌　＝　疏緩節［之］安歌

陳竽瑟兮浩倡　＝　陳竽瑟［之］浩倡

靈偃蹇兮姣服　＝　靈偃蹇［而］姣服

芳菲菲兮滿堂　＝　芳菲菲［然］滿堂

五音紛兮繁會 ＝ 五音紛[然]繁會

君欣欣兮樂康 ＝ 君欣欣[然]樂康

他們認爲"兮"字的文法作用等於"之"、"夫"、"而"、"與"、"以"、"然"、"於"、"也"、"其"、"其猶"、"諸"、"皆"、"焉"、"然而"、"乎"、"矣"、"中"、"故"、"時"、"哉"。

聞一多先生説"兮字即最原始的'啊'"，這是對的。在詩歌裏，特別是民歌裏，常在句中一定的文法段落上用它，這個現象直到明清以迄現代也還如此。可是我們不能説：

正月裏呀正月正 ＝ 正月裏之正月正

研研墨呀探探筆 ＝ 研研墨又探探筆

我們不能説"呀"的文法作用等於"之"、"又"、"而"，因爲這不是"呀"的文法作用。

虛詞的文法作用是以一定的語法意義和作用表現一定的語法組織關係的。它不是哪用哪到的"空心馬子"。一件東西如果它什麼都是，那它便什麼也不是。因爲這樣它就失去了它"構成一事物區別於他事物的特殊的本質"。

事物的現象和本質並不是直接一致的，文言作品的語言現象亦是如此。我們在閱讀文言作品時，必須由現象進到本質，纔能得到正確的理解。

"假象是本質自身在自身中的表現"。在閱讀文言作品時，遇到一些假象也是自然會有的事，問題在於"去僞存真"。

3. 形式和内容

文言作品的語言現象是以可聞可見的物質形式爲其外部標誌的。它的基本單位是詞的語音形式和詞的書寫形式——

文字。

　　內容決定形式，並產生自己的形式。文言作品的語言也是這樣的。作者用文言創作時，遣詞造句突出地反映這一事實。字斟句酌，正是內容要求合適的形式，使它恰如其分地爲自己的文思服務。

　　形式和內容是對立的，同時又是統一的，被內容決定的形式一經產生之後，形式又會反作用於內容。作品語言一經寫成之後，是不會發展的。但是由於語言及其書寫形式的發展，由於社會歷史的發展，由於讀者的語言生活及思想基礎、思想方法等等跟作者有差異和距離，作品的語言形式往往會通過讀者並在讀者的認識上反作用於作品，從而產生轉化作品原意的誤解。

　　爲了正確地理解作品的內容，以便更好地掌握內容的辯證關係，使它們符合於作者寫作的實際，是很重要的。

　　作品語言形式和思想內容，通過讀者而產生的差錯或誤解，有的是從語言的書寫形式誘發的，有的是被作品語言誘發的。

　　語言的書寫形式是以詞爲其內容，而以文字爲形式的。文字在寫詞法上有假借，在反映詞的分化上有古今字，在傳抄上又有筆誤。詞的書寫形式的這些情況，在一定條件下，會反作用於作品語言，發生詞的誤認或誤解。這樣，會破壞作品形式和內容的對立統一，轉化到另外一個思想境界，失去作者原意。

　　假借寫詞法使作品語言的書寫形式影響讀者對作品思想內容的理解。如：

　　　　帶長劍兮挾秦弓，首身離兮心不懲。(《楚辭・九歌・國殤》)

　　這兩句，王逸的注解說："身雖死，猶帶劍持弓，示不舍武也。"各家多從其説，而林雲銘説得更着實。他説："既死，往視其尸，而裝束如故。"

若是按照王注、林説來講，則"帶長劍兮挾秦弓"的國殤不是浴血死戰壯烈犧牲在沙場之上的勇士，而是從容盡禮，腰中帶着未曾出鞘的劍，腋下挾着弓，是一位盡其天年而死、被家人"裝老"的武士。很顯然，這個理解是和國殤陣亡的情景不相合的。

所以出現這種解釋，是由於讀者受了作品語言書寫形式的蒙蔽和常用詞語的影響。"帶"是常用詞，"帶劍"是常用的習語。

我們把"帶長劍兮挾秦弓"和"首身離兮心不懲"的依存關係，跟《國殤》通篇内容聯繫起來看，則知"帶長劍"應該是"撖長劍"。"帶"在這裏是用假借寫詞法寫"撖"的。"撖"是"兩指撮也"。"兩指"，"兩"是動詞，是張開手指。張開手指抓取東西的動作叫"撖"。"挾秦弓"的"挾"是"俾持"，"俾"是"鬥持人"。兩人徒手搏鬥，用手夾持對方叫做"挾"。這樣，可以撥開由於詞的書寫形式和常用詞語的影響所造成的雲霧，看到"帶長劍兮挾秦弓"的語言内容是：國殤——陣亡將士，當他戰鬥到最後時刻，矢絕刃摧，和敵人徒手搏鬥的壯烈情景：張開手指抓取敵人的長劍，伸手奪取敵人的弓，直到首身分離，壯烈犧牲，而爲國殺敵的雄心依然不曾息止。

從内容定形式，纔能不爲用假借寫詞法寫成的書面語言形式所迷惑。

作品語言書寫形式在傳寫中的字形譌誤，影響讀者對作品思想的誤解。如：

(生)扣其門……侍兒馳走大呼曰："前時遺策郎也。"娃大悦

曰：“爾姑止之，吾當整妝易服而出。”生聞之，私喜。乃引至蕭牆
間，見一姥垂白上樓，即娃母也。生跪拜前致詞……延生於遲賓
之館……乃命娃出。（白行簡《李娃傳》）

“見一姥垂白上樓”通行本多如此作，讀者都理解爲李娃之
母上樓。

從内容定形式，“垂白上樓”應該是“垂白上僂”。“上僂”是
文言習語。

《左傳》昭公四年“顧而見人，黑而上僂”；哀公十四年“有陳
豹者，長而上僂”。“上僂”是肩背曲僂的樣子。“垂白上僂”正是
老人的體貌形象。況且生初入門，祇至門屏（蕭牆）間，沒有看見
一姥上樓即行遙拜之禮的道理；當時生尚未入室，更無從樓上見
一姥上樓之理。從這一段語言内容，可以說“上樓”是“上僂”傳
寫之誤。

從内容定形式，纔不致被傳寫的誤字所迷惑。

有些詞，在詞義上有古今義的差別。在文言作品中一般用
古義，可是要按具體語言作具體分析，不能單從形式來定。

《公羊傳》宣公六年“躇階而走”，“走”，是古義，相當於現代
漢語的“跑”。

《聊齋志異·促織》寫成名尋蟋蟀“循陵而走”，雖然也是文
言，但是内容決定形式，這個“走”絶不能是古義，因爲蛐蛐是沒
有跑着找的。

同是一個“走”，從讀者來說，在書寫形式和語音形式上是完
全一樣的。不能單純地按文言、白話的語言性質從形式上定它
的詞義内容，應該根據語言内容來定它是古語還是今語。——
文言中可以夾作者時代的今語，而現代漢語中一樣可以夾用古

語，"走馬看花"不就是例子嗎？

> 《漢書·王莽贊》云："紫色蛙聲，餘分閏位。"謂以僞亂真爾。
> 昔吾嘗共人談書，言及王莽形狀，有一俊士，自許史學，名價甚高，
> 乃云："王莽非直鴟目虎吻，亦紫色蛙聲。"（《顏氏家訓·勉學》）

"紫色"就是紫的顏色，"蛙聲"就是青蛙的叫聲。這本來沒有錯。但是，它們進入《王莽傳贊》這個具體的作品語言裏，和"餘分閏位"互相聯繫，互相制約，就成以實說虛的句子。紫色是紅藍兩色相合的間色，作者用來指斥王莽僭篡不是正色；蛙聲是"樂之淫聲"非正曲，以邪音來指斥王莽的非正統。顏之推所説的那位"俊士"竟形式主義地從形式上把"色"歸到顏面的氣色上，把"聲"落到説話的語音上，於是王莽成了紫臉膛、青蛙嗓的人了！這兩句話在《王莽傳贊》裏就失去和其他詞、句共處的資格了。

我們讀文言作品，必須注意語言，可是不能偏於形式，要考慮形式和作品內容的對立統一關係。從形式瞭解內容，更重要的是還要通過內容審定形式。

結語

詞在文言作品語言中的辯證關係是詞彙學的理論探索，而不是"訓詁學"的發展。"訓詁學"衹滿足於局部的具體問題的解決以求一心之安，而不問解決問題的語言理論和方法。從《經義述聞》的《通説下》到《古書疑義舉例》都是（條目）現象歸類，而不是規律的闡發。"訓詁學"的主要方法是"比例而知，觸類長之"的。它是形式邏輯的歸納、演繹，是以比較爲基礎，而不是唯物

辯證法的。"揆之本文而協,驗之他卷而通",衹是檢驗訓詁的卡
尺,而不是指導工作的指南針。當然,在反對"强經就我",主張
實事求是,以及注意文字、音韻等詞的形式和詞義的關係等方
面,爲我們提供了一些經驗和材料,是應該重視的。

孫常敍
1965 年 12 月 4 日

附錄二　孫常敘先生與古漢語
詞彙學研究

　　孫常敘（曉野）先生是我國著名的漢語詞彙學家、古文字學家。他在教學、學術研究園地辛勤耕耘了 60 年。孫師不但在語文科學領域取得學術界公認的科學成果，還給國家培養了衆多的語文工作者，其中有不少人已經成爲卓有成就的語言學專家。

　　孫師幾十年如一日，在不斷探求的道路上，用自己的勤奮和智慧，換取了豐碩的研究成果，在漢語詞彙學、古文字學和古典文學等研究領域都作出了貢獻。其中許多著述具有開創性，形成自己的體系，在國內外學術界產生了重要影響。本文僅就孫師對古漢語詞彙學研究的貢獻，談談自己的體會。

　　孫師繼在 20 世紀 50 年代發表的力作《漢語詞彙》之後，於 20世紀 60 年代初又寫成姊妹篇《古代漢語詞彙》。當時雖以教材的形式刊行，却是一部具有很高學術價值的古漢語詞彙學專著。孫師在論著中以他深邃的學識，融會多年的研究成果，獨辟蹊徑，以嶄新的體系，獨特的風格，使之成爲古代漢語詞彙學的開拓之作。

一、古漢語詞彙性質的探究

　　孫師首先全面而系統地闡釋了古漢語詞彙的性質。他首先給古漢語詞彙正名，認爲科學的表述應該是"古-漢語文學語言詞彙"。

　　論著明確揭示古-漢語文學語言詞彙有兩大矛盾，即它和現代漢語的矛盾和它同歷代口語的矛盾。在特定的矛盾關係中使其成爲漢語史上一個獨立的部門。

　　今而用古的超時代性，各代詞彙的兼蓄並用，這是古-漢語文學語言詞彙的重要特徵。論著指出，一部完整的漢語史，應該包括口頭語言史和書面語言史。它們既是對立的，又是統一的；既存在差別，又相互關聯，彼此吸收。論著就縱的方面展示其發展演變的脈絡，側重其異。他指出，在先秦時代，書面語和口語是"基本相應，表裏一體的"，即書面語源於口語。後來由於人們認識的深化，社會歷史對語言的影響和要求，以及口語和書面語各自發展的特點等諸多因素，纔使它們產生了距離，而且在發展進程中這種差距逐漸加大，進而分道揚鑣。就橫的方面論述，側重其同，展示它們的相互關係和聯繫。先秦時代書面語源於口語，因而古-漢語文學語言詞彙中的基本詞彙，與先秦口語一脈相承，經過長期發展，它具有極大的穩固性和生命力，從而使古-漢語文學語言詞彙"無論通過哪一個語言時代，都有和各時各地當代漢語詞彙同一的部分"。這個同一的部分成爲聯結古-漢語文學語言詞彙和歷代口語詞彙的一條紐帶。不限於此，除基本詞彙外，作爲和當代口語詞彙相對的古詞，在其語言形式上，也隨着語言文字的發展而不間斷地改變它們自身，而"從屬於那一時代的當代語音系統和書寫體系"。這是很重要的論斷，最易被人忽略。具體說來，在語音上要適應讀者時代和地方語音的變化；在書寫形式上，一是各代作者都用自己時代的文字從事寫作；二是在作品流傳中要適應後代文字體系和字體，即傳到什麼文字時代，就隨着變成那個時代的通行字體。

論著進一步闡述，古-漢語文學語言詞彙的兼蓄並用，表現在它隨着漢語詞彙的發展，與時俱新，不斷豐富。它基於先秦，但又不停滯於先秦，在傳承和發展中，不斷吸收各代新詞新語，"從不曾停息地逐漸地豐富它的詞彙"。因此，它對歷代漢語都有較大的適應性。這種超時代、各代詞彙兼蓄並用的性質，可以用著述中精彩而確切的論斷作結："古-漢語文學語言詞彙具有上不同於漢語口語發展的任一時期的斷代語言，下不同於當代口語……同時，又具有上通先秦，中貫各代，俯從現時的獨特的語言性質。"

推陳出新的能產性，各代作家的新詞創造，這是古-漢語文學語言詞彙的又一重要屬性。表明它不是消極的僵死的書面語言，而深具活力。它不單是隨時吸收口語詞，"依靠它所經過各個時代新詞的累積"，而且"通過作家作品，能動地創造新詞"，即通過各代語言巨匠推陳出新的創造。論著具體地展現了新詞創造的途徑：以已有的文學語言詞彙爲基礎，把它作爲構成新詞的素材和條件，經過加工、提煉和活用，使之成爲新的詞組，再通過詞組形式，逐步走向新詞。新詞產生後，並不是最終的歸宿，從語言的社會功能看，還要接受社會的檢驗和選擇。經過一定階段的書面應用，實踐表明它符合社會要求，爲多數群眾所接受，於是便從書面走向口頭，成爲口語詞。由此可見，不但以造詞成果豐富了古-漢語文學語言詞彙，而且也充實了口頭語言詞彙。

據此，論著進而作了深層剖析，指出所創造的新詞並不是等同的,它有品第之分,並依據品第決定未來的去向。大體可以分作兩類詞:"一類是概括力比較大,群衆性比較廣,符合人們認識,經過實踐選擇",而進入基本詞彙或常用詞彙。這便是上文所論及的走向口頭詞彙的一類新詞。另一類詞則與之相反,在實踐中因沒有群衆基礎而被淘汰。但即便是二類詞,也並非注定無用,經過加工改造,也有成爲新詞的可能。這足以證明,古-漢語文學語言詞彙具有能産性和生命力。

　　古今詞的相對性,這是深入認識古-漢語文學語言詞彙必須看清的一點。所謂相對性,就是應該辯證地看待古今詞,今裏有古,古亦涵今,不可截然劃分。在一定條件下,古今詞可以轉化,使古詞成爲今詞。古-漢語文學語言詞彙具有兩個相對關係:一是它和現代漢語的相對性;二是它和方言詞彙的相對性。前者表現爲古今滲透,各代口語憑藉古-漢語文學語言詞彙充實自身。一般採取兩種方式:(一) 拿來主義,直接選用古詞,賦予新義;(二) 從中提取某些成分創造新詞,於是從前的古詞,一變而成爲新詞。後者是由於語言發展的不平衡性,而産生方言歷史的差異。就全民通語來説,它已成爲古詞,但這些古詞,從現實的某些方言裏,可能仍活躍在人們的口語中。可見,辯證地看待古今詞可以大大開闊人們的視野,深入理解古-漢語文學語言的性質。

　　結構造詞的復原性,這是從現代漢語的角度去看古-漢語文學語言詞彙。現代漢語中已經通過詞組,以結構造詞法凝結而成的雙音節詞,在用古-漢語文學語言詞彙寫成的作品往往又解體復原,恢復了當初詞組的性質。它説明古今詞儘管是相對的,但畢竟存在着新舊質的差別。古-漢語文學語言詞彙是以先秦語言詞彙爲基礎的，單音節詞在整個詞彙中佔絶對優勢。因此，作爲體系來説，又是相對保守的，它常以整體的力量維繫這種優勢，使通過結構造詞法所造成的複合詞，又"融解復原"，"甚至有的新詞也往往倒反爲詞組"。正如論著所説："承認這一現象，並不意味着否定漢語詞彙發展規律，相反地，它正可以歷史地證明漢語造詞法逐漸質變的事實，説明有相當部分的結構詞是濫觴於詞組，經過相當長的時期纔被先後地逐漸地凝煉下來。"

二、建立詞彙文字學的新體系

孫師對古漢語詞彙學的貢獻，集中體現在建立詞彙文字學的構想和實踐上。詞彙文字學是以寫詞爲中心立説的，而傳統的文字學則是以字本位立説的。可以説這是新舊體系的分水嶺。舊文字學歪曲了文字的性質，割裂了字詞關係，掩蓋了漢字寫詞的本質屬性，這是問題的要害所在。

衆所周知，漢字是記錄漢語的社會性的書寫符號體系，是漢語詞的書寫形式。因此，漢字自身並没有音和義，它的音義是所寫詞賦予的。離開了它所寫的漢語詞，便毫無意義。正因爲這樣，論著批駁形、音、義"三要素"的漢字思想，指出這種漢字思想與寫詞説是不相容的。爲了認識舊體系的弊端，論著就這種錯誤的學術思想形成過程，進行了入情入理的剖析。指出秦漢以前，對字詞關係是以詞（名）爲中心，"文字寫詞的思想是比較清楚的"。漢魏以後，由於文言與口語分離漸遠，人們衹見書面上的字義，而忽視了它所寫的詞，久而久之，"字音"、"字義"的觀念逐漸形成，於是説"文"解"字"之風盛行，積習所致，人們"衹有文字觀念，並無詞彙思想"。所以，要建立科學的詞彙文字學的新體系,恢復字詞關係的本來面貌,就必須破除字本位説的舊體系。

在此基礎上論著闡述了漢字寫詞的基本原理,指出漢字寫詞是有科學的理論根據的。論著給詞下了精辟的定義:"詞是思想(概念)的語音物化,它是語音形式和詞義内容的統一體。"正是由於詞的這種音義統一體的屬性,纔給詞的書寫形式規定了選擇的範圍,提供了基地。凡屬從語音方面着手寫詞的,它所建立的文字體系,是標音的音節文字或音素文字;凡屬從語義方面着手寫詞的,它所建立的文字體系,是表意文字,而漢字是屬於表意文字體系的。由此看來,漢語詞的書寫形式,是建立在漢語詞的基礎之上的,是"就詞的内容——詞義方面,按其足以區别於其他詞的特點,用形象方法表現詞義,從而構成它的書寫形式的"。這是秦以前漢字寫詞的特點。我們可以概括爲三個方面:a. 詞的書寫形式是根據詞的内容——詞義構成的;b. 要抓住詞義的本質特徵,以便同其他詞相區别;c. 採取形象的方法,寫詞的一般程序是:從形見義——即義識詞——定詞知音。

鑒於上述程序,基於形象寫詞的特點,將秦以前的文字稱爲"形象的音節表意文字"。用形象的方法勾畫出詞義的特點,是先秦時代寫詞的基本方法。它不僅體現在單詞的書寫形式上,也貫穿於整個漢字體系中。隸變以後,儘管失掉形象特點,但在總體上仍不失爲音節表意作用,所以把隸變後的文字,稱爲"符號的音節表意文字"。

論著不僅闡明漢字寫詞的一般原理和基本方法,而且根據詞的意義的語法特點,探索寫詞的具體條例。論著對傳統的"六書"進行了必要的改造和合理的吸收,摒棄了字本位的舊體系,吸收其中有用的分體，使其融會於詞中心的新體系。從詞彙文字學的觀點出發，聯繫商周文字的實際，在前漢"六書"名目的基礎上改作象物、象事、象意、形聲、轉注、假借。論著指出，在這六種寫詞法中"象事也是具體形象的勾畫，它和象形祇是物象和事象上的差異"。可以把它歸於象形，再從象形裏分出象物和象事兩種寫詞方法。對"象聲"則不取，因爲它不能顯示形音作用，不如"形聲"概括力大。還必須看到，這六種寫詞法，不單象物、象事是用形象方法寫成的，就是其他四種也是在形象寫詞的基礎上完成的。其中象意法"是用具體的事物形象表現抽象的概念"，並不直接顯現詞義，而是通過聯想，曲折地表現詞義。形聲結構是最能產的，它的內部是由"聲"、"形"兩部分構成的，它用形符標示詞義所屬的物類或事類的類屬形象，利用象形字，以其音義統一關係，作爲標音的聲符。至於轉注寫詞法，歷來衆説紛紜，立説如林。論著從寫詞出發，加以新釋。認爲轉注仍以象形爲主，它有兩個顯著特點：一是在前四種寫詞法的基礎上，就已成的形式給予部分改變；二是在語音形式上也作相應的調整，以區別分化後的"老"、"考"。它和象意法有近似，也有差異。在利用已成字形上二者有相似點，在是否利用原詞語音上又存在差異。假借寫詞法是借用同音詞的書寫形式來寫所要表達的詞，論著通過與形聲結構的比較顯示它的特點。利用早期漢字形象的音節表意作用，在詞的音義統一關係的基礎上，從同音詞彙中選取一個詞的書寫形式，依靠具體的語言組織，摒棄所寫的詞義，使它祇起標記音節的作用，這是它們相同之處；所不同的是，假借寫詞法在向同音詞借來書寫形式之後，原形照用，而形聲寫詞法卻在同音詞的書寫形式上，添加一個表示詞義類屬的物類或事類的形象,以示區別。

三、詞義學説的獨創性

孫師對古漢語詞彙學的又一貢獻,就是他的獨創性的古漢語詞義理論。60 年代初,當古漢語詞義學尚處草創階段時,他所提出的系統的詞義理論,是詞彙學園地裏結出的光彩碩果。爲了科學地闡述古漢語詞義,論著首先在基本理論上弄清詞義與概念的相互關係。指出:"詞,是一定的語音形式和一個詞彙意義統一起來的整體",這個詞彙意義就是一個概念。因而詞又是"概念的語音物化"。但"詞和概念並不是一個東西",概念是人在實踐中對客觀事物認識的反映,"它概括着事物或現象的本質屬性和某些連帶的偶有屬性",它屬於邏輯範疇。而詞不同,"詞則是在一定的語音形式下緊裹着一個概念,並通過這個概念和事物或現象相聯,從而給它以名稱"。它屬於語言範疇,是一個語言單位。而詞義則是這個語言單位的詞彙意義,具體説:"詞彙是和一定語音形式統一起來的概念。"

承上所論,概念的精密程度和活動狀態是存在差別的。根據這種差別,在具體應用中可分爲一般語言詞彙和專門的科學術語。就一般的語言詞彙而論,它的詞義具有兩個鮮明特徵:其一,概念具有相對穩定的內容;其二,基於這個內容,又有因事活變的機動性質。正是這種因事活變的屬性,在實際的語言生活中,人們並不使用概念的全部內容,反映概念的一切屬性——本質的和非本質的,衹不過使用其中一部分,即所謂詞的應用義。因此,"把詞義看作無論什麼時候都完全等於概念的全部內容是不符合實際的"。

　　基於詞義因事活變的屬性，論著中關於詞義發展和轉化的理論具有鮮明的特色。客觀事物的變革，人們認識的深化，必然引起反映這種變革和認識的詞義活變。詞義的變化在其發展進程中出現了多義和轉義。多義的形成乃是詞義持續活變的結果。"這種活變也可以叫做詞的靈活性"。它具體表現在兩大方面：詞義的多面性和片面性。這種多面性基於概念的多種屬性，這些屬性構成了詞義的整體，從而涵納了詞義的多面性。如"紛"，具有多、亂、雜等屬性，也就概括着多、亂、雜等詞義，但在實際應用中卻"往往突出一點，顯出一定程度的片面性"。詞義具有能動性和延展性，詞義的這種特性使它不斷發展變化。論著進一步闡述了詞義的引申或延展是由於詞義的複雜性和能動性。"詞義的複雜性原於它所反映的客觀事物或現象在不同角度上可以有不同的認識"，詞義就是基於這種複雜性纔有可能多方引申或延展的。但還必須看到，如果沒有詞義的能動性，詞義的引申或延展又是不可能的。如"至"，從起迄角度説是"達到"，從全程角度説是"盡頭"；從由彼至此説又是"來"，詞義的複雜性延展出極、盡、來的意義，它的能動性使詞義的這種多方延展成爲現實。

　　構成完整的詞義學，不僅論述詞義變化的一般情況，即一般的詞義變化，"以詞的原義（或基本意義）爲中心隨文活用，萬變不離其宗"。無論從哪一方面引申延展，都沒有新詞的産生；而且還要論述詞義變化的特殊情況，即特殊的詞義變化，"改變了它原有的基本意義，變成了和另一個概念統一起來的新詞"。這種完全脱離原詞的基本意義，以另外一個概念爲内容的詞義變化叫做詞義轉變。詞義轉變又有它導致轉變的線索的，這個線索可能是新舊事物或現象之間在功能、形狀、動作等方面有某些相似之處；也可能在事物或現象之間存在某些現實關係。詞義轉變不論是擴大、縮小和轉移，它們都分爲修辭性的和造詞性的兩類。區分的標準看作爲一個概念是否被固定下來，被固定下來的詞義轉變是屬於造詞性質的。

四、古代漢語造詞法的創建

孫師所創建的古代漢語造詞法，在古漢語詞彙學中佔有重要地位，他在全面論述古漢語造詞法和系統總結造詞條例方面具有開拓之功。

他在理論上闡述了古今造詞法存在着新舊質的差別。古代漢語是用舊質造詞法造詞的，它的特點是用一個根詞作基礎，"從一個詞孳生一個詞，是獨成的"；現代漢語是用新質造詞法造詞的，其特點是以詞組、短句或附綴等辦法，"由二詞或數詞構成一詞，是合成的"。以舊質造詞法造出來的詞，單音節居多。

造詞法誠然是一種語言行爲、語言現象，但也和客觀事物的複雜性、多變性以及人們在反復實踐中所得到的認識密切相關，由此看來，造詞法不單是一種語言行爲，同時也是一種社會現象。

據此，論著在理論上論證了造詞的必然性和偶然性。如前所述，概念具有多種屬性，而人們在造詞活動中又是以概念爲基礎的，所以人們在造詞時從哪點出發，選取什麼素材，採取什麼方法，這些是具有一定的必然性和偶然性的。"客觀存在、語言特點、文化水平、社會環境以及當前情況等等因素和作用是具有必然性的"，而在必然的條件下，"如何聯想、如何選材、如何造形，又是有一定程度的偶然性的"。可見，新詞創造乃是主客觀諸因素的和諧統一。

論著還系統地歸納了造詞方法和條例。在語言形式上總括爲兩類：一是直接使用根詞原形；二是改變根詞部分語音，即改變音素或聲調。具體分爲如下幾類：A. 摹聲造詞法。新認識的事物，如果在音響上有自己突出的特點，通過當時的語音系統，使之語音化，作爲物體的名字。值得注意的是，有一種純然摹聲現象，祇標記聲音，並不因聲及物，而且既有詞彙意義，又有語法意義，它也屬於摹聲造詞。B. 擬義造詞法。新認識的事物，如果在某一方面，和已有的認識相應，就以它爲線索，以舊明新，用舊詞説明新認識的特點。這種造詞法又可分爲兩種：一種是比擬法。看它像什麼就叫什麼。如二十八宿"心宿"中的一顆大星，夏日傍晚出現於南天，顏色紅，天又熱，似團火，於是就管它叫做"火"。另一種是借喻法，是借用別的詞來説它的形象或性質、作用、形勢、關係等。如"被"是從披覆作用得名的；"澗"是從山夾水、水在兩山之間的形勢得名的，等等。C. 變義造詞法。新認識是從舊事物發展出來的，是在原有詞義的基礎上提煉出新的詞義，從舊詞産生新詞，它是人們在反復實踐中使認識不斷精化深化的結果。論著明確闡述它和擬義法不同，擬義法起初沒有成過詞，它是借用別的詞來以舊名新的；而變義法原來就已經成過詞，祇是原詞義比新詞渾淪籠統。造詞時，就古漢語來説，它不需要別的詞相助，使用"推陳出新"的方法即可完成。變義法大體也可分爲兩種：一種是"青出於藍"的孳生法；一種是"化整爲零"的分化法。前者是從舊認識中産生新認識的結果。這種新認識來路不一：a. 有的在原有詞義裏蘊涵着産生新詞的因素，在一定條件下，得到萌生、壯大和發展，從而由原詞的胚胎裏獨立出來成爲新詞。b. 在原詞的詞義裏根本就沒有這個因素，由於社會條件、認識的發展，甚至某些各不相關的東西發生聯繫，也成了詞義發展的一個因素。這個因素得到滋長，同樣會產生新詞。而且孳生法所造出的詞不止一代，若循其歷史發展軌迹，可以找出譜系源流。

分化造詞法與孳生法雖共屬變義法，但二者不同。孳生法所造出的新詞，它和舊詞所反映的事物並不互相包涵，舊詞衹是新詞賴以產生的基礎。而分化法所造出的詞則是從整體中分析出來的組成部分。如"買"，原詞包括買入、賣出、估價和價值等義項，後來分化爲賈、價、沽(買入)、估(估價)等四個詞。

至於音變造詞法，它和上述造詞法不是並列的。前幾種是就詞的内容考察造成新詞的思想、材料和方法的，而音變造詞法則是從詞的形式上進行考察，研究哪些造詞方法有哪些語言形式上的造形辦法。古漢語造詞法，詞的造形方式有兩種：一是不改變據以成詞的根詞形式；二是在根詞音節的基礎上，部分地調整音素或變更聲調。一般説來，摹聲法和比擬法是不用音變方法的，借喻法一般是使用音變方法的，而孳生法和分化法則較多地使用音變方法。

綜上所述，孫師所創立的古漢語詞彙學説，内容是豐富的，體系是完備而嚴整的，具有首創精神，表現了一位成熟的具有多方面成就的語言學家的匠心。這裏衹是淺論部分内容。這部論著雖已時過 40 多年，當我們開卷重新學習的時候，孫師當年所作的許多精辟論斷，至今仍閃耀着光輝。

朱振家

編　後

　　上海辭書出版社出版的《古-漢語文學語言詞彙概論》一書，是我的父親孫常敍先生繼所著《漢語詞彙》之後，專論古代漢語詞彙的一部專著，是書（初稿）於20世紀60年代初，曾作爲東北師範大學校内教材刊印。此後，一置則二十餘年！

　　1986年至1987年，父親應友人之約對該書作了全面修改，重新撰寫了部分篇章，增補諸多新義，定名爲《古-漢語文學語言詞彙概論》。1988年初，父親因患腦血栓，書稿祇好修改至此，交我整理以待出版。1994年初，父親因病故去，本書則再度擱置，又十餘年之久！

　　《古-漢語文學語言詞彙概論》一書，從撰寫、修改，到今日出版，前後歷經四十餘年，是一部在學術界鮮爲人知的研究古漢語詞彙理論著作。在此期間，已有多部有關古漢語詞彙的學術著作問世。難怪許威漢先生在其《二十世紀的漢語詞彙學》書中談及此書時，感慨地説："孫常敍繼《漢語詞彙》之後又寫了《古漢語文學語言詞彙》（初稿），曾用於教學，未曾正式出版。筆者見其内部發行本，頗有精到之處……孫氏已謝世，遺著湮没不聞，亦爲憾事。但已有鉛排本用爲高校教材，寓有新知，這兒自應提到它。"[1]

---

〔1〕　許威漢《二十世紀的漢語詞彙學》，書海出版社，2000年，第85頁。

　　如今在父親去世十年之際，經東北師範大學侯占虎教授和上海辭書出版社徐祖友先生的協助，終於使該書得以出版。我想這大概是對父親孫常敘先生的緬懷，和對其漢語詞彙學理論研究所作的貢獻的紀念吧！

　　人們常把我的父親孫常敘先生所著《漢語詞彙》一書，稱：“中國第一部較系統、全面地研究漢語詞彙的專著，帶有拓荒的性質；它論述了漢語詞彙中的一些主要問題和一般規律，爲漢語詞彙學勾勒出了一個大致的輪廓，所論問題也大都成爲了後來的漢語詞彙學的研究内容。”[1]“該書不僅有一定的理論價值，而且有一定的實用價值。多年來它是我國高等學校語言教學的重要參考書之一。”[2]足見該書在語言學界的影響和貢獻。該書的問世，爲漢語詞彙學這一新學科的建立、研究、探討奠定了基礎，展示了這一年輕學科未來的美好學術前景！

　　半個多世紀過去了，當年的漢語詞彙學科的學術奠基者，大部分業已作古！如今人們對漢語詞彙的理論研究及學術探討，早已步入嶄新的更高層次，在漢語詞彙學的書架上，不斷列入新的研究碩果！

　　今次出版的《古-漢語文學語言詞彙概論》一書，共分兩部分：

　　第一部分爲“總論”，分四章十三節。分別闡述古-漢語文學語言詞彙和現代漢語的關係、語言性質、語言特點，及古-漢語文學語言詞的判定。

　　作者首先指出：“本書所説的‘古-漢語文學語言’是指與現

----

〔1〕　周薦《漢語詞彙研究史綱》，語文出版社，1995 年，第 83 頁。
〔2〕　《中國現代語言學家傳略》，河北教育出版社，2004 年，第 1158 頁。

代漢語文學語言相對的書面語言，即所謂'文言'的語言。它上起先秦，下迄'五四'，包括詩歌、散文等等文學作品語言。所以用這麼長的名字，是爲了和漢語史中的古代漢語相區別。"

作者認爲："古-漢語文學語言詞彙具有上不同於漢語口語發展的任一時期的斷代語言，下不同於當代口語——同時，又具有上通先秦，中貫各代，俯從現時的獨特的語言性質。"

我們完全可以看出，作者從歷史的角度，全面地縱觀"古-漢語文學語言"在漢語發展史上的地位和作用。

第二部分爲"分論"，共六章二十七節。分別闡述古-漢語文學語言詞彙的書寫形式、語音形式、同音詞在書寫形式上的假借和通假、詞義、古代漢語造詞法，及古-漢語文學語言中的典故、成語和固定詞組。

這一部分是本書的核心部分。作者在 1985 年至 1987 年全面修訂時，首先對該部分的第一、三、四章作了多處重點改寫和補充。1988 年 1 月因突患腦血栓而使修訂終止，尚有第二章古-漢語文學語言詞彙的語音形式、第五章古代漢語造詞法未及修改和補充。

在這一部分裏，作者以"漢字是漢語詞的書寫形式"這一提法，全面闡述了自己對"漢字的性質、起源及其寫詞手法"的理論見解。作者認爲"漢字是漢語詞的書寫形式"，"文字三要素，形、音、義三者鼎足而立的文字觀點必須糾正，應該把它改作詞和詞的書寫形式的關係"。

作者的這一"漢字是漢語詞彙的書寫形式"理論，在給他的研究生及上世紀 80 年代中期東北師範大學中文系舉辦的全國高校古代漢語助教進修班上作了講授，並一直把其理論貫串於

所撰《從圖畫文字的性質和發展試論漢字體系的起源和建立》、
《假借、形聲和先秦文字的性質》、《曶鼎銘文通釋》[1]，以及《楚
辭九歌整體系解》等諸論著中。

　　作者在這一部分裏，還以很大篇幅重點闡述了"詞義"和"古
漢語造詞法"，其所論述的理論均有一定獨創性。

　　《詞在文言作品語言中的辯證關係》一文撰於 1965 年末。
如今雖已進入新的世紀，但本文所闡述的有關理論，對今日學界
可能仍有所參考，故附於書後。

　　《孫常敘教授與古漢語詞彙學研究》一文，是北京中央廣播
電視大學中文系教授朱振家先生所撰，曾於 1988 年在《東北師
範大學學報》發表，今亦附於本書之後。

　　本書的撰寫（初稿）、修改、整理，前後歷經數十年，其間風雨
坎坷實難盡言。今次出版，特請父親的學生、東北師範大學中文
系教授張世超博士協助審校，並邀爲本書作序。

　　一部學術著作有很强烈的時代性，其所闡述的學術理論更
是日新月異。該書目前出版，在時間上看似晚了一些，作者又早
已仙去，不能聆聽到學界同仁的研討賜正！謹希望以書中所闡
述的學術理論，能對今後的古-漢語文學語言詞彙學術理論的建
設作出一點奉獻，這大概是先父的最大心願吧！

孫　屏

2005 年元旦

----

〔1〕　上述論文參見《孫常敘古文字學論集》。

圖書在版編目（CIP）數據

古－漢語文學語言詞彙概論/孫常敘著.—上海：
上海古籍出版社，2016.1（2023.7重印）
（孫常敘著作集）
ISBN 978-7-5325-7664-7

Ⅰ.①古… Ⅱ.①孫… Ⅲ.①古漢語—文學語言—詞
彙—研究 Ⅳ.① H131 ② 1045

中國版本圖書館 CIP 數據核字（2015）第 128464 號

孫常敘著作集

古－漢語文學語言詞彙概論
孫常敘 著
上海古籍出版社出版發行
（上海市閔行區號景路 159 弄 1–5 號 A 座 5F 郵政編碼 201101）
（1）網址：www.guji.com.cn
（2）E-mail：guji1@guji.com.cn
（3）易文網網址：www.ewen.co
上海世紀嘉晉數字信息技術有限公司印刷
開本 890×1240 1/32 印張 11.375 插頁 3 字數 246,000
2016 年 1 月第 1 版 2023 年 7 月第 2 次印刷
ISBN 978-7-5325-7664-7
H·131 定價：48.00 元
如有質量問題，請與承印公司聯繫